领跑力

——企业、城市和国家的引领之道

李斌 主编

电子工业出版社

Publishing House of Electronics Industry

北京·BEIJING

内 容 简 介

在一些高科技产业领域，中国正在从跟跑到并跑，甚至成为领跑者。过去 3 年里，笔者走进"独角兽之城"北京、"筑梦之城"深圳、"智造之城"青岛等城市，走进华为、海尔、比亚迪、华大基因、京东方等企业，对话任正非、张瑞敏、王传福、汪建、王东升、雷军等企业家、创业家，揭示"领跑型企业是如何炼成的"，解构"领跑力"背后的密码，呼吁建设领跑型城市、领跑型国家，实现引领型发展。

本书不仅连接着过去和现在，更预示着未来，适合创业者、企业负责人、政府部门工作人员和一切对企业家精神、对"创新收益"感兴趣的读者阅读。

图书在版编目（CIP）数据

领跑力：企业、城市和国家的引领之道 / 李斌主编. —北京：电子工业出版社，2018.1

ISBN 978-7-121-33085-8

Ⅰ. ①领… Ⅱ. ①李… Ⅲ. ①高技术产业—产业发展—研究—中国 Ⅳ. ①F279.244.4

中国版本图书馆 CIP 数据核字（2017）第 286723 号

策划编辑：刘九如 董亚峰
责任编辑：董亚峰 文字编辑：朱雨萌
印　　刷：三河市鑫金马印装有限公司
装　　订：三河市鑫金马印装有限公司
出版发行：电子工业出版社
　　　　　北京市海淀区万寿路 173 信箱　邮编　100036
开　　本：720×1000　1/16　印张：25.5　字数：405 千字
版　　次：2018 年 1 月第 1 版
印　　次：2018 年 2 月第 2 次印刷
定　　价：68.00 元

| 作者谱 |

第一章　一个城市的"踩点"——解码深圳

赵东辉　李　斌　蔡国兆　刘诗平　何雨欣　彭　勇　王传真

欧甸丘　毛思倩

第二章　发展新路径上的驱动力量——深圳为什么能

李　斌　蔡国兆　熊争艳　彭　勇　吴　雨　孙　飞　毛思倩

第三章　不仅有颜值，更有气质——"青岛制造"制造了啥

宫喜祥　赵新兵　李　斌　王　敏　张旭东　徐　冰　苏万明　于佳欣

张辛欣　刘宝森　㡿　敏　朱小燕　徐速绘

第四章　第四个经济时代里的战略性机遇——精准医学只是第一步

李　斌　熊争艳　王琳琳　李江涛　王　敏　李亚红　肖思思

第五章　总书记肯定的"供给侧改革的成功案例"，究竟是一家怎样的企业

李　斌　李　萌　季小波　孔祥鑫　郭沛然

第六章　"独角兽"何以在北京出没

李　斌　涂　铭　阳　娜　郭宇靖　李德欣　郭沛然　王　普　荆　天

谢　晗　吴一蒙　张　谜

第七章　人工智能第三波浪潮"来袭"——人工智能"大咖"谈

李　斌　盖博铭　阳　娜　季小波　李　萌　王君璐　郭沛然　王　普

陈　旭　谢　晗　余小洁　胡　喆　白国龙　李　犇

| 推荐语 |

巨变风潮中如何洞察先机？长青基业如何持续领跑？本书系统多维，从国家到城市，从企业到个人，从宏观到微观，从战略到战术，解构了"领跑力"背后的密码，建议深读！

——黎万强（小米联合创始人，《参与感》作者）

这是一部精准捕捉时代脉搏的力作！作者从"领跑力"的独特视角出发，深度探寻发展的奥秘，提炼梳理出广泛涵盖微观、中观及宏观层面的共性机理，深思、笃行，一定会大受其益！

——康国明（中青旅董事长）

领跑力是一种罕见的能力。这本书发现了通往未来的密钥，那是一种来自制度环境的上下同心，是一种来自领跑者的生命体验。用未来连接一切。读懂领跑的人、领跑的企业、领跑的城市，才能从跟随到超越。

——程　虹（中国企业家俱乐部秘书长）

领跑力，就是在无人区闯出一条路的能力，为梦而生，方有可能。在创新加速化的今天，一批勇敢者走在了所有人的前面，得到了市场验证和资本认可。本书以面对面访谈的方式挖掘其密码，这批领跑者的足迹和思维方式，值得学习和借鉴。

——李　竹（英诺天使基金创始合伙人，中国青年天使会会长）

回望中国 5000 年文明史，从未像改革开放这 40 年一样孕育、产生过如此之多具有企业家精神的企业家，甚至在世界范围内成为一种现象。本书结合 10 多家企业、3 座城市的实践，对企业家精神进行深度剖析，值得深读。尤其是企业家原汁原味的对话，往往是人生智慧的浓缩结晶，更值得细细品味。

——董明珠（珠海格力电器股份有限公司董事长）

创新型企业家、领跑型企业家……本书既有实践探讨，更有概念提升，带您走近一座座充满活力的城市、一位位企业家的心灵，解析一个个经济现象，揭示"领跑型企业是如何炼成的"，展现一个个优秀企业从跟跑、并跑到领跑"九死一生"的历程，揭秘"领跑力"的来源，是近期一本富有思想"领跑力"的新著，我要为此点赞。

——徐小平（新东方创始人、真格基金创始人）

创新世界，创享未来。想让企业奔跑起来甚至"领跑"，良好的发展环境至关重要。从青岛改革开放以来坚持的"支持不干预"方针，到深圳的市场化、法治化、国际化之路，以及中关村先行先试形成的创新创业生态，本书揭示了这些城市成为"领跑型城市"的奥秘。本书对前瞻力、价值引领力、核心技术竞争力等"领跑力"构成要素的探讨深刻全面，值得研读。

——徐井宏（清华控股董事长）

本书原汁原味的领跑企业家访谈让我觉得仿佛在与他们"面对面"交流。书中提到，任正非的成功密码是"只做一件事"，我深有感触。同方威视成立 20 年来也是只专注做一件事，那就是做全球安检行业的领跑者，让世界更安全。任重而道远，希望这本书能帮助新时期更多的中国企业扬帆起航，共同开启"创新领跑"的新征程。

——陈志强（全球领先安检系统供应商"同方威视"董事长）

企业是价值创造的主体，在这个充满不确定性的时代，企业家又该如何不断穿越迷雾、如何持续努力打造企业的竞争力、如何领跑？这其中需要的不仅是能力，还是一种格局，更是一种意志和精神担当，更需要国家、社会、城市乃至行业的交相引领，本书为全球化背景下的中国企业家提供了非常有价值的思考方向与探索指引，值得通读。

——谢　宏（贝因美创始人、首席科学家）

领跑者决定未来，因为他们透露出越来越不确定未来世界的蛛丝马迹。这部来自一线领跑记者对中国领跑企业家、城市及产业的全方位报道，比任何宏观数据及分析更能够帮助读者洞悉中国经济与社会的未来走向。领跑者用行动及牺牲去试错未来，带给我们的信号才靠谱，值得全社会尊重及重视，也间接反映领跑者赖以生存的环境有了显著的改善，这也是振奋人心的中国崛起信号。

——肖　耿（香港大学教授，香港国际金融学会会长）

本书透过对一批企业家、企业和 3 个城市案例的分析，描画出了中国过去40 年巨变的侧影。这一进程恰好与中国融入世界、全球化迅猛发展的进程同步。而随着全球化进程推进，中国的角色更多从跟随者向创新者转变，"领跑力"在新发展阶段就显得愈发关键。而决定"领跑力"最重要的一个因素就是"人才"，企业家群体无疑是"人才"的最好代表。中国复兴的百年规划与全球经济的持续发展需要更多"新四大发明式"的企业以及开创和管理这些企业的企业家群体。

——王辉耀（全球化智库 CCG 理事长）

本书通过调研大量成功的创新企业，剖析企业家内心，总结了企业家创新精神的核心内涵，并认可企业和企业家是城市、国家创新领跑力的主体，有许多新的见地和启发，我作为全球 LED 显示和全国城市景观亮化市场占有率均为第一的企业创建者，深有同感，倍觉欣慰和振奋。我们尝到了创新驱动发展的甜头，将义无反顾地沿着创新的阳光大道奋勇前行，力争成为全球视听科技的领跑者。祝愿本书进一步激发企业家创新意识、扩充创新思路，期待能为中国企业、城市和国家在技术、产业和管理领域"领跑"全球提供有益的精神食粮。

——李　军（利亚德光电集团董事长）

作者非常有创意地提出了一个崭新的概念"领跑力"，我认为这个概念是成立的。过去将近 40 年改革开放历史中，中国经济始终有一个领跑的力量存在着。每当经济发展遇到挫折，或者在低谷时期，我们就开始寻找亮点、寻找新动力。这实际上就是领跑力。事实证明，过去近 40 年的高速发展，就是靠某些行业、某些地区、某些企业家群体的领跑力带动的，尤其是在经济快速发展的起飞阶段，都有这些领跑的力量存在。作者在新时期发现中国经济的新动能、新亮点时，精准用上了"领跑力"这个概念，并展示了若干活生生的案例，颇有说服力。我们乐见中国经济在这些新领跑力的带动下，迎来一个新的发展阶段。

——新　望（经济观察报研究院院长、新金融家联盟秘书长）

┃ 序言 ┃

"领先"国家，需要培育"领跑"企业

张宿堂

党的十九大提出了到 21 世纪中叶"把我国建成富强民主文明和谐美丽的社会主义现代化强国""成为综合国力和国际影响力领先的国家"的宏伟目标。

究竟怎样才能成为"强国"？成为"领先"国家？这成为横亘在亿万中国人面前的重大时代命题。

《领跑力——企业、城市和国家的引领之道》就是这样一部恰逢其时、探讨成为"领先"国家必由之路的著作。

从"解码深圳"到"解码青岛制造"，从"解码精准医学"到"解码独角兽"，这本书收录了贯彻落实新华社社党组、尤其是社长蔡名照同志"努力形成与治国理政相适应的新闻品格和新闻力量"这一要求实施的一系列重大调研作品。在这本书里，您将看到"每一步都踩在了点上"的深圳，独角兽企业近年来不断"出没"的首都北京，品牌企业不断涌现、从"制造"坚定迈向"智造"的青岛，这些城市里一位位饱经风霜、历经磨难、终于在某个领域领跑的企业家们。

这是一部作品集，又超越了作品集的范畴。因为书中分析的 10 多家企业，无论是蜚声世界的华为、海尔、比亚迪、小米、华大基因等企业，还是近年崭露头角或者"小荷才露尖尖角"的滴滴出行、摩拜单车、地平线等公司，都有着强烈的共同点：它们都已经成为或者正在成为某个领域的领军型企业。

强国必强企。改革开放近 40 年来，在市场经济大潮中，在世界新一轮科技革命和工业革命浪潮的席卷下，中国前所未有地涌现出一批具有国际竞争力、走向全球的企业，成为国家走向强盛的动力之源，成为中国特色社会主义历史性成就的有机组成部分。2017 年 7 月 20 日，《财富》世界 500 强排行榜发布，中国上榜公司数量连续第 14 年增长，达到 115 家，其中，中国大陆（含中国香港在内，不包括中国台湾地区）为 109 家企业，仅次于美国的 132 家。

从这些激情澎湃、充满活力的城市、企业身上，你能强烈感受到，中国和曾经的德国、日本、韩国等国家一样，正处在从追赶到引领的关键期。尤其是过去 5 年里，伴随综合国力大大加强，国际影响力与日俱增，这个东方大国正日益走向世界舞台中央。

这本书就是中国尤其是中国企业走向世界舞台中央的一个缩影——作为党和人民的耳目、喉舌，5 年来，新华社不断探索形成与党中央治国理政相适应的新闻品格和新闻力量，忠实履行习近平总书记对党的新闻舆论工作者提出的"48 字"职责使命，走进一座座城市，走近这些城市的管理者、建设者、尤其是企业家、科技人员，忠实记录了这个伟大时代里的城市现象、经济现象、企业现象，努力策划、采写与这个伟大时代相适应的伟大作品。

华为"28 年只对准一个城墙口冲锋"，京东方 20 多年坚持做"端口"，华大基因从参与人类基因组计划到研制出国产测序仪、中国成为全球能生产商业化测序仪的仅有的两个国家之一……通过书中一个个企业不断创新的故事，您将能看到：只有创新，才能引领未来。

从全球视野看，世界经济仍处于国际金融危机后的深度调整期，各国在全力抢占新一轮产业发展的制高点。中国能否成为"领先"国家，成为"现代化强国"，关键在于能否抓住新一轮科技革命、产业革命的历史性机遇。

创新是引领发展的第一动力，要使创新变成生产力，同样亟需进一步"激发和保护企业家精神，鼓励更多社会主体投身创新创业"，亟待"培育具有全球竞争力的世界一流企业"。

"创新企业发展的好时候来了""主航道只会越来越宽，宽到你不可想象""要换道超车，而不只是弯道超车"……书中的这些企业家、创业者既是行动家，也是思想者，从他们身上，人们看到了一个国家在历经屈辱、颠沛，从站起来、富起来、走向强起来后所拥有的自信和希望。

值得一提的是，作者概括总结的"领跑力"概念，构建的由领跑型企业、领跑型城市和领跑型国家组成的概念体系，超越了表面现象，是一种提炼和升华，确实值得进一步思考和探讨。

党的十九大报告中两次出现"引领力"这个概念。建设"社会主义现代化强国"和"领先"国家，需要培育一批具有长远"引领力"或者"领跑力"的领军型企业，需要营造良好的有利于企业家干事创业的环境，需要引导企业家认识把握引领经济发展新常态，积极投身供给侧结构性改革，在振兴和发展实体经济等方面作出更大的贡献。

从 3D 打印到基因编辑、合成生物学，从经济社会的日益互联网化到物联网的大规模应用、有望引爆，人类社会从未像今天这样在技术驱动下发生深刻变革。

登高望远，居安思危。正因为如此，《下一个倒下的会不会是华为》一书发出警告："未来如迷雾，弥散在我们周遭和前方的者多不确定性，随时会将任何貌似强大的组织拖入陷阱，因此，任何人和任何组织断不可有坚不可摧的危险幻觉"。

无论是引领力、领导力，还是领跑力，我们都希望，这本书成为研究一个走向世界舞台中央的文明古国、社会主义大国的有意义的断面或者剖面。

当然，从根上来说，无论是国家还是企业，都必须高度重视关键共性技术、前沿引领技术、现代工程技术、颠覆性技术创新，同时在企业内（如海尔）、全社会建立良好的创新创业环境，从而"加速"技术成果和基础研究、理论突破的转化进程，只有这样，中国才真正有可能成为"领先"国家，才有可能获得持续的、源源不断的"领跑力"，成为引领者、领跑者。

希望这本书成为"领跑力"研究的一个开始……

张宿堂

新华社副社长、高级记者

2017 年 10 月

致敬领跑者

陈惠湘

两年前，好友李斌还在新华社总社负责重大课题报道。有一次聚会，李斌跟我说，他们团队准备搞一个针对企业家创新的系列采访报道。听完我很振奋，然后就期待着。不久，李斌与同事们的成果就接二连三出来了，不断引起社会的反响与共鸣。李斌他们团队的每篇文章出来，我都会第一时间阅读，坦白说，比我预想得要好很多，乃至这次的成书出版，我亦觉得是一件大好事。为什么呢？

一是作品的立意高远。作者没有机械地囿于传统新闻事件的报道习惯，去碎片化地认识一个个独立的企业，从而记录企业和企业家的实践，而是竭尽全力置身于全球化的竞争环境下，放在一种经济现象里，用创新引领这样一个视角，去发现文中涉及企业的特质、企业家的特质。例如"28年只对准一个城墙口冲锋"的任正非，30年前砸冰箱30年后又开始"砸"传统组织模式的张瑞敏，还有引领中国在精准医疗、基因组学领域走在世界前列的汪建，带领企业从"一无所有"到"供给全球"的王东升，也有新生代中已经引起世界关注的滴滴出行程维、摩拜单车胡玮炜、快手宿华、京东肖军，等等。独立去看，每篇文章都是一颗珍珠，合在一起，则是一串项链。引发读者的思考是什么呢？作者的思考是：中国要由一个跟跑型国家转变成领跑型国家，必然要催生一大批具有"领跑力"的领跑型企业。而创新型企业家以及良好的创新创业环境，是领跑型企业诞生的关键。这是中国供给侧改革的目的，也是作者的用心所在。

二是文中所涉企业家思考的"原音呈现"。我认为这是非常宝贵的。在中国企业实证研究领域，我当是先行者之一。仅就自己的研究苦闷而言，有的时候，你会发现，学者对创新型企业家的分析、论证其实是画蛇添足，甚至是曲解的。不一定是学者水平问题，更多原因是学者会带有自己的主观意识，先入为主。本书的高明之处，在于设问。让企业家敞开心扉不是一件容易的事情，尤其是面对新华社这样的权威通讯社。正是因为这些高水平的设问，企业家亦有掏心掏肺的真情流露，而所谓的企业家精神，也在娓娓道来之中耐人寻味、发人深省。

2017年9月25日，中共中央、国务院全文公布《关于营造企业家健康成长环境弘扬优秀企业家精神更好发挥企业家作用的意见》。这是一个恰逢其时的历史性文献。而新华社结集出版的这本书，也是恰逢其时的一本好书。由此，联系到企业家精神到底是什么，书中涉及的"领跑者"已经有很好的诠释：确定全球化、高标准的业务方向，创建优化、充满理想与活力的组织，坚持不懈的长期努力。这是书中"领跑者"共同的特质。他们不仅创造了好的产品和服务，也为社会进步创造着先进的文化与文明。

我非常认同作者有关优秀企业家是具备"领跑力"的"领跑者"的定义。作者是站在社会进步、企业创新的角度，给出这一结论的。我在过去20年间，访问过近400家企业，也曾经在自己的的研究中，以创新意识、组织导向、科学精神，来诠释企业家精神。当看到本书有关"领跑力"及"领跑者"的定义后，以更加宏观的视野去看，我觉得"领跑者"不仅形象，而且很贴切，"领跑力"的理念尤其是分析的"领跑力的十个来源"则值得好好品味。

我很熟悉的一家优秀企业，他们的经营哲学中有一句话叫作"一个人，走得快；一群人，走得远"。一个人奔跑是无所谓领跑与落后的，只有一群人然后又有领跑者，我们才可以走得更快、跑得更远。这是今天中国走向"领跑型国家"的希望所在。本书作者则以他们的勤奋和敏锐，恰好为我们呈现了这样一些"领跑者"，预言了这种可能，使这本书成为学习分析一个企业乃至城市、国家能否"领跑"的案例集、样本书。

　　是为序！

2017 年 10 月

　　注：陈惠湘，中国知名企业管理学者，出版有《联想为什么》《中国企业批判》《突破拐点》等多部影响中国企业界、理论界的企管财经著作。

应对未知 领跑变革

王　钦

　　摆在我们面前的是一本由新华社团队创作的新著。他们耗费近 3 年时间，深入"解码"一座城市（如深圳、青岛）、一个产业（如人工智能）、一个企业（如京东方）、一种经济现象（如独角兽、精准医学），所有的焦点都指向了人，指向了企业家的因素，并归结为"领跑力"——企业家精神的核心。他们邀请我为本书写一篇推荐序。在认真研读后，我欣然命笔。

　　这是一本有温度的著作。新华社团队视这项工作本身就是对他们最大的奖励，这是我读完文字后的最大感受。他们带着探求"中国经济创新发展的密码是什么"这一命题启航，去触摸有温度的经济现实，进行着有温度的思考，得出有温度的结论。更让人欣喜的是，这种温度并没有因为工作的结束而渐渐失去，而是让我们感到更加炙热。

　　工作没有因为结束而变得冷冰冰，而是更加炙热，原因何在？他们一次次透过数字和现象本身，将调研重点聚焦在人身上，聚焦在最活跃的生产要素企业家身上，去探求驱动中国经济创新发展的独特气质——企业家精神是什么？

这绝非偶然，更是一种共识。2017 年 9 月 25 日，伴随《中共中央 国务院关于营造企业家健康成长环境弘扬优秀企业家精神更好发挥企业家作用的意见》公布，无疑，"企业家"和"企业家精神"成为全社会持续关注的热点。我想《领跑力》一书的面世，将会进一步引发大家对"企业家"和"企业家精神"的深入思考。

这是一本有深度的著作。本书采取解剖麻雀的方式，对城市、产业、企业和企业家进行深度剖析，进而对中国经济创新发展进行多视角展示，我们得以从更深层次上对经济发展的现实进行了解。

更为难能可贵的是，这不仅是一种简单的、原汁原味的描述，更是一种从事实出发的诠释。"领跑力"概念的提出本身就是一种创造，一次"无中生有"的思想旅程。从经济现象出发，深度挖掘表象背后的"无"，进而产生"有"，让读者得以看到"看不到"的内容。我想这种"看到'看不到'"正是本书的深度所在。写到这里，我想补充一点的是，看到"看不到"的机会和方向，从无中生有，不恰恰是对企业家这个角色和企业家精神的诠释吗？

这更是一本有力度的著作。启蒙思想家伏尔泰说过这样一句话："不确定性总是令人痛苦的，但确定性是荒唐的。"面对新工业革命的到来，我们正处在高度不确定性的环境下，走向何处去？面对未来、未知如何行动？

《领跑力》一书让我们看到中国经济创新发展中一种强大的力量，就是领跑型城市、领跑型企业和领跑型企业家。其中，最亮眼的，就是张瑞敏、任正非、雷军、汪建、王东升、程维、胡玮炜等领跑型的企业家，他们正在用自己的行动走向未来，应对未知，领跑技术、经济和社会的变革。而且这种力量没有完成时，只有进行时，它正在向全社会扩散，形成中国经济创新发展的新动能。

2017 年 10 月

注：王钦，中国社会科学院工业经济研究所研究员、博导，《人单合一管理学》《海尔新模式》《中国企业自主创新战略研究》作者。

建设"领跑型国家"　实现引领型发展
——让企业家的"领跑力"迸发

李　斌

中央首次以专门文件聚焦企业家精神！！！

2017 年 9 月 25 日，伴随《中共中央　国务院关于营造企业家健康成长环境弘扬优秀企业家精神更好发挥企业家作用的意见》公布，人们的目光聚焦"企业家"和"企业家精神"。无论是国有企业家，还是民营企业家，一片振奋之情。20 多天后，10 月 18 日，"激发和保护企业家精神"被写入十九大报告。

事实上，党的十八大以来，习近平总书记多次强调要弘扬和激发"企业家精神""让企业家有用武之地"。中共中央、国务院 2016 年 5 月印发的《国家创新驱动发展战略纲要》指出"创新型企业家群体亟需发展壮大"，号召"大力倡导企业家精神，树立创新光荣、创新致富的社会导向，依法保护企业家的创新收益和财产权，培养造就一大批勇于创新、敢于冒险的创新型企业家"。2017

年4月18日下午,习近平总书记主持召开中央全面深化改革领导小组第三十四次会议,更是审议通过了《关于进一步激发和保护企业家精神的意见》。

企业家,究竟是一群什么样的人?

企业家身上,究竟凝聚着怎样的精神特质?

究竟怎样,才能让企业家更有用武之地?

他们,有着怎样的呼唤?对未来,有着怎样的判断?

……

近年来,在一次次重大报道任务中,我们尤其注重倾听企业家的声音,研究企业家在一个企业、一个城市、一个高科技领域、一种经济现象中所起到的特殊作用,与任正非、王传福、张瑞敏、汪建、王东升、雷军、程维、胡玮炜、宿华、余凯等一位位企业家、创业家面对面。

任正非的成功密码:"坚持只做一件事。"

王传福认为:"企业家都如履薄冰,都必须不断推出新的东西。"

海尔"过去砸的是冰箱,现在'砸'的是组织",张瑞敏"要换道超车,而不是弯道超车"。

汪建忧心忡忡,"下一个浪潮来了,很少有人注意它",他发出仰天长问:"通往未来的大门已经打开,我们准备好了吗?我们不该准备好吗?"

原汁原味的话语,强烈的自信和忧患意识,让人们感受到改革开放以来形成的一批企业家身上所凝聚的精气神,无数人被他们引领着、领跑着,奔向充满希望而又荆棘遍布的远方……

在他们身上，有着强烈的共同特点，可以用四个关键词形容，就是方向、力量、轨迹和必然——有看到未来、把握方向的能力，有激励人心、团结前行的力量，才能划出一条疾心不改、勇往直前的轨迹，才有挺立科技革命、产业革命潮头的必然！

"必须把发展基点放在创新上，形成促进创新的体制架构，塑造更多依靠创新驱动、更多发挥先发优势的引领型发展。"2015年10月末，党的十八届五中全会第一次提出"引领型发展"理念。

放眼人类的历史长河，尤其是历次科技革命乃至产业革命的发展历史，人们发现，要实现引领型发展，不仅要发挥科技创新在全面创新中的引领作用，更要发挥其中"人"这个生产力第一要素的作用，尤其是要高度重视创新型企业家、优秀企业家的培育，更要高度重视营造企业家健康成长环境，弘扬优秀企业家精神，更好地发挥优秀企业家尤其是创新型企业家的"引领"甚至"领跑"作用。

也正因为如此：

——在深圳，人才不唯学历、职称，而是企业主导，市场认定，专门成立了由马蔚华、王传福、杨焕明院士等企业家、科学家组成的深圳青年英才举荐委员会，由他们举荐青年人作为深圳高层次专业人才，让领军人才"伯乐相马"，以才引才，多元化、多维度评价人才。

——在青岛，"青岛制造"的不仅是啤酒、电视、冰箱和动车组，也不仅是颠覆传统制造业的大规模个性化定制等新型生产模式，更"生产"了一批足以写入中国企业史的企业家、领军型企业家，甚至思想型企业家。

本书之所以取名《领跑力——企业、城市和国家的引领之道》，也正源于企业家尤其是创新型企业家、优秀企业家的"领跑力"：享非经过不知难，他们都是历经数十年执着追求，在一个领域、一个行业成为领军型人物，引领人们不断开拓技术的新边界、开辟生产生活的新疆域，甚至影响了一个城市、一个技术领域的品质和气质……

无论是任正非、张瑞敏、王传福，还是华大基因汪建、京东方王东升、地平线余凯，或是小米雷军、滴滴出行创始人程维、摩拜单车创始人胡玮炜，他们或开一时风气之先，创造一个新物种，或引领一个高科技产业，把企业带向"具有国际影响力的领军企业"，或开创一个新的战略新兴产业领域，成为世界级创新型企业。这些创业者、创业家乃至企业家身上具有强大的精神感染力和强大的"领跑力"，领跑一个城市、一个领域甚至一个时代，其影响力甚至早已超越了国界。

深圳何以"领跑"创新驱动？这座城市的"领跑"和华为、比亚迪等知名企业有着怎样密不可分的联系？

青岛何以"领跑"中国制造？这座城市的"领跑"和海尔、海信、红岭等企业有着怎样解不开的"结"？

京东方何以"领跑"液晶显示器领域？

华大基因何以"领跑"基因测序产业？

小米、滴滴出行、摩拜单车……这些企业是怎样成为一个个不可忽视的名字的？

真心期待有缘的读者和受众，能从我和我的同事对一座城市（如深圳、青岛）、一种经济现象（如"独角兽"企业、精准医学）、一个产业（如人工智能产业），甚至一个具体企业（如京东方）的剖析中，尤其是从企业家身上、从他们原汁原味的话语中，既看到一个领军型企业、领军型企业家今日的光彩，更看到背后的跌宕起伏、酸甜苦辣；既看到昨天、今天，更看到明天，看到一个行业、一个领域的未来，甚至是人类的未来……只有看到了未来或者未来的一角，我们才有可能更好地把握机遇、把握未来。

"加强对创业成功和失败案例研究，为企业家创新创业提供借鉴""强化优秀企业家精神研究"……《中共中央 国务院关于营造企业家健康成长环境弘扬优秀企业家精神更好发挥企业家作用的意见》（以下简称《意见》）这样指出。

领跑力，尤其是优秀企业家的领跑力，就是一个值得思考和进一步探究的重大课题：

——"领跑力"究竟是一种怎样的力量？这种力量从何而来？它为何是企业家精神的集中体现？

——究竟什么样的企业家，才具备"领跑力"？

——在充满不确定性的世界、技术不断被颠覆的时代里，企业家究竟怎样才能不断穿越迷雾、引领未来，避免被淘汰的命运？

——企业家的"领跑力"和引领型发展之间，究竟是怎样一种关系？

——一个地区、一座城市，究竟应该怎样更好地让企业家的"领跑力"释放，才能成为"领跑型城市""领跑型区域"？

——中国，究竟能否不断在科技创新、产业革命上不断突破束缚，从跟跑、并跑到领跑，催生"领跑力"，甚至在新的赛道上制定规则，"引领"世界、"领跑"全球，成为"领跑型国家"？

期待读者带着这些问题，一起和这些企业家"面对面"。

也期待，带着这些问题，你和我们共同探究下去……

中央关于企业家的《意见》出台之际，中国企业家俱乐部秘书长程虹女士第一时间找到我，希望反映企业家的声音。我的同事任峰、郭宇靖等人第一时间马不停蹄地电话采访了刘永好、陈东升、宁高宁、郭广昌、徐井宏、田溯宁、张近东、沈国军、苏志刚、朱保国、王玉锁等企业家，大家十分惊喜、振奋，企业家群体都热切期盼在经济舞台上大展身手。

"好的企业家不应该期待优待和优惠，更期待有公平规范的环境""企业家应该有使命感，应该敢为天下先，否则就是商人""应该让企业家在一线更有发言权"……不少企业家提出了意见和建议，还有企业家提议将9月25日命名为"中国企业家日"。

复星集团董事长郭广昌等人呼吁"在政策制定上更多听取企业家的意见"。泰康人寿董事长陈东升预言："一大批新型企业家将涌现，真正的企业家时代即将到来，这将对中国经济发展产生深远影响。"

新型企业家当中的一种就是"领跑型企业家"，这是一批拥有国际视野、掌握核心技术、在世界市场占有相当份额、能够以产品和思想在某一领域发挥引领作用的企业家。

"从2035年到本世纪中叶，在基本实现现代化的基础上，再奋斗十五年，把我国建成富强民主文明和谐美丽的社会主义现代化强国。到那时，我国物质文明、政治文明、精神文明、社会文明、生态文明将全面提升，实现国家治理体系和治理能力现代化，成为综合国力和国际影响力领先的国家"——党的十九大提出了成为社会主义现代化强国和"领先"国家的宏伟目标。

企业是经济活动的重要载体，是市场活力的源泉。"领先"国家，或者"领跑型国家"，离不开一大批"领跑型企业"，离不开一大批活跃在市场最前沿的"领跑型企业家"，离不开对企业、城市"领跑力"的研究、培育，期待中央关于企业家的《意见》精神加快落地生根，开花结果，结出"引领型发展"之果，结出民族复兴之果。

2017年10月

注：李斌，新华社北京分社副社长、总编辑，高级记者，全国优秀科技工作者，独著或合著有《二探北极》《你还是你吗？人类基因组报告》《科技中国》等书。

| 目录 |

| 第三章 |
不仅有颜值，更有气质——"青岛制造"制造了啥

| 第六章 |
"独角兽"何以在北京出没

| 第一章 |
一个城市的"踩点"——解码深圳

导言 我们比以往任何时候都更需要企业家的"领跑力"

到现在为止，还有人问："2016 年年初是怎样采访到任正非的？"

任正非，无疑是改革开放以来深圳这个最亮眼特区的标志性人物，甚至是中国企业的教父级人物。

作为最早的经济特区，深圳，无疑是开风气之先的城市，引领着中国近 40 年的改革开放，更在过去几年，率先实现发展动力转换，走上了创新驱动发展的道路，成为一座"每一步都踩在了点上"的"领跑型城市"。

深圳之所以走上创新驱动发展的道路，一个根本原因，是其走了一条市场化、法治化、国际化道路，是因为在较为充分和残酷的市场环境中成长起来一批代表性企业，是其在当代中国企业家队伍中富有代表性的"深商"精神，是其企业在市场大潮中形成的一种特殊"素质"，正如后来进中南海参加中央经济形势专家座谈会的深圳市政府政策研究室主任吴思康所说："深圳企业都是在市场中打拼出来的，经过了刀锤火炼，具有很强的生命力和竞争力。这些企业拥有在市场经济汪洋大海中弄潮的素质，这种'素质企业'构成了深圳的'素质经济'。"

谈深圳经济、深圳企业，有许多明星企业，其中一个绕不开的企业就是华为。因为在深圳，无论是企业家还是政府官员，几乎"言必提华为"，其影响力、引领力甚至"领跑力"可见一斑。

3 个半小时的长谈，在笔者看来，任正非似乎将华为的成功，归结为"痴、傻、憨"三个字。而事实上，其影响力、领跑力，也正来源于此，来源于"28 年只对准一个城墙口冲锋"，来源于楼下交易所被买股票的人里三层外三层包围时"楼上则平静得像水一样"的专心致志，当然也来源于对人的尊重——"这些年劳动与资本的分配比例是 3:1"……

正是在像他这样一批具有影响力、领跑力的企业家的示范、率领下，越来越多的人们"在开放的创业氛围里推动着深圳快速发展，为这个城市创造财富，同时也打造了企业、成就了自己"。

而深圳，也成为一座具有引领力的城市，成为一座创业之城、梦幻之城、未来之城，成为创新型经济发展的风向标……

一个国家是否强大不能单就经济总量大小而定，一个民族是否强盛也不能单凭人口规模、领土幅员多寡而定。中国，比以往任何时候都更加需要强大的科技创新力量；比以往任何时候都更需要企业家尤其是创新型企业家的引领乃至领跑力量。

创新之城　筑梦之城　未来之城
——深圳启示录

风云激荡，大潮奔涌。

各项经济指标尤其是财政税收指标飘红，产业结构迈向中高端……"十三五"开局之年，中国南方，一座面积不足 2000 平方公里、人口近 2000 万的城市——深圳，率先实现发展动力转换和结构性改革，走上了创新驱动发展的道路。

承载着 30 多年奠定的基础和实力，这个中国改革开放的"窗口"和"试验田"，正日益成为一座生机勃勃的创新之城、筑梦之城、未来之城。

创新驱动：新跃升，新深圳，率先实现发展动力转换

"华为的战略目标定位在大数据传送领域，28 年只对这一个'城墙口'冲锋，草创时是这样，发展到 17 万人还是这样。"

深圳龙岗坂田，华为总部，和任正非面对面，从头至尾 3 个多小时，这位华为掌舵人不下 10 次提起"城墙口"一词。

从 1987 年靠集资的 2.1 万元起步到如今成为世界通信领域的王者，在深圳，华为是个绕不开的话题。2015 年，全球制造业向下滑行，华为却强劲增长：全年营业收入 3950 亿元，同比增长 37%；利润 369 亿元，同比增长 32%。

"创新才有出路。我们每年 1000 多亿元的'弹药'中，研发近 600 亿元、市场服务五六百亿元，炮轰这个'城墙口'，最终领先世界。"任正非说。

图 1-1　2016 年 3 月 5 日，华为创始人任正非在深圳华为总部接受新华社记者专访
（新华社记者毛思倩摄）

创新，才有出路，才能实现从跟跑到领跑的转变。一个企业如此，一个地区、一个国家同样如此。

翻开深圳 2015 年经济成绩单，GDP 增长 8.9%，比全国高出 2 个百分点，公共财政收入增长 30.2%，大大高于全国平均 8.4% 的增速。2016 年一季度，全市生产总值同比增长 8.4%，公共财政预算收入增长 29.6%，开局抢眼。

在全国经济下行压力下，深圳缘何能实现稳中有进、稳中有好的"逆增长"？

"深圳就是牢牢扭住创新驱动和转型升级这个牛鼻子不放，实现了发展动力的转换。"中国（深圳）综合开发研究院常务副院长郭万达如此分析。

每小时喷洒作业 40 亩到 60 亩，效率是人工喷洒 40 倍以上……不久前，大疆农业植保机亮相，吸引公众眼球。

从 2010 年销售收入 300 多万元到 2014 年接近 30 亿元、2015 年超过 60 亿元，从航模兴趣出发，到成长为"无人机领域的苹果"，一个名叫汪滔的"80 后"青年和他的伙伴从无到有，在深圳创造了消费级无人机这一新兴行业，占据全球 70% 的市场份额。

"刚开始创业时不知道市场有多大。"汪滔也始料未及。

大疆所在的南山区曾是深圳的工业区。

图1-2　2015年5月22日拍摄的大疆创新创始人汪滔（新华社记者毛思倩摄）

从工业区到高新区，科技创新效应在这里不断叠加、放大：南山经济总量在全国县（市区）中位居第三，上市公司达110多家。有人做过计算，南山区的企业涉及123个细分产业领域，其中24个世界领先。

"征税主体太多，而且这些企业都形成了可持续发展能力，税务大厅不够用了，我们正考虑建一个新的、更大的税务大厅。"时任南山区委书记姜建军遭遇"幸福的烦恼"。

南山之变被人们形容为"蝶变"，科技创新成为破茧成蝶的第一驱动力。放眼整个深圳，又何尝不是如此？

两组数据，折射出充满活力和后劲的深圳：

——全社会研发投入占全市GDP比重达4.05%，世界范围内只有以色列和韩国超过4%。

——每万人有效发明专利拥有量66.2件，是全国平均水平的16倍。

在全国经济保持中高速增长的情况下，深圳实现动力转换。创新，成为这座城市最亮的颜色！

近几年，深圳每年固定资产投资体量一直在2000亿元左右徘徊，仅相当于中部二线城市的规模；2015年，深圳固定资产投资虽有所增加，但和GDP总量比值只有约18%，远低于81%左右的全国平均水平。

"如果将投资比作'输血',那么深圳经济已具备'自我造血'功能。"广东省社科院院长王珺说。

3个90%和3个70%,折射出动力转换后的新深圳:

——深圳90%以上研发机构在企业,90%以上研发人员在企业,90%以上发明专利出自企业。

——先进制造业占规模以上工业增加值比重达到76.1%,先进制造业和现代服务业占GDP比重超过70%,现代服务业占服务业比重近70%。

2011—2015年,深圳主营业务收入超过百亿元的企业由38家增至65家,超千亿元企业由2家增至8家,增强了经济持续发展动力。

"深圳代表着一种全新经济形态,一些衡量传统经济的指标已无法用来解释深圳的发展。"深圳市创新发展研究院理事长张思平说,深圳呈现出创新型经济的显著特点,经济发展主要依靠科技创新和结构调整,而不是铺摊子、上项目。

创新密码:因势而动,结构性改革超前引领,赢得新常态下发展主动

2009年12月,一个"只有5个脑袋加上20万元钱"的公司在深圳成立。

"超材料和纳米技术是什么关系?"回忆起"落户"深圳的历程,光启高等理工研究院院长刘若鹏仍然难忘这样一个细节,"由于涉及尖端科技领域,市领导一开始没有听明白,但他们不断提问,问得很细,而且连续开了3次市政府协调会,还到美国做了尽职调查。"

几年时间,光启涉足超材料、空间开发等领域,已获3000多项专利,设立了14个国家级、省级重点实验平台,产品销售收入超过15亿元。

光启"神话",折射出深圳在产业布局上的超前视野。

"那么多城市提出结构调整、产业升级,为什么深圳做到位了?"深圳市科创委负责人说,"在深圳,你很难找到叮叮当当、没有产出的产业。"

图 1-3　2015 年 7 月 20 日拍摄的光启科学"掌门人"刘若鹏（新华社记者毛思倩摄）

从 20 世纪废除荔枝节、举办高交会，到 21 世纪初面对空间、能源、人口、环境四个"难以为继"淘汰落后产能、确定高新技术产业为重要支柱产业，深圳历届党委政府都紧密结合形势，审时度势，研判经济发展方向，以转型升级的主动，赢得发展的主动。

早在"九五"期间，深圳就制定前瞻性的产业规划，重点发展计算机、通信、微电子及新型元器件、机电一体化、新材料、生物工程、激光七大高新技术产业，全面调整优化经济布局。

2009 年，国际金融危机来袭，深圳经济增速从年均 25%急跌至个位数。面对加工贸易断崖式下跌，深圳先后出台了实施生物、互联网、新能源、新材料、文化创意、新一代信息技术、节能环保七大战略性新兴产业规划。

转型之路绝非坦途。2012 年一季度，深圳经济增速一度跌至 5.8%。

"当时吓了一跳，甚至怀疑是不是淘汰企业太快了？"回忆起当时情形，时任深圳市市长许勤仍心有余悸。

"仔细一查，旧的产能转移了，新的产能还没有完全释放，而经济结构正在优化，这下心里有底了。"许勤说，这是当初保持战略定力，坚持转型升级目标不变、步伐不停、力度不减的深层次原因。

2013 年，深圳又着手布局生命健康、海洋经济、航空航天和智能装备制造四大未来产业。

制定全国首部国家创新型城市总体规划,出台深圳国家自主创新示范区发展规划纲要,打造对内可循环、可持续,对外具有强大集聚效应的综合创新生态体系……近年来,一系列政策措施在深圳陆续出台。

"我们已经形成了战略性新兴产业、未来产业、现代服务业和优势传统产业'四路纵队'齐头并进的良好态势。"时任广东省委副书记、深圳市委书记马兴瑞说。

"深圳每一步都踩在了点上。"回首过去,深圳市政协常委乐正认为,深圳就是在不断直面问题、超越自己的过程中实现产业升级、结构转型,从而牢牢把握经济发展主动权的。

智能手机、新能源汽车、基因检测……一个个新兴产业在深圳崛起,走向全国乃至世界。

"十二五"期间,深圳七大战略性新兴产业年均增长近 20%,产业总规模由 8750 亿元增加到 2.3 万亿元,占 GDP 比重由 28.2% 提高到 40%,成为促进经济稳定增长的主引擎。2015 年,深圳四大未来产业规模超过 4000 亿元,成为新的经济增长点。而 2016 年一季度,战略性新兴产业和未来产业继续保持良好增长势头,共实现增加值 1555 亿元,增长 12.1%,占 GDP 比重达到 40%。

"深圳这些年发展质量比较好,相当一部分是靠新产品、新技术。"深圳市政府政策研究室主任吴思康说,"新技术产生新需求,以新供给刺激新需求,以新需求拉动新供给,深圳已经成为率先推进供给侧改革的受益者。"

图 1-4 曾经进中南海参加中央经济形势专家座谈会的深圳市政府政策研究室主任吴思康

率先在企业推行首席质量官制度，设立市长质量奖，成为全国首个质量强市示范城市；企业主导研制的国际标准超过 650 项，居国内大中城市首位，参与制定修订国际、国家及行业标准 2083 项……

从最早的深圳速度到深圳质量，从深圳标准到"标准、质量、品牌、信誉"四位一体，过去的 10 多年里，深圳市委市政府着力为供给侧结构性改革构筑坚实支撑，为实现更高水平有效供给，一步步引导企业和产业走向价值链、产业链的中高端，赢得了"设计之都""创投之都"等一系列荣誉。

"深圳的实践充分证明，创新是新常态下实现动力转换的核心，是冲出'三期叠加'的关键所在，是打破传统要素成本制约的制胜法宝，是我国从经济大国迈向经济强国的必由之路。"许勤说。

加快建设国际领先的创新型城市、打造具有世界影响力的一流创新中心……2016 年深圳两会上，一系列新提法、新目标彰显出深深的"深圳自信"。

"坚定不移推进创新驱动发展，就能赢得新常态下发展的主动，构建未来可持续的竞争力。"马兴瑞说，"下一步，我们要力争通过 5 年乃至更长时期的努力，把深圳打造成为产业化能力最强、市场化环境最优、国际化程度最高的'中国硅谷'。"

创新生态：法治化、市场化、国际化，迸发铺天盖地的创新活力

"电梯门打开，陈湘宇一只脚跳着进了办公室，步幅很大。"福布斯中文网曾对患有小儿麻痹症的陈湘宇这样描述。

仅仅 4 年，就上市纳斯达克——正如他的公司名字"创梦天地"一样，这个令人炫目的梦想在 34 岁的陈湘宇手里实现了。这家员工平均年龄 25 岁的企业，已成为中国移动互联网手游领域的翘楚。

创梦天地梦想成真，缘于深圳法治化、市场化、国际化的肥沃土壤。

激发市场活力、培育创新土壤，最核心的就是处理好政府与市场之间的关系。

"深圳市政府可以说是亲善市场的政府。"郭万达这样形容，市场好比一片森林，有参天大树一样的大企业，也有灌木林一样的小企业，政府主要责任是把生态搞好，

让树木可以自由茁壮地成长。

图 1-5 2014 年 12 月 10 日拍摄的创梦天地创始人兼 CEO 陈湘宇（新华社记者毛思倩摄）

在深圳，很多企业家想得最多的是怎么对接市场、进行研发，而不是怎么和政府打交道。

一家国际化医疗设备企业的负责人说，希望政府采购不要照顾本土企业，关键是建立起一套公平的指标体系。

良好的法治环境，是深圳创新发展的秘诀所在。

"特区立法权是深圳发展最大的优势。"深圳市人大常委会法工委主任刘曙光说，从 20 世纪 80 年代尤其是从 1992 年被赋予经济特区立法权后，深圳共推出 126 部法律，基本涵盖经济社会管理各个方面。

"优质企业选择在哪里，不是着眼于土地、政策、优惠，而是希望能有一个公平竞争的环境。这时候深圳的法治优势就显现出来了。"深圳市政府法制办主任胡建农说。

深圳市中心，深南大道和建设路交叉路口，一片老旧建筑。

拆掉 8 万多平方米老房子，新建 22 万平方米建筑——罗湖区"深圳酒店"项目 2010 年起就列入第一批城市更新项目，5 年过去，由于种种原因一直没有走完流程。

2015 年 8 月底起，深圳的城市更新改革试点在罗湖拉开帷幕，仅仅 5 个多月——2016 年春节前，这个项目就通过区里审批。

"和之前流程相比，节约了近 2 年时间。"罗湖区委书记贺海涛说，罗湖原来产业空间是 1500 万平方米，现在列入计划的城市更新面积近 1500 万平方米，"等于再造一个罗湖！"

再造审批流程，压缩办理时限——城市更新改革试点，是深圳近年全面深化改革、着力创新制度供给的缩影。

改"先证后照"为"先照后证"，改注册资本实缴制为注册资本认缴制；压缩 90%的社会投资审批事项；敲响全国"农地入市"第一拍……近年来，深圳坚持以改革红利释放发展新动能，为提升供给体系质量创造了良好的制度环境。

制度红利是惊人的：2013 年年初，深圳在全国率先实施新的商事主体登记制度。如今，这里已有 100 多万家企业，意味着不到 20 个人就有一家企业。

"深圳最大的优势，不仅是有一批具有竞争力的大企业，更是有中小企业铺天盖地的创新活力。"广东省社科院院长王珺说。

这是一个极具活力的创新生态圈：150 家孵化器，全国 1/3 的风险投资公司，4.6 万家 VC/PE 机构，200 多家境内上市公司，超过 500 家规模以上科技服务机构，移动互联、云计算、基因等产学研资联盟 45 个，金融业增加值、总资产均居全国大中城市第三位……

华强北，曾经的"山寨王国"，如今已成无数人心中的"创客天堂"。

"这里半天出小样，一天出大样。当你想的时候，华强北已经在做了；当你做的时候，华强北已经发货了。"赛格集团副总经理胡建平如此形容这个街区"推陈出新"的速度。

"富有创造力的企业会选择在哪些城市?"加拿大作家马里奥·波利斯在名为《穷城市、富城市》的著作中披露了一份问卷调查的结果：不是这些城市有多好，而是这些企业在自己城市出生，拥有这个城市的基因，与这个城市一同成长壮大。

一年一度召开的深商大会，是深圳企业家的盛事。"深商"，已成为一个特有名词。

"深商是一个勇于拼搏和奋斗的群体，不靠关系靠本事，敢于创新和追求梦想。"北科生物总裁刘沐芸说。

华为、华大基因、华强科技、华侨城、华南城……在深圳，流传着一个"五华现象"的说法。

"作为通信、生命科学、动漫、生态旅游、物流领域的领跑者,'五华'只是深圳标杆性企业集体崛起的一个剪影,是时势和市场造英雄的一个诠释。"郭万达说。

"每个时代都有每个时代的英雄。"德勤成长企业市场与服务主管合伙人周锦昌说,如果说改革开放初期的很多深圳企业家的突出特点是解放思想、打破传统,勇敢接受挑战,那么新一代的企业家则更加与世界对接,看重创意、技术、商业模式的改变。

在商海里历练多年的加拿大青年丹尼尔与江西籍妻子在香港偶遇后,最终选择在深圳"落户"和创业,开了一家精酿啤酒屋,酿造多种味道和颜色的新鲜啤酒,生意不错,还计划在深圳开第二家。

"深圳是我们的家。"34岁的丹尼尔说,"有人说我的啤酒屋是外国人开的,我说在深圳没有外国人,因为大家都是从不同地方来的。"

美国《时代》周刊曾以《三城记》为题在封面刊登"纽伦港"即纽约、伦敦、香港三个国际大都会形成的故事,其中原因之一就是三者都是移民城市。

移民之城,带来人流物流资金流,更带来不同的文化和无穷的活力。

"来了,就是深圳人!"作为一座移民之城,深圳文化多元而包容,吸引着来自中国乃至世界怀揣梦想的人们到这里创业,活力不断在这里释放。

创新引领:面向世界、面向未来,升腾起蒸蒸向上的力量

"原先的刻板印象,认为'中国制造'多是模仿,但越来越多的中国公司用充满创意的产品,开始在世界舞台证明自己。"

2016年2月,诺贝尔物理学奖获得者、"蓝光之父"中村修二教授到访深圳市光峰光电技术有限公司时有感而发。

成立于2006年的光峰光电,成功破解了激光不发散、热量高、散斑等世界性技术难题,将激光光源应用于投影、电视、照明等领域。

"公司发展迅速。2014年的销售额仅几千万元,2015年已过亿元,预计2016年达4亿元。"光峰光电创始人李屹博士期望不断创新激光光源技术,让创新之光照亮世界舞台,改变人类生活。

源头创新、颠覆式创新、引领式创新，使深圳成为一座有着强烈"未来感"的城市。

2016年4月20日，《自然》杂志网站公布了衡量高水平论文产出水平的自然指数。引人注目的是，多家中国产业机构进入全球50强，深圳华大基因更是以"中国第一、世界第十二"的排名引领中国公司。

深圳盐田，梧桐山下，一座由"鞋厂"改造而成的建筑内，就坐落着这个世界最大的基因测序企业——华大基因。

从参与人类基因组计划到构建世界最大的基因测序平台，华大基因历经近20载努力，站在了世界基因科学的最前沿，将基因科技成功应用于医学健康、农业育种、资源保存等领域。

图1-6　深圳盐田，梧桐山下，一座由"鞋厂"改造而成的建筑内，
坐落着世界最大的基因测序企业（华大基因二办外景图）

"未来必定是以人为本的生命经济时代。我们能不能尽快把中国的出生缺陷率降低50%？把肿瘤的早期诊断和防治做到世界前沿去？"华大基因董事长汪建以一连串问题的方式说出了自己的梦想，"我们不能改变过去，但我们可以预防和构建未来。"

放眼世界，信息技术、生物技术、新能源技术、新材料技术交叉融合，正在引发新一轮科技革命和产业变革。谁抓住科技革命和产业变革的"牛鼻子"，谁就能赢得未来。

从光启科技具有隐身性能的超材料、把智慧城市和物联网搬到城市上空的"云端号",到华讯方舟对太赫兹技术的前瞻性研发、构建全球卫星宽带通信网络的构想,一个个"深圳故事"不仅极富想象力,更是实力的写照。

"这些创新型企业将原始创新与产业化集于一体,国际化程度高,正在成为深圳源头创新的突破口。"深圳市未来产业促进会会长、深圳市科协原主席周路明说。

"深圳在生物、空间等领域都在布局,在某些领域已经和世界同行甚至领跑,将来一旦爆发,就可能抢占产业发展的先机。"郭万达坚信。

科技改变命运,创新决定未来。

"十三五"开局之年,"高位过坎"的深圳与"爬坡过坎"的全国一道,站在了新的历史起点上。

挑战无法回避:科技创新资源"先天不足"问题依然存在,重点领域关键核心技术缺乏;教育、医疗、住房、交通等领域发展相对滞后……

"要实现更高的发展目标,还面临着一些突出的困难、矛盾、问题和挑战。"马兴瑞坦言,"我们要在确保率先全面建成小康社会的同时,不断强化这座城市的创新基因、创新优势,努力把深圳建设成为现代化、国际化、创新型城市。"

以著名科学家命名并牵头组建,或者社会力量捐赠、民间资本建设科学实验室,可予以最高 1 亿元支持;鼓励海外高层次人才创新创业团队发起设立专业性、公益性、开放性的新兴研发机构,予以最高 1 亿元支持……

从促进科技创新、支持企业提升竞争力到促进人才优先发展,深圳大手笔出台三大"若干措施",深入推进供给侧结构性改革,更好适应和引领经济新常态。

"我们要抢抓新机遇,着力推进以科技创新为核心的全面创新,新中求进,进中突破,争创一流,加快打造全球领先的创新之城。"许勤说。

"十三五"时期,是中国夺取全面建成小康社会、实现"第一个百年"奋斗目标的决胜阶段。深圳作为经济特区,正努力加速"领跑"。

这是深圳新的经济发展目标——到 2020 年,GDP 总量达 2.6 万亿元左右,努力建成更具辐射力带动力的全国经济中心城市。

"新时期,经济特区不仅应该'特'、能够'特',也必须'特',就是要以特别的引领作用、特别的担当精神、特别的实干业绩,让'五大理念'进规划、进计划、进实践,在'率先'上下功夫,在'落实'上见成效,确保'四个全面'战略布局率先落地生根，继续擦亮经济特区这块'金字招牌'。"马兴瑞说。

深圳，别称"鹏城"。

放眼深圳之西——前海，前海自贸新城、前海国际金融城、香港现代产业城和蛇口国际枢纽港"三城一港"建设如火如荼。

图 1-7　2014 年 9 月 10 日拍摄的深圳前海（新华社记者毛思倩摄）

眺望深圳东部——国际生物谷核心启动区坝光，美丽的海湾畔，正在进行"七通一平"建设。5 年后，这里将变身为一个国际领先的生物科技创新中心和生物产业集聚基地。

前海和坝光，一东一西，犹如双轮驱动、两翼齐飞，托举深圳迈向未来。

大鹏一日同风起，扶摇直上九万里。

以创新为第一动力，深圳，再次整装出发。

"28 年只对准一个城墙口冲锋"

——与任正非面对面

任正非和华为公司，堪称当代商业史上的传奇。

1987 年，年满 43 岁的任正非和 5 个同伴集资 2.1 万元成立华为公司，利用两台万用表加一台示波器，在深圳的一个"烂棚棚"里起家创业。

28 年后，华为公司日默默无闻的小作坊成长为通信领域的全球领导者：2015 年营收 3950 亿元人民币，净利润 369 亿元，增速均达 30% 以上。作为华为领军人物，任正非从一名中年创业者成为全球知名企业家，深深影响了许多人……

华为走过了怎样的创业、创新之路？成功的密码是什么？"28 年只做一件事"的任正非究竟做了怎样"一件事"？有着怎样的心路历程？在他看来，当下的深圳乃至中国应该如何创新驱动发展？政府需要筑牢哪些堤坝？

带着一系列问题，2016 年 3 月 5 日，记者走进位于深圳龙岗坂田的华为总部，与任正非面对面，进行了 3 个多小时的访谈……

成功密码："坚持只做一件事"

记者：当下全球经济不景气，华为却逆风飞扬。华为成功的基因和秘诀是什么？

任正非：第一，华为的发展得益于国家政治大环境和深圳经济小环境的改变，如果没有改革开放，就没有我们的发展。深圳 1987 年第 18 号文件明晰了民营企业产权。没有这个文件，我们不会创建华为。后来，华为发展到一定规模时，我们感到税负太重，很多同事说把钱分了算了。这时深圳出了"22 条"，提出投资先不征税，等到收益后再征税，实行了好几年。这个时候我们就规模化了。

图 1-8　2016 年 3 月 5 日，华为创始人任正非在深圳华为总部接受新华社记者专访

（新华社记者毛思倩摄）

第二，华为坚定不移 28 年只对准通信领域这个"城墙口"冲锋。我们成长起来后，坚持只做一件事，在一个方面做大。华为只有几十人的时候就对着一个"城墙口"进攻，几百人、几万人的时候也是对着这个"城墙口"进攻，现在十几万人还是对着这个"城墙口"冲锋。密集炮火，饱和攻击。每年 1000 多亿元的"弹药量"炮轰这个"城墙口"，研发近 600 亿元，市场服务 500 亿元到 600 亿元，最终在大数据传送上我们领先了世界。引领世界后，我们倡导建立世界大秩序，建立一个开放、共赢的架构，有利于世界成千上万家企业一同建设信息社会。

第三，华为坚定不移持续变革，全面学习西方公司管理。我们花了 28 年时间向西方学习，至今还没有打通全流程，虽然我们和其他一些公司相比管理已经很好了，但和爱立信这样的国际公司相比，多了 2 万名管理人员，每年多花 40 亿美元管理费用。所以我们还在不断优化组织和流程，提升内部效率。

"我们每年花好多亿美元的顾问费"

记者：华为每年花上亿美元请 IBM 顾问团队来帮助管理企业。为什么要花这么大的价钱改进管理？

任正非：你们知道吗？丰田的董事退休后带着一个高级团队在我们公司工作了 10 年，德国的工程研究院团队在我们公司也待了十几年，才使我们的生产过程走向了科学化、正常化。从生产几万块钱的产品开始，到现在几百亿美元、上千亿美元的生产,华为才越搞越好。我们每年花好多亿美元的顾问费。

我们走出国门、走向全世界的时候,什么都不会,不知道什么叫交付,全是请世界各国的工程顾问公司帮助我们。第一步就是认真学习,使公司逐步走向管理规范化。现在我们正在自己往前一步,就想再做得更简单一些、更好一些。

"为什么不提升一线作战的人的待遇呢"

记者:华为有没有弱点?

任正非:有。华为公司 3 年前应该快垮了。为什么?因为大家有钱了,怕苦了。我们往海外派人都派不出去。大家都想在北京买房、陪小孩,都想在好地方待。我们就琢磨:为什么不提升一线作战的人的待遇呢?我们确定非洲"将军"的标准与上海、北京的标准不一样。年轻人在非洲很快就当上"将军"。你在非洲干,就朝着这个非洲"将军"的标准,达到了就是"将军",就可以拿"将军"的钱。现在我们的非洲员工根本不想回来。

"这是阻挡不住的社会发展趋势"

记者:创新能把华为领向一个怎样的未来?

任正非:比如 4K 高清电视,现在北京、深圳都还做不到,但四川全省连边远农村用的都是 4K 高清电视,就是我们和四川电信合作做的。4K 电视会把带宽、信息管道撑得很大。手机很快也是 2K 了,也会把信息管道撑大。这么大的管道一定要有人来做!4K 现在还没有到来,VR(虚拟现实)就要到来了,还能互动,流量会远远大于 4K。这是阻挡不住的社会发展趋势,也是巨大的战略机会。香港、澳门马上也会实现。四川的实践证明,普通的农村也可以享受很高的带宽。

坚守"上甘岭":"中心是有理想"

记者:华为成长过程中,正逢中国房地产爆发,您是否动摇过?

任正非:没有。没炒过股票,没做过房地产这些东西。

记者：没有诱惑么？

任正非：没有。那时，公司楼下有个交易所，买股票的人里三层外三层包围着。我们楼上则平静得像水一样，都在干活。我们就是专注做一件事情，攻击"城墙口"。

记者：是怎样形成这样一种文化的？

任正非：傻，要总结的话就是傻，不把钱看成中心。中心是理想，理想就是要坚守"上甘岭"。钱不是最重要的。

记者：华为为什么不上市？

任正非：因为我们把利益看得不重，就是为理想和目标而奋斗。守住"上甘岭"是很难的，还有好多牺牲。如果上市，"股东们"看着股市那儿可赚几十亿元、几百亿元，逼我们横向发展，我们就攻不进"无人区"了。

创新者窘境："即使有'黑天鹅'，也是在我们的咖啡杯中飞"

记者：历史上很多大公司几乎在一夜之间倒闭了，就像在《创新者的窘境》里写的一样。您有没有这种忧患意识？

任正非：至少在大数据传送这个领域不会出现这种状况。即使有"黑天鹅"，也是在我们的咖啡杯中飞。我们可以及时把"黑天鹅"转化成"白天鹅"。我们内部的思想氛围是很开放自由的，"黑天鹅"只会出现在我们的咖啡杯中，而不是在外面。我们这里已经汇集了世界主要的技术潮流。

"国家要保护知识产权，才能有发明"

记者：您对华为的未来比较乐观，但是您自己也在强调"下一个倒下的是不是华为"，为什么？

任正非：两个问题。第一，我们公司也会懈怠，我们增长的速度非常快，但是增长完了以后会不会变懒呢？我们要看到自己不足的地方。第二，我们国家一定要加强知识产权保护。物权都有物权法保护了，至少知识产权要等同于物权。国家要保护知识产权，才能有发明。

记者：前段时间您和爱立信签订了一个专利交叉许可协议？

任正非：是的，签订后我们公司高层欢呼雀跃，因为我们买了一张世界门票。我们一个普通员工写了个帖子，说"我们与世界握手，我们把世界握到了手中"。

如果我们保护原创发明，就有很多人去做原创，最后这个原创就会发展成产业。

知识产权："核保护伞"建立起来了

记者：企业间的竞争其实是挺残酷的，但刚才听您讲到和国外的竞争对手可以自如地对话，这是怎么做到的？不是都讲企业竞争搞焦土政策吗？

任正非：那是别人说的焦土政策，我们从来没有这样做过。华为是小公司的时候就很开放，和别人总体都是保持友好的。为什么我们在国际市场有这么好的空间？因为我们知识产权的"核保护伞"建立起来了，这些年我们交了那么多的知识产权费给别人，当然我们也收了非常多的专利费，和那么多公司签了专利交叉许可协议，这本身就是友善、尊重别人嘛。我们现在的发展速度比别人快，进入的领域比别人深，我们还要顾及世界的发展。

修宽航道："主航道只会越来越宽，宽到你不可想象"

记者：华为都是在主航道作战，那现在主航道是越来越宽了呢，还是越来越窄了呢？竞争对手是越来越多了、越来越强了，还是怎样一个情景？

图 1-9　2015 年 10 月 12 日拍摄的华为总部展示厅（新华社记者毛思倩摄）

任正非：主航道只会越来越宽，宽到你不可想象。我们现在还想象不出未来信息社会是什么样子。我们只是把航道修宽了，在航道上走各种船，游艇啊、货轮啊、小木船啊，是别人的，运营商也只是收过路费。所以我们要跟千万家公司合作，才可能实现这个目标。

管住"两条堤坝"："政府最主要还是建立规则"

记者：在深圳，政府和企业的关系怎样？您对政府有什么建议？

任正非：深圳市政府做得比较好的一点，是政府基本不干预企业的具体运作。法治化、市场化，其实政府只要管住这两条堤坝，企业在堤坝内有序运营，就不要管。政府最主要还是建立规则，在法治化和市场化方面给企业提供最有力的保障。

高科技公司：是在"低科技"的基础上成长起来的

记者：深圳创新型经济如何走在全国前列？

任正非：深圳就是要率先实现法治化、市场化，这方面要走在全国前面。打知识产权官司，法庭要公正判决。

记者：过去有一个阶段，珠三角地区被称为"世界工厂"。您怎么看这些年珠三角走的世界工厂之路？这条路对创新发展、创新驱动有怎样的价值？

任正非：20多年前你来华为看，会觉得华为是家快关闭的工厂。我们是利用两台万用表加一台示波器在一个烂棚棚里面起家的。我们曾经也是落后工厂，落后到比珠三角的加工厂还可怜。

演变是一个循序渐进的过程。现在珠三角大量劳动密集型产业转到东南亚去了。你不能只看珠三角有少数高科技公司成功了。高科技公司也是在"低科技"的基础上成长起来的。你只要给他条件，他就会改进自己、赶超自己，慢慢就会发展。高科技公司也需要"低科技"的零部件。

记者：也就是说，如果没有这些基础制造业的支撑，所谓高科技也是没有基础的？

任正非：是的。我们的高科技是由多少"低科技"组成的？每个零件都是高科技吗？不可能。我们的产品是由多少零件组成的？以前买这些零件，我们都是付人民币，到东莞提货，现在是付美金，到东南亚提货了。

华为这些年劳动与资本的分配比例是3:1

记者：您觉得现在抓住国际机遇进一步扩大改革开放，重点应该是在哪些方面？

任正非：第一，减税，先把税减下来。减税可以带来企业持续减负，从而增加更多投资和创新，企业有钱搞研发，这样就可能得到休养生息和喘息的空间，产业就能做大，税基也大了。第二，改变劳动和资本的分配机制。华为这些年劳动与资本的分配比例是3:1，每年经营增值部分，按资本与劳动的贡献设定一个分配比例，劳动者的积极性就起来了。

走向繁荣："锄头一定要种出玉米，玉米就是实体企业"

记者：创新跟改革开放是什么关系？

任正非：创新就是释放生产力，创造具体的财富，从而使中国走向繁荣。虚拟经济是工具，工具是锄头，不能说我用了五六十把锄头就怎么样了，锄头一定要种出玉米，玉米就是实体企业。我们还是得发展实体企业，以解决人们真正的物质和文化需要为中心，才能使社会稳定下来。

"如果每个人都抱着一夜暴富的想法"

记者：有人说这些年改革的动力有弱化的现象，您怎么评价？

任正非：我认为如果每个人都抱着一夜暴富的想法，实现不了，它的动力就弱化了。但真真实实的是，天还是那个天，地还是那个地，辘轳篱笆狗都没有变，你怎么能变成"富二代"呢？如果我们抱着一种努力创造、缓慢健康成长的心态，每个人的满意度就提升了。

"没有理论基础的创新是不可能做成大产业的"

记者：美国硅谷是世界高科技的高地，中国创新的希望何在？

任正非：高科技领域最大的问题，是大家要沉得下心，没有理论基础的创新是不可能做成大产业的。"板凳要坐十年冷"，理论基础的板凳可能要坐更长时间。我们搞科研，人比设备重要。用简易的设备能做出复杂的科研成果来，而简易的人即使使用先进的设备也做不出什么来。

"如果学术研究泡沫化，中国未来高科技很难有前途"

记者：中国有可能成长出许多个"华为"吗？

任正非：可以的。第一，小企业做大，就得专心致志为客户服务。小企业特别是创业的小企业，就是要认认真真、踏踏实实，真心诚意为客户服务。小企业不要去讲太多方法论，就是要真心诚意地磨好豆腐，豆腐做得好，一定是能卖出去的。只要真心诚意去对客户，改进质量，一定会有机会。不要把管理搞得太复杂。第二，先在一个领域里做好，持之以恒做好一个"螺丝钉"。第三，小公司不能稍微成功就自我膨胀。我始终认为企业要踏踏实实一步一步发展。

泡沫经济对中国是一个摧毁，我们一定要踏踏实实搞科研。一个基础理论变成大产业，要经历几十年的工夫，我们要有战略耐性。要尊重科学家，有一些人踏踏实实做研究。如果学术研究泡沫化，中国未来高科技很难有前途。不要泡沫化，不要着急，不要大跃进。没有理论的创新是不可能持久的，也不可能成功。

我们公司在世界资源聚集地建立了20多个能力中心，没有这些能力中心科学家的理论突破，就没有我们的领先世界。中国必须构建理论突破，创新才有出路。小改、小革，不可能成为大产业。

"很多前沿理论突破以后，人类当时都不能理解"

记者：您说的理论创新是指基础研究？

任正非：理论创新比基础研究还要超前，因为他写的方程也许连神仙都看不懂，就像爱因斯坦一百年前写的引力场方程，当时谁也看不懂，经过许多科学家一百年的研究才终于证明理论是对的。很多前沿理论突破以后，人类当时都不能理解。

记者：华为聘用的国外科学家很多？

任正非：我们海外研究所的科学家大多是外国人，所长是中国人，所长就是服务。我们"2012 实验室"现在有 700 多位科学家，今年会到 1400 多人。

记者：高科技发展应该以基础理论为支撑？

任正非：有理论创新才能产生大产业，当然有技术创新也能前进。日本一个做螺丝钉的小企业，几十年只研究螺丝钉，它的螺丝钉永远不会松动，全世界的高速铁路大都是用这个公司的螺丝钉。一个螺丝钉就有非常多的地方可以研究。我去过德国的小村庄工厂，几十年就做一个产品，打出的介绍图不是说销售了多少，而是占世界份额多少，村庄企业啊！

首先不要有"抢占"这个概念

记者：就您在华为成长过程中的感受，我们国家在未来一轮经济周期怎样才能"抢占"高新技术的一席之地？

任正非：首先不要有"抢占"这个概念，一抢，就泡沫化。就是要踏踏实实做基础，融入世界潮流，与世界一同发展，分享世界的成功。

未来三十年："一定会崛起非常多的大产业"

记者：有人说深圳走上了创新驱动发展的道路，其中的一个动力源就是华为？

任正非：未来信息社会的深度和广度不可想象，未来二三十年将是人类社会发生最大变化的时代。伴随生物技术的突破、人工智能的实现等，未来人类社会一定会崛起非常多的大产业。

我们面对着极大的知识产权威胁。过去二三十年，是从落后通信走向宽带通信的二三十年，全世界出现多少大公司，美国思科、谷歌、Facebook、苹果，中国没有出多少，就是因为对知识产权保护不够。未来还会出现更多的大产业，比如 VR 虚拟现实，中国在这些产业是有优势的，但是要发展得更好，必须有十分苛刻的知识产权保护措施。

"沿着创新之路增长经济，是正确的"

记者：您觉得中国应该建设和发展怎样的一种商业环境？

任正非：我认为中央提出新常态是非常正确的。我们不再追求高速度了，适当发展慢一点，有发展质量才是最根本的。

有个专家说，投资有两种方式：第一种是外延方式，比如建一个钢铁厂，再建一个钢铁厂，又再建一个钢铁厂，规模就做大了；第二种是普罗米修斯投资，普罗米修斯把火偷来了，有了火才有人类文明，这就是创新突破。我们国家提出要沿着创新之路增长经济是正确的。外延式增长，投资越大产品越过剩，价格越来越低，投资效果越差。

"中国经济没有想象中那么大的问题"

记者：在您看来，我们面临着前所未有的大机遇，同时面临的大风险是什么？

任正非：我觉得，中国经济没有想象中那么大的问题。主要是不要把自己泡沫化了。中国的情况还是比别人好的，只要不让假货横行，就出不了大的问题。

防范危机："高成本最终会摧毁你的竞争力"

记者：您觉得深圳未来的危机在哪里？

任正非：很简单，140 年前，世界的中心在匹兹堡，有钢铁。70 年前，世界的中心在底特律，有汽车。现在，世界的中心在哪里？不知道，会分散化，会去低成本的地方。高成本最终会摧毁你的竞争力。而且现在有了高铁、网络、高速公路，活力分布的时代已经形成了，但不会聚集在高成本的地方。

"我们国家最终要走向工业现代化"

记者：华为是深圳本土成长的企业，您对深圳的城市发展比如国际化、改革开放等有怎样的期望？

任正非：深圳房地产太多了，没有大块的工业用地了。大家知道大工业的发展，每个公司都需要一定的空间发展。

我们国家最终要走向工业现代化。四个现代化，最重要的是工业现代化。工业现代化最主要的，要有土地来换取工业的成长。现在土地越来越少，越来越贵，产业成长的可能空间就会越来越小。既然要发展大工业、引导大工业，就要算一算大工业需要的要素是什么，这个要素在全世界是怎么平均的，算一算每平方公里承载了多少产值，这些产值需要多少人，这些人要有住房，要有生活设施。生活设施太贵了，企业就承载不起；生产成本太高了，工业就发展不起来。

中国企业走出去："要搞清楚法律，不是有钱就能投资的"

记者：对一些希望走出去的中国企业，有没有一些建议？

任正非：第一，中国要建成法治国家，企业在国内就要遵纪守法。你在国内都不守法，出去一定是碰得头破血流。所以我不支持中国企业盲目走出去。制度对社会的影响不会立竿见影，会几十年一百年慢慢释放影响。第二，要学会在中国管理市场经济，在中国你死我活地对打，还活下来了的话，就能身强力壮地出去跟别人打。中国要加强法律、会计等各种制度的建设，使自己强盛了走出国门。不然企业走出去会遇到非常多的风险，最后可能血本无归。所以我认为，中国企业要走出去，首先要法治化，要搞清楚法律，不是有钱就能投资的。

为"傻傻的创新"点赞

华为 28 年如一日，始终坚持对准信息通信领域这个"城墙口"冲锋。任正非在总结这种文化的形成时说，"傻，要总结的话就是傻，不把钱看成中心，中心是理想。"

任正非的话揭示出华为成功的一个"秘诀"。正是这股专注于创新的"傻劲"，推动华为从一个只有两台万用表和一台示波器起家的民营企业，快速成长为全球通信行业的领导者，让竞争对手尊为"最可怕的企业"。世界知识产权组织发布的报告显示，2015 年向该组织提交的国际专利申请中，华为国际专利申请数量以 3898件连续第二年位居企业界榜首。

傻傻的专注与执着成为了企业创新成功、道路越走越宽的不二法门，应当成为当下高科技企业发展的借鉴。

大浪淘沙，适者生存。创新历来是维系企业生存的基石，发展的源泉，尤其在"大众创业，万众创新"蓬勃发展的当下，技术创新、商业模式创新等已经成为潮流。创新的大潮中，少数企业能够长久专注于特定领域，并把持续创新获得的竞争优势当成企业走更稳、行更远的基础。"一根筋"式的创新精神让企业凝聚创新力量，像钉子一样钉入一个个科技和商业模式的"无人区"。

反观当下，一些创新企业好大喜功、急功近利，热衷于玩概念、赚快钱，一哄而上，又一哄而散。在房地产业或股市飞速发展的时候，大量抵抗不住诱惑的实体企业偏离主业、巨额投资股市或房地产进行投机。这种做法不仅造成了创新资源的极大浪费，错失了结构调整的大好时机，也让企业在国际市场中难以获得立足之地。

厚积薄发的创新长跑必将带来丰厚的回报。要有坚持创新的韧劲和拼劲，在市场经济的各种诱惑面前做到心无旁骛，保持定力、保持专注。在全球化、信息化深入发展的当下，应该让专注、执着、诚实不欺的企业家创新精神和坚持品质、推崇创新的"工匠精神"贯穿于企业转型升级的全过程，成为企业拓展全球创新网络、站上国际舞台的比较优势。

在创新中塑造"素质经济"

——六问鹏城

近年来，深圳实现动力转换，走出了一条创新驱动发展的道路。

深圳创新发展、成功转型的密码究竟何在？给人们以怎样的启示？其经验是否具有可复制性？

记者带着一系列问题，走访中国（深圳）综合开发研究院常务副院长郭万达、深圳市政协常委乐正、深圳社会主义学院副院长谭刚等专家和深圳市政府政策研究室主任吴思康等，共同寻找答案。对话中，"素质经济""隐形的爆发点"等一系列新理念新概念扑面而来……

图 1-10　中国（深圳）综合开发研究院常务副院长郭万达

"每一步都踩到点上"

问题一：深圳经济走上创新驱动发展的基因和密码究竟何在？

郭万达：回顾 30 多年的发展道路，深圳抓住了农村转移劳动力、大学生、海归 3 次大的人口红利，在不同阶段干了该干的事，产业丰富、成体系，生态链很长。只有大象、老虎，没有森林，那肯定是不行的。深圳有大树，也有小树，还有灌木丛，阳光都可以照耀到。

创新驱动的基因，是开放。深圳是一个移民城市，近 2000 万名不甘于宿命、希望改变命运的人聚在一起，能创造多大的能量？这里有相对公平、可选择的空间，近 2000 万人能做多大的事？敢于冒险、勇于创新，深圳这样的人很多。

乐正：深圳近 10 年最大的转变，就是由一个国际化加工贸易基地转化为国际产业创新基地。转型自 2000 年以后真正开始，对加工贸易开始选择了，拒绝了一部分企业，选择性招商，为科技、金融等服务业留下空间。

现在经济下滑压力很大，但是由于结构转型、创新发展做得好，东方不亮西方亮，深圳的经济增长没有掉下来。当前深圳经济之所以能健康而较快地发展，在于比较早地实施了产业结构调整，企业跟着市场走，经济围着企业走，政府一直是跟着企业走、跟着市场走，每一步都踩到点上，成为供给侧改革的受益者。

吴思康：深圳经济发展表现出有质量、可持续的稳定增长态势，原因就在于转型升级比较成功，国际金融危机时率先规划发展七大战略性新兴产业，引领推动了这些产业的发展，现在它们对 GDP 增长的贡献率超过 50%。深圳没有大院大所，这看起来是一个短板，回头看反而是优势，因为只能走一条新的路径，就是建设企业主导的创新体系。企业确定研发项目，都是紧跟市场，是市场机制引领，不是"号召的创新"，不是为了写论文而创新。

谭刚：深圳经济发展的最大特点就是创新发展。创新发展逐步成为整个城市的共识，成为特区的基因。这种自觉在全国比较领先和超前，就是用高技术产业和创新带动城市发展，不断提升竞争力。在国家层面，深圳至少戴了两顶"帽子"：国家创新型城市、国家自主创新示范区。经过十几年不断探索，深圳形成了推动创新发展的政策体系。

"政府超前布局，抓住了产业转移的机会"

问题二：政府发挥了怎样的作用？

郭万达：深圳超前布局，抓住了产业转移的机会。政府的产业规划不是拍脑袋，不是无中生有，不是空穴来风，而是亲善市场，往往起放大和引导作用。政府还促进了创新生态链，深圳有上万家风投公司，有创业板，形成了生态链条。

吴思康：应对国际金融危机时，深圳提出发展战略性新兴产业，政府规划发挥了重要引导作用，政策支持也很到位。以前深圳靠"时间就是金钱、效率就是生命"引领了一个时代，后来提出一个效益指标体系，从"深圳速度"到"深圳效益"，再到"深圳质量"，后来又到"标准、质量、品牌、信誉"四位一体，不断发展。这些理念反映了深圳在不同时期的不同追求。

"建议把深圳打造成一个企业家之都"

问题三：深圳的企业家精神，究竟是一种怎样的精神？

乐正：深圳是一个和企业共同成长的城市，建议把深圳打造成一个企业家之都，和国际企业接轨。

"比较早地推进了供给侧改革"

问题四：深圳的转型发展、创新发展，是一种供给侧改革吗？

吴思康：我们比较早地推进了供给侧改革。应对新常态靠什么，首先是靠新产品、新技术。新技术创造新供给，刺激新需求，甚至是颠覆式需求。在深圳，有一批企业引领了新经济，比如大疆无人机就是一种新供给。再比如工业设计，中国制造中这部分一直比较薄弱，深圳 2012 年专门出台鼓励政策发展工业设计，现在深圳也被国际上誉为"设计之都"。

谭刚：深圳要更加重视新经济体系、新业态等供给内容，在战略性新兴产业特别是真正的未来产业方面有更大突破，形成足以支撑深圳长期有效供给的新优势。

"一个城市要有品牌企业，但也不能过度依赖"

问题五：华为 2015 年营收 3900 多亿元，研发投入近 600 亿元，在深圳企业中似乎一枝独秀，深圳如果离开华为会怎样？

郭万达：2015 年研发投入占深圳 GDP 的 4.05%，如果去掉华为，深圳研发投入占 GDP 比重还不到目前比例的一半。但是我要说，华为固然很重要，但是深圳最重要的是有一大批有活力的中小企业。对于深圳来讲，从七大战略性新兴产业到四大未来产业，都有布局。像生物技术、空间技术等领域都处在爆发的前夜，华大基因、无人机、马丁飞行包，这些都是隐形的爆发点。

对于深圳来讲，最重要的是生态，即使一个企业倒掉了，也并不意味着产业、城市倒掉了。深圳有这个土壤，创新型城市的土壤，一个企业不行，另一个企业又起来了。

乐正：一个城市要有品牌企业，但也不能过度依赖，需要培养第二代的战略领军企业。现在一些企业虽然还没有成大气候，还不是航空母舰，将来有可能发展壮大。

吴思康：有人说深圳就靠华为，实际上不是的。深圳企业不是一家独秀，而是满园春色。深圳收入超过千亿元的企业就有 8 家，过百亿元的企业 65 家，过十亿元的企业数百家。深圳企业都是在市场中打拼出来的，经过了锤炼，具有很强的生命力和竞争力。这些企业拥有在市场经济汪洋大海中弄潮的素质，这种"素质企业"构成了深圳的"素质经济"。

"最大的借鉴，是三个长期"

问题六：中国经济进入新常态，深圳的经济成绩单不错，对当前中国其他地区有什么借鉴？

郭万达：最大的借鉴，是三个长期：第一，长期形成的深圳经济结构。深圳一直坚持产业升级，即使传统产业也要升级，因此深圳没有国家现在要去库存、去产能、去杠杆的产业，这个非常重要。第二，长期形成的所有制结构。深圳国有企业调整比较到位，以民营经济为主体，对市场的适应能力很强。企业一直在市场中发展发育，敏感度远远超过政府。第三，长期形成的政府和市场的关系。政府对企业的生产性活动不去干涉，实现了政企分开。

吴思康：深圳对全国的借鉴意义就是要念好改革、开放、创新三篇"经"，这6 个字虽然耳熟能详，但内涵博大精深，需要我们不断去挖掘和体会。

在这里，展开你的想象

——深圳企业家印象

（一）这里，每天都在演绎传奇

2009 年，国际金融危机肆虐的一年，改变世界的力量从未停止在某个角落生长。

当 26 岁的刘若鹏来到深圳，离他在美国《科学》杂志发表论文尚不足一年，而这篇论文拥有一个绝对科幻色彩的主题——超材料与隐形衣。

美国斯坦福大学，与刘若鹏同岁的刘自鸿正在埋头撰写博士论文，论文主题同样颠覆想象——如何制造可以任意弯曲、卷起的柔性显示屏。此时的刘自鸿还未想到 3 年后会在深圳创业，将论文付诸实践。

在一个需要展开想象力的城市，每天都在演绎、讲述着传奇故事。

同样在 2009 年，华为公司正式超越几家跨国公司，成为世界第二大移动网络设备巨头。此时，距离总裁任正非 43 岁在深圳白手创业过去了 22 年。

在深圳中央商务区，身为当家人的马明哲为中国平安集团总部大厦奠基，这座大厦建成后将成为深圳"第一楼"。20 多年前，马明哲提出"传承百年招商，重操保险旧业"，被认为是天方夜谭；20 多年后，平安从最初仅拥有 13 名员工成长为世界 500 强企业。

这里是深圳，温暖湿润的空气中弥漫着梦想激荡与扣人心弦的气息。

（二）奇迹创造者的共同气质

放在 5 年前，大学时代创立大疆创新科技有限公司的汪滔，在很多人眼里仍然只是一个做玩具的，汪滔当时也只希望公司能养活 10～20 人的团队就行。

对天空的向往，贯穿汪滔整个成长历程。16 岁那年，汪滔在一次考试中取得高分，父母奖励他一架梦寐以求的遥控直升机。然而，这架飞机却在不久后的一次飞行中"坠毁"，与汪滔的想象相距甚远。

随后，汪滔就读于香港科技大学，学习电子工程专业，他仍热衷于遥控直升机的钻研，把奖学金拿出来研发，近乎疯狂地参加学校的机器人大赛，甚至常常不被人理解。

然而，正如汪滔所说："结果证明当时的想象力还是太小。"随着近年来大疆发布一款款"精灵"系列消费级无人机，拥有一台"会飞的相机"成为新风尚，而全球每 10 台消费级无人机中 7 台来自大疆。更重要的是——大疆开拓出一片曾经不存在的消费蓝海。

热爱、痴迷、狂热，有时是奇迹创造者具备的共同气质。

让画面更清晰、色彩更艳丽的激光电视走进普通人家庭，这是"技术狂人"李屹的梦想。

但是，这在很多业内人看来却"不靠谱"，因为激光显示器成本高昂，且体积巨大。

李屹始终对自己的梦想深信不疑，他创建深圳光峰光电技术有限公司，在公司长达四五年甚少收益、很多同伴相继离开的情况下坚持研发。

李屹说："只有真正有实力的人才能留下来"。最终，经过他潜心的技术钻研，激光显示器成本高、散斑和体积大等瓶颈得到破解，他做到了这个领域公认的世界第一，并即将引领这个行业的升级换代。

"北方地区夜晚太长，路上太黑，假如有一天在人造卫星上做一个反射板，将一束激光打上去，就可以反射整个区域进行照明。"这是李屹的终极理想，他总是这般语出惊人。

（三）知识是意味着尚未成功

当人类进入互联网时代，一切仿佛变得应接不暇。

20 世纪 90 年代，风靡一时的传呼行业逐渐度过巅峰期。和很多同事一样，一名有着多年工作经验的年轻工程师选择从老大哥企业润迅离开，自己创业。他给自己的公司也取了一个带"讯"的名字，这个人叫马化腾。

然而，每次创业都是一本书。在历经了疯狂增长后，互联网泡沫袭来，执掌腾讯公司的马化腾甚至一度想把起家的 ICQ 软件卖掉。但在一次次跌宕起伏后，马化腾最终成就了今天互联网时代的"企鹅帝国"。

在深圳，每天都有企业诞生，也有企业消亡，失败在这里只是意味着尚未成功。这是片森林，有大树也有小树，谁能否认小树会从大树中获取养分最终顶天立地？

"我觉得我的公司一定会失败！"从创业到纳斯达克上市仅仅用了不到 4 年，尽管 34 岁的创梦空间科技有限公司创始人陈湘宇是一个别人眼中名副其实的成功者，但他却如此理解失败。"互联网时代是个不确定的时代，我们首先要学会'管理'这种不确定。"

创业之前，陈湘宇曾在华为公司就职 4 年，深深感触于华为对技术创新的推崇。"商业模式的创新很容易被复制，但技术创新永远无法替代！"

（四）在很多人意识到时已经实现颠覆

2015 年末，任正非在华为的内部刊物上签发了一封总裁办电子邮件，转载了一篇介绍日本工匠精神的文章，并在一旁写下："我们公司也有工匠精神"。

14 年前，同样在华为内部刊物上，任正非将一篇文章的题目由"为客户服务是华为存在的理由"改为"为客户服务是华为存在的唯一理由"。

在任正非看来，只要真心诚意磨"豆腐"，就一定能卖出去。

在被认为是妄言的时候仍然坚信，在不为人知的时候专注坚持，在很多人意识到时已经实现颠覆。

带着"基因科技造福人类"的梦想，被称为"基因狂人"的汪建除了在 56

岁时登上珠峰封顶，更带着他的团队在生命科学领域和发达国家展开一场竞赛：除了完成人类基因组"中国卷"的绘制，2007 年他们从北京南下深圳，在一家鞋厂改建的大楼里创建华大基因研究院，建成了世界上最大的基因工厂，从精准医学、精准农业到核心仪器设备的自主研制，全方位攀登生命经济时代的"珠峰"。

将病毒转化为"武器"治疗肿瘤，从事生物技术研究近 30 年的周国瑛专注于这个看似悖论的研究课题，从美国回到中国创业，组建深圳罗兹曼国际转化医学研究院。

……

万科董事会主席王石理解的工匠精神就是：安心自己所做的工作，精益求精。

（五）一座与企业、企业家精神一同长成的城市

如今，刘若鹏已从那个向母亲借 20 万元启动资金的创业者，成长为一位拥有数家上市公司、将超材料应用于隐形设备等领域的先行者。

汪滔仍然爱留一撇小胡子，爱穿白衬衫。而大疆已将消费级无人机拓展到农业领域，向全球发布"无人的农机"，下一个目标是做出"无人的灭火器"。

虽然已经是一位与世界对话的企业家，任正非仍然说华为需要一点点活下去。如今，华为发布的 P9 手机以其双摄像头设计被称为"正走向诗与远方"，华为未来的关键词还将包括 5G、VR 等。

……

这一切，人和故事，都发生在一个地方：深圳。

这是一座与企业、企业家精神一同成长的城市，梦幻般、未来让人无法想象的城市。

一个超大城市的困扰和突围

——"高位过坎"看深圳

它是中国经济的奇迹，改革开放 30 多年，保持年均 20% 以上的增速；它是一个超大城市，不到 2000 平方公里的土地上聚集着近 2000 万人口，人口密度全国第一。

放在五大发展理念下衡量，这座已经走上创新驱动发展之路、正在"高位过坎"的特大城市所遇到的困惑，有自己独有的、也有许多城市共同遭遇的困惑。

"深圳已经处在一个较高的发展平台，要实现更高的发展目标，还面临着一些突出的困难、矛盾、问题和挑战……"马兴瑞坦言。

木棉花开之际，记者走进深圳，倾听各界意见，共同直面这些焦点问题……

焦点一：发展空间之痛，如何突破瓶颈

土地面积 1998 平方公里，经济总量达到 1.75 万亿元，深圳是一个县级区域面积上的省级经济体，发展空间的局限和经济发展的冲动之间始终紧绷。

2010 年 7 月，深圳特区扩展到全市，扩容近 5 倍。但不到 2000 平方公里的土地中，49.9% 是生态保护用地，剩下的有 12% 是道路，深圳能用的土地少之又少。

目前深圳的土地开发强度接近 50%，远超 30% 的国际警戒线，也高于北京、上海和广州，甚至高于香港。早在 2005 年深圳发展就已面临土地、资源、水、环境"四个难以为继"，如今情况更加严峻。在调研中，从政府干部到企业家、专家学者，几乎都不约而同地谈到一个名词：发展空间。

土地紧张不仅影响项目落地，渣土受纳场也因此告急。目前深圳全市在用的淤泥渣土受纳场，除发生事故的光明新区红坳受纳场外，只有 6 座，剩余库容约 1600

万立方米。如果按近年年均产生 3600 万立方米的余泥渣土量计算，剩余库容最多支撑半年。

有专家认为，对比国际上的大都市，深圳的城市面积不算小。纽约、伦敦比深圳还要小，香港与新加坡就更不用提了。回过头来看，这十多年来的深圳，新增的建设用地少得可怜，但通过倒逼企业转型升级，深圳发展非常好，高新技术产业与创新能力惊艳全国，率先实现了动力转换。

深圳综合开发研究院常务副院长郭万达说，深圳在产业协作上已经与周边城市打成一片，尤其是与东莞、惠州形成一个高密度的"深莞惠"都会区。在这样的基础上，应该继续整合"深莞惠"，提升区域一体化水平。

记者了解到，深圳正在解决土地紧缺和发展空间问题，包括填海 55 平方公里，陆地整备 50 平方公里左右，为未来发展开辟了空间。

焦点二：体制机制之惑，如何进一步解放生产力

刘若鹏，这位深圳光启高等理工研究院的掌门人正在为高税负烦恼。刘若鹏说，光启物料成本低，而产品的智力成本即技术人才的投入成本非常高，在现行规定下，无法作为增值税的抵扣项。"产业方兴未艾之时，流转税负过重限制了发展的脚步。"

30 多年来，深圳一大批企业通过锐意改革，为特区乃至中国的发展探索了经验。如今，这些企业已经崛起，在各自领域引领着全球潮流，他们起步早、走得快，最早遇到了体制机制的新障碍。

"体制改革是土壤，创新成果是花朵。"深圳改革办副主任杨立勋说，改革创新是深圳最大无形资源和最大的软实力。它像一块磁石，把所有创新资源都吸引过来。未来深圳需要进一步加大改革力度，破除阻碍生产力发展的桎梏。

"深圳在国际创新链中的作用日益凸显。一个创新组织，像美国的苹果公司和深圳的华大基因，就能承担创新链的全部工作环节。"深圳市未来产业促进会会长、深圳市科协原主席周路明建议在深圳这样已同国际创新生态深度互动的地区建立技术特区，先行先试，聚合全球创新资源。

"从经济特区到技术特区，将成为中国向创新驱动转型的标志性事件。"他说。

焦点三：民生短板之虑，医疗、教育如何补课

深圳的民生事业，最大的短板在于医疗、教育。根据深圳市卫生和计划生育委员会统计，2015 年年底，深圳常住人口千人医生数为 2.6 名，常住人口千人床位数为 3.4 张，三甲医院 10 家，这些指标数据与北京、上海、广州相比有很大差距，一些医院超负荷运转。很多深圳市民为了求医远赴广州、香港、北京甚至国外。

为了补课，2014 年深圳启动"三名工程"，即面向全球引进名医、名医院、名诊所，实施公立医院管办分离、医药分开，全面取消了公立医院的药品加价权。

"医疗卫生是深圳最大的短板。"时任深圳市市长许勤说，过去 5 年，深圳市委市政府也做了很多工作，比如在医疗上投入了 600 亿元，是"十一五"的 3 倍，病床数增加了 1.5 万张。

深圳的教育欠账很多。基础教育方面，深圳小学一年级学位 2016 年、2017 年、2018 年的缺口预计达到 3.6 万个、5.2 万个、7.7 万个；高等教育方面，深圳在全国排在 30 名开外，高校数量与在校生规模偏小、办学层次和水平有待提高，与深圳的地位不匹配。

为此，深圳近年来积极探索与国内外知名大学合办特色学院的路子。"2010 年以前，深圳的大学基本都在南山区，今后，全市每个区都会有大学分布。"深圳市教育局局长郭雨蓉表示，随着深圳吉大昆士兰大学、深圳国际太空科技学院、华大基因学院、湖南大学罗切斯特设计学院（深圳）、深圳墨尔本生命健康工程学院等 9 所特色学院密集签约落户，深圳计划经过 10 年努力，争取高校数量比现在增加一倍，达到 20 所左右，在校生约为 20 万人。

2016 年，深圳实施 12 项重大民生工程投资 300 亿元，办好 116 件民生实事，包括全面推进深圳大学、南方科技大学高水平建设，加快中山大学深圳校区、天津大学—佐治亚理工深圳学院、深圳技术大学的筹建；启用萨米国际医疗中心（深圳），建成 2 个基因检测技术应用示范中心，加快中山大学深圳医院等 15 个重大项目建设，引进 10 个以上高水平医学学科团队。

焦点四：河流治理之难，蓝天之外期待碧水

蓝天白云是深圳的一张名片。2015 年 PM2.5 年均浓度降至 29.8 微克/立方米，

灰霾天数由 5 年前的 112 天降至 2015 年的 35 天，空气质量居国家 74 个重点监测城市前列，深圳成了全国空气质量最好的大城市。

然而，深圳的水环境让人担忧，河流的污染更是短板，其中茅洲河、深圳河和观澜河一度被视作广东污染最严重的河流。记者在茅洲河下游洋涌闸口看到，往日鱼虾畅游的场景早已绝迹，取而代之的是多年来犹如墨汁般的黑臭水体。

从近 10 年水质监测数据来看，深圳一些主要河流水质为劣Ⅴ类。深圳河、茅洲河、观澜河、龙岗河和坪山河 5 条界河的治污均未达标。针对这一问题，深圳市委市政府下大力气治水。深圳市人居环境委主任刘初汉说，根据《深圳市治水提质工作计划（2015—2020 年）》，未来五年，深圳将投入约 800 亿元，从加快污水管网、污水处理厂建设完善、加快河流综合整治、加快防洪排涝设施建设、保障饮用水水源水库水质安全等方面着手治水提质。

根据污水管网建设规划，深圳需建设污水管网 5938 公里，其中原特区外需建设 5730 公里。预计深圳到 2017 年建成区污水基本实现全收集、全处理，到 2019 年城市污水处理率达 95%左右。

焦点五：城市治理之忧，如何提升现代化管理水平

2015 年 12 月 20 日，深圳光明新区发生特大滑坡事故，造成 73 人遇难、4 人失联。快速发展的城市，管理的短板暴露无遗。深圳吸取教训，举一反三，决定把 2016 年作为"城市管理治理年"，集中精力整治城市高速发展过程中累积的各类安全隐患，全力推动城市管理治理水平迈上新台阶。

所谓"插花地"，是指原深圳二线关附近、位于行政区划交接处的居住区，人口密集，乱搭乱建，安全隐患众多。2016 年 2 月，深圳市委市政府决定，把二线关"插花地"改造整治作为"城市管理治理年"的突破口。

"2016 年深圳加大公共安全投入，新设 150 亿元城市公共安全专项资金，全面提升城市公共安全保障能力。"许勤说，深圳在全国率先成立城市安全研究院，每年财政投入 1 亿元至 2 亿元，配备 100 名左右各领域安全方面的专家，围绕渣土受纳场、危险边坡、水库、地下工程等城市安全管理课题深入开展研究和风险评估。

作为一个高速发展的城市，深圳有不少历史欠账：全市违法建筑 37.3 万栋，违建面积 4.28 亿平方米，占深圳建筑总量的 43%。

违建是深圳快速城市化过程中的历史遗留问题，严重侵占公共资源，妨碍规划实施，也有很大的安全隐患。2015 年，深圳新一届市委市政府出台了"查违考核 1+2 文件"，要求各区违建必须"零增长"，否则党政主要领导停职检查。铁腕整治带来实效，2015 年下半年，深圳违法建筑基本实现了零增量。

焦点六：房价高企之困，如何破解挤出效应

2015 年以来，深圳房价一路蹿升，成为全国楼市上涨"领头羊"。深圳市规划和国土资源委员会数据显示，2016 年 4 月，深圳一手住宅成交均价为 49876 元/平方米，同比上涨 89.14%。

高房价带来了多方面影响。多名接受采访的深圳人表示，高生活成本和激烈竞争带来的"挤出效应"已经产生。每年都有大学毕业生因为受不了高房价而辞职离开，一些制造业企业也开始考虑外迁。

"深圳未来的发展需要大量高素质人才，但高高在上的房价让很多年轻人难以承受。"深圳一家高科技企业的技术骨干王小川说，一套 80 平方米的房子动辄要三四百万元，很多人承受不了，只能选择离开。

目前，深圳市正在正视问题，采取措施：

——"十三五"期间，将建 40 万套保障住房，相当于深圳过去 30 年保障房的建设量，其中有近 25 万套将主要用于改善海内外人才居住条件，帮助深圳留住和招引海内外人才。

——出台调控政策，稳定市场。2016 年 3 月 25 日，深圳颁布调控新政：非深圳户籍人口购房社保年限由 1 年提高到 3 年，首套贷款还清后二套房首付四成。

——《促进人才优先发展的若干措施》提出，将新引进基础性人才租房补贴提高至本科 1.5 万元、硕士 2.5 万元、博士 3 万元。

"深圳的发展正处于'高位过坎'的阶段，既要看到过去的辉煌成绩，更要看到现在和将来面临的风险挑战。"正如马兴瑞所言，一向敢为天下先的深圳以问题为导向，直面问题、解决问题，迈过这几道"坎"，就必将赢得更加辉煌的未来。

努力建成现代化国际化创新型城市
——专访马兴瑞

在全国经济下行的背景下，深圳经济稳中有进，尤其是创新驱动态势明显。

2016 年 3 月初的一天，时任广东省委副书记、深圳市委书记马兴瑞（现为广东省委副书记、广东省省长）对深圳这座城市有着自己的理解与期待。谈改革，话创新，他接受了记者的专访。

全面深化改革要"五破五立"

问：您到深圳已整整一年，在全面深化改革背景下，深圳怎样再次讲好改革故事？

马兴瑞：2015 年 1 月，习近平总书记对深圳工作作出重要批示要求，深圳市要牢记使命、勇于担当，进一步开动脑筋、解放思想，特别是要鼓励广大干部群众大胆探索、勇于创新，在全面建成小康社会、全面深化改革、全面依法治国、全面从严治党中创造新业绩，努力使经济特区建设不断增创新优势、迈上新台阶。

深圳的发展必须把总书记的讲话吃透，拿出改革方案。深圳需不需要解放思想？相当需要！过去的辉煌会永远铭记到历史上。但深圳被这样那样的光环所环绕，人的思想容易禁锢。解放思想、真抓实干，勇当排头兵，深圳就是要在改革开放过程中继续发挥引领示范作用。

对于深圳来说，过去靠改革，当前、未来的发展也唯有靠改革。在全面深化改革的进程中，我们要先从最核心、最要害、牵一发而动全身的改革改起，先把这些问题突破了，深圳就会加速发展。

在全面深化改革方面，我们提出"五破五立"：进一步破除"老框框、老套路"的重重束缚，树立敢破敢立的开拓精神；破除盛名之下、志得意满的安逸心态，树立居安思危的忧患意识；破除"为官不为、当官做老爷"的消极状态，树立舍我其谁的担当精神；破除"差不多、过得去"的粗放思维，树立精益求精的较真精神；破除"光说不练、做而不实"的漂浮作风，树立一抓到底的实干精神。

深圳的"十三五"规划已经出台，其中最重要的就是改革，里面提到的任务目标能否实现，最重要就是看能不能落实好全面深化改革的各项举措。改革会有个过程，要突破利益的藩篱，我们一定要有历史担当。

深圳的财政收入增长较快，主要来源于企业

问：2015 年，在全国经济下行的背景下，深圳 GDP 增长达 8.9%，财政收入增长 30.2%，您怎样解读深圳这份成绩单？

马兴瑞：2015 年，深圳经济发展势头良好，如果剖析起来，一个很重要的原因就是市场化程度相对比较高。

我来深圳工作一年了，感受越来越深。深圳历届党委、政府尊重市场的原则，按照市场经济规律去办事，同时，关键时刻还能紧紧引导市场预期。

深圳毗邻香港，改革开放初期，香港是前店，深圳是后厂。20 世纪 90 年代初，深圳就开始搞转型，发展高科技产业，政府有意识地进行引导，不断提高服务企业的能力。

经济的好与坏，说到底就是企业的好与坏，企业好，经济就好。一直以来，政府都把企业看成是经济的主体。从深圳目前的企业形态来看，无论是体制机制、创新能力，还是市场化、国际化能力都是比较高的。深圳主抓电子信息产业、高技术产业，国家级高新技术产业占广东一半，高新企业集中的南山区，在区域竞争力上排在全国第三。

把企业做大做强，才能给社会创造更大的财富。深圳的财政收入增长较快，主要来源于企业，我们要让企业家更有信心、更有尊严，有一个更好的市场化、法治化环境。

把创新驱动作为实现"两个一百年"目标最关键的一招

问：在深圳采访，感触最深的就是企业的创新能力很强，有些人也提出深圳是中国的"硅谷"，您认为深圳创新最大的特色是什么？

马兴瑞：深圳这个地方，市场化程度高，国际化、开放程度也比较高，创新能力比较强，还受到移民文化的影响，这带来很多机会。深圳登记商事主体、高新技术企业的数量，在全国都是非常突出的。我们要尽量发挥出高新技术企业、创新企业在经济发展中的优势。"十三五"规划中，创新排在五大发展理念的第一位，深圳在这方面比较突出，创新一直是深圳发展的主战略、核心战略。现在经济发展单单靠投资、需求拉动都已经不行了，要着力于供给，推动供给侧改革主要要靠创新。

深圳创新的最大亮点就是把技术创新、产业创新、商业模式的创新真正落实到企业身上，有独到的地方。华为创始人任正非曾经跟我说，创新是我们的事，你们把知识产权保护好。深圳国际专利的申请数量 2015 年是全国第一，且以发明专利为主，走了一条新型研发模式创新的路子，将研发机构与事业单位、企业结合，与市场紧密结合，创新主体很有意思，也很有生机。深圳的创新文化也走在前面，非常注意引进人才。

现在来看，创新的系统概念和思维更加突出，我们实现中国梦，全面建成小康社会，要在加强改革开放的同时，更加加快实施创新驱动战略，把创新驱动作为实现"两个一百年"目标最关键的一招。

继续坚定不移推进创新驱动发展，构建未来可持续的竞争力

问：2016 年是"十三五"的开局之年，对深圳未来的发展，您心中有着怎样的脉络？

马兴瑞：最近，我们出台了一系列的举措，属于供给侧改革的重要内容，也是当前推动经济发展所急需的，其中包括支持企业提升竞争力的若干措施。我们通过拉网式的调研，针对存在的问题，出台支持企业在用地、研发、出口等方面的具体措施，在更高层面、更加系统地准确解决大中型企业的人才问题，包括支持科技创新，建设高水平大学，以及通过加强保障房建设支持人才建设等。

今后，我们还将继续坚定不移推进创新驱动发展，赢得新常态下发展的主动，构建未来可持续的竞争力。我们要力争通过 5 年乃至更长时期的努力，把深圳打造成为产业化能力最强、市场化环境最优、国际化程度最高的"中国硅谷"。

深圳是中国改革开放的发源地，今后将会继续发挥改革示范引领作用，在建设中国特色社会主义市场经济方面继续探索，同时，建立更高水平国家自主创新示范区，建成一个具有强大竞争力、有文化、有品位的现代化、国际化、创新型城市，让更多具有国际影响力的大企业在这里生长。

| 第二章 |

发展新路径上的驱动力量
——深圳为什么能

导言　深圳为什么能

创新驱动是国家命运所系。国家力量的核心支撑是科技创新能力。

新常态下，中国，这个世界上人口最多的国家，这个具有 5000 年悠久文明的东方大国、世界第二大经济体、世界经济增长的发动机，正在探寻新的发展路径。

也正因为如此，中共中央、国务院在《国家创新驱动发展战略纲要》中提出了这样的战略考虑——在我国加快推进社会主义现代化、实现"两个一百年"奋斗目标和中华民族伟大复兴中国梦的关键阶段，必须始终坚持抓创新就是抓发展、谋创新就是谋未来，让创新成为国家意志和全社会的共同行动，走出一条从人才强、科技强到产业强、经济强、国家强的发展新路径，为我国未来十几年乃至更长时间创造一个新的增长周期。

举国上下，一致行动，努力走上这样的"五强"发展新路径。

而有一座城市，已经先行一步，初步走上了这样的"发展新路径"，这就是深圳。

深圳，为什么能？

归根结底，得在"人"身上做文章。

人，是生产力中最活跃最根本的因素。

在不太为人知、却致力于"构建世界级创新型人才库"、打造"世界级高科技研发与产业化机构"的深圳市国创新能源研究院："创新创业团队已有 400 多人，核心成员一半是西方人！"

"除了牛人，我们一无所有；除了牛人，我们别无所求。"这是华为的招聘宣言。

比亚迪现在有 1.5 万名工程师。"10 年前我们说做电动车，没人相信"，

"狂人"王传福极其自信:"没有领先的技术,就做不到全球第一。"

牛人、"狂人",到了深圳,都"如鱼得水",获得了无穷无尽的原动力……正如 2014 年辞去深圳市科协主席职务、投身创业的深圳市未来产业促进会会长周路明所说 "30 多年来不间断的机制创新,让禁锢的创新能力持续释放,这是深圳创新最根本的原因。"

一语中的!

"最最关键的，是把人才用好"

——深圳人才驱动创新启示录

"我们的目标是努力打造在国际新能源领域具有重要影响力的世界级研发机构。"

2016 年，盛夏深圳福田区一座高楼内，曾任美国能源部国家实验室终身研究员的国创新能源研究院创始人茆胜博士说："我和两位欧美科学家 3 年前来深圳创业，现在我们创新创业团队已有 400 多人，核心成员一半是西方人！"

一方面，是高端人才不断落户；另一方面，是新常态背景下的深圳成功走上创新驱动发展道路，不断交出亮丽的经济发展答卷。

深圳为什么能？记者走进鹏城调研发现，创新驱动的背后是人才驱动。

深圳，为从全国乃至世界各地来的人创造了良好的市场化、法治化、国际化环境，让他们在这里释放活力和创造力，人才这个"第一资源"则为深圳经济社会持续发展不断注入动力。

创新驱动，实质是人才驱动——以"人才红利"促进全面创新，增强创新发展的内生动力，深圳初步走上人才强、创新强、产业强、经济强的发展新路径

深圳市深南大道和上步中路交接处，有一座闹中取静的白色"八角楼"式建筑——深圳科学馆。

记者走进科学馆，发现这里俨然是一座深圳国际创新驿站——从视觉人工智能公司到锂电池实验室，已有约 30 个海外归国创业团队在此落脚，又从这里走向世界……

"八角楼"，正是海归创客纷纷"飞"入鹏城的缩影——2013 年至 2015 年，深圳连续 3 年引进留学人员，增幅超过 40%，2016 年上半年同比增幅更是超过 50%，累计引进"海归"人才超过 7 万人。

研发出全球最薄柔性显示屏的柔宇科技迄今申请和授权发明专利超过 500 件，成为深圳高科技的一张名片。

"柔宇最大的资产是人，是团队。"创始人刘自鸿说，自己和斯坦福校友余晓军、魏鹏归国创业，得益于深圳 2011 年起实施专门引进海外高层次人才团队的"孔雀计划"。"政府给政策，给补贴，给资源，我们已经从 3 个人变成了超过 500 人的国际化团队，成员来自 10 个国家和地区！"

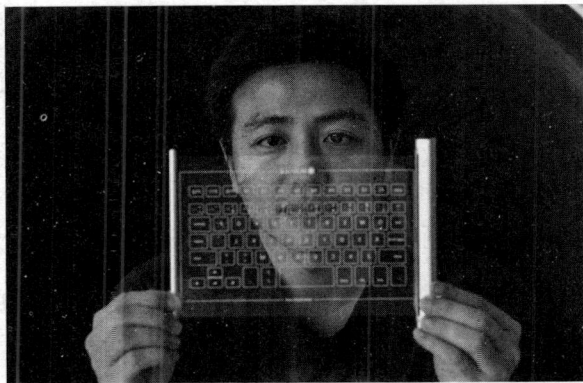

图 2-1　2017 年 8 月 18 日拍摄的刘自鸿（新华社记者毛思倩摄）

"孔雀计划"团队最高专项资助可达 8000 万元。人才资源是第一资源，人才优势是第一优势。人才资源开发，正成为深圳创新发展的战略基点。

短短 5 年时间，"孔雀"纷至沓来——截至 2016 年 6 月底，共有 1664 名"孔雀人才"被深圳延揽。深圳已初步形成一支富有创新精神的高层次创新型人才队伍。

人才一流，创新和产业才能一流。

2016 年上半年，华为销售收入达 2455 亿元，比去年同期增长 40%。

"除了牛人，我们一无所有；除了牛人，我们别无所求。"这是华为的招聘宣言。

"华为尊重人的价值，强调以奋斗者为本，这在中国影响深远。"长期观察中国企业组织创新的研究者康至军说，深圳的企业在人才管理和创新方面有着独到见解，这里已成为创新创业人才的摇篮。

"人才是第一资源，任何竞争最后都归结于人。"时任深圳市市长许勤说，真正要实现从"深圳速度"向"深圳质量"转变，最重要的就是人才支撑。

中科院深圳先进技术研究院 2012 年以来专利申请量在广东省科研机构排第一，在中科院系统名列前茅。

"一流的科研需要世界一流的科研人员。"院长樊建平说，以前只要是"海归"先进院就要，现在引进的多是世界一流大学的博士，"海归"已占科研人员的 2/3。

从过去"三天一层楼"，到如今"一天 46 件发明专利"，"深圳速度"正被注入崭新的内涵。

通过吸引顶尖人才，深圳正谋求从跟随创新迈向源头创新，一批企业和新型研发机构在技术上不断取得新突破，催生甚至引领了一个个新产业：

——比亚迪 2015 年全球销售新能源车超过 6.1 万台，以全球市场占有率超过 11% 的优势摘取全球新能源车年度销量桂冠。

——华大基因曾一度贡献了全球百分之四五十的基因测序数据、70% 的主要农作物基因数据，成为世界最大的基因测序研发机构……

不拒众流，方为江海。

截至 2016 年 6 月，深圳市各类技能人才总量发展到 295 万人，其中高技能人才占技能人才比例的 1/4 强——在深圳，不仅企业家和创新人才，能工巧匠的价值也得到极大实现。

"大脑走在前面，身体是不是跟得上？深圳的创新发展必须有一批高素质、技能强的产业工人。"深圳市人力资源和社会保障局朱虹处长说，深圳已建立一批高培中心、大师培训站等技能训练场所，培养与创新匹配的技术工人。

以"人才红利"促进全面创新，增强创新发展的内生动力，深圳初步走上人才强、创新强、产业强、经济强的发展新路径——2016 年上半年，深圳全市生产总值增长 8.6%，一般公共财政预算收入同比增长 24.4%。值得一提的是，新兴产业增加值达 3439.26 亿元，增长 12.1%，占 GDP 比重近四成。

"发达国家在新兴产业的布局也刚开始，如果想和他们站在同一起跑线上，必须吸引最顶尖人才，在源头上竞争，才可能拉动战略性新兴产业。"深圳科协原主席、海外人才离岸创业基地首席运营官周路明表示。

国以才立，业以才兴——政府引导，市场主导，深圳加快构筑人才驱动发展新机制，人才集聚效应、裂变效应不断放大

"在深圳，政府就是最大的创业团队。深圳本身就是一个成功创业的经典案例。"周末，深圳人才园。在创投行业工作、带家人来看海归创业路演的陈文扬有感而发。

因移民而起，因人才而兴，因创业而盛。

深圳建市之初，全市只有 2 名技术人员，一个是拖拉机维修员，一个是兽医；今天，这里已成为中国最"拥挤"的城市，不足 2000 平方公里的土地上聚集了约 2000 万人口，有商事主体 214.1 万户，全国千人拥有商事主体最多。

创业率缘何如此之高？

"我们觉得深圳的效率比硅谷还高。"从硅谷归国创业、推出"百万人流秒级定位"人脸识别系统的云天励飞联合创始人田第鸿说，深圳电子信息产业链完善，"足不出市"就可以解决所有问题。

他的创业伙伴陈宁则用"震撼"来形容深圳效率：两年前办理企业营业执照和公章，从申请到办好只用了 4 小时。

深圳浓厚的创新创业氛围，不仅成就海归学子创业，也帮助普通人筑梦。

美术专业大专毕业的深圳振华兴科技有限公司董事长廖怀宝成为"深圳人"三

有 26 年，卖过画，开过领带厂，后来看好深圳电子产业发展前景"改行"研发生产光学检测设备，迄今已拥有 100 多件专利，企业也成为光学检测设备领军企业。

"在深圳，不论什么样的人才或者特殊的零部件，我们都能找到。"廖怀宝说，"只要有想法、肯吃苦，在深圳，一切皆有可能。"

如果以学历等标准评价，廖怀宝也许算不上尖端人才，但恰是"廖怀宝"们代表了深圳的中坚力量：深圳拥有大专以上学历人口占总人口比例约 24.1%，这个比例低于不少大城市。

为什么普通人也能在深圳迸发巨大潜力？

"深圳通过改革消除了一些阻碍创新的制度因素，这是对人才最大的吸引力。"周路明说。

1987 年，深圳率先鼓励科技人员兴办民营科技企业，鼓励技术要素入股和参与分配，改变了任正非等创业者的命运。

20 世纪 90 年代，深圳又围绕人才出台一系列政策法规，如全国第一个技术分红的法规、第一个无形资产评估的法规，进一步释放人才的创造力。

类似的制度创新，今天依旧在深圳发生。

"如果没有这个体制，我不可能带这么多人回来。"2013 年，茆胜归国创业之所以最终"落户"深圳，就冲着当地科协负责人说的这样一句话——"在深圳，你可以选择民办非企研究院这种全新模式。"

"我月薪 2.5 万元人民币，比国外少多了；伙伴们也都不高，因为这是个非营利机构。"茆胜说，"没有条条框框的束缚，大家可以专心自由地研究技术。"

在民非模式下，研究院一旦技术研发成功就引进风险投资，孵化的企业则市场化运作，不少于 50% 的技术股权给研发团队，迄今研究院已拥有 60 多项专利，在石墨烯材料、锂离子电池等领域孵化 6 家高科技企业，市场估值超过 10 亿元人民币。

"30 多年来不间断的机制创新，让禁锢的创新能力持续释放，这是深圳创新最根本的原因。"周路明说。

"企业为什么要创新？动力来自竞争。"在比亚迪总裁王传福看来，市场经济的实质是竞争经济，市场化是深圳不断创新发展的动力。

图 2-2 比亚迪董事长兼总裁王传福先生

在深圳，人才不唯学历、职称，而是企业主导，市场认定。

不到 35 岁，来自企业或科研机构……2016 年 8 月，经马蔚华、王传福、杨焕明等企业家和科学家组成的首批深圳青年英才举荐委员举荐，6 位来自汽车研发、新能源电机控制等领域的青年人将被深圳市认定为高层次专业人才。

"希望通过青年人才举荐制度，让领军人才'伯乐相马'，以才引才，多元化、多维度评价人才。"深圳市委组织部副部长、市人力资源保障局局长王卫说。

优化人才发展的生态环境和服务体系，构筑人才高地，深圳，正向具有世界影响力的一流创新中心迈进……

知识就是力量，人才就是未来——面向未来，深圳市委市政府出台一系列举措，推动人才治理能力现代化，建设人才驱动型城市

"深圳当下最最关键的，是把各类人才聚拢来，并且把人才用好。"

时任广东省委副书记、深圳市委书记马兴瑞用"最最"两字，道出了人才对深圳未来的极端重要性。

近年来，国内外人才竞争越来越白热化，各地竞相出台人才优惠政策。为再造特区新优势，2016 年以来，深圳接二连三在人才工作上"出招"。

——出台《关于促进人才优先发展的若干措施》，提出 20 个方面 81 条 178 个政策点，在人才安居保障等方面打破束缚人才发展的条条框框，为人才提供全方位支持。

"只要你是人才，都可以在 178 个政策点中'对号入座'，找到支持自己的政策点。"深圳市委组织部副部长郑秀玉说。

政策的突破性，匹配的是财政投入的突破性。2015 年，深圳市级财政人才投入 16 亿元。"若干措施"实施后，每年仅市级财政的投入就达 44 亿元。

——针对高房价问题，升级人才安居政策。

深圳出台专门解决人才住房问题的《关于完善人才住房制度的若干措施》。"十三五"期间，将供应约 30 万套人才住房。

《若干措施》明确取消了人才申请轮候公共租赁住房缴纳社会保险的年限；给予新引进入户的全日制本科以上学历的人才一次性租房和生活补贴,其中本科 1.5 万元、硕士 2.5 万元、博士 3 万元等。

——《深圳经济特区人才工作条例》已进入送审阶段，从法律层面为人才引进、培养、评价、激励、保障和服务等各个环节保驾护航……

"现在搞特区人才立法，只要把人才问题解决了，深圳就能走在前面。"马兴瑞说。

一系列举措背后，是深圳市委市政府的清晰判断——人才资源已成为推动一个国家、一个地方经济社会发展的核心动力。

深圳没有大院大所，缺少高水平大学，随着科技创新和产业转型的持续深入，在基础研究方面的人才不足日渐凸显。

为补齐短板，深圳将由政府牵头筹划建设 10 个基础研究所，第一家是数学研究所。

深圳近年还纷纷与国内外知名大学合办特色学院，快速集聚优质高等教育资源。随着深圳吉大昆士兰大学、深圳国际太空科技学院、华大基因学院等 9 所特色学院密集签约落户，深圳计划经过 10 年努力，建设 20 所高校，在校生约 20 万人，一批优势学科达到国内领先和国际先进水平。

聚天下英才而用之，深圳以更开放的视野、更包容的胸怀、更优厚的条件、更优美的环境，集聚海内外优秀人才创新创业。

在大鹏新区，罗兹曼转化医学研究院正在如火如荼建设。这一新型研发机构是美国科学院院士、"疱疹病毒之父"伯纳德·罗兹曼来深圳创立的，主攻肿瘤和感染性疾病免疫治疗，研发的溶瘤新药有望造福万千患者。

"我们在美国做了多年病毒研究，但在深圳我们找到了将其产业化、造福社会的机会。"罗兹曼的学生、研究院院长周国瑛说，这是一次源头创新与深圳产业链的碰撞，深圳给予项目的巨大支持，让他们感受到强烈的创新创业氛围。

"深圳将以更大力度推进供给侧结构性改革，在'创新、企业、人才、高校、住房'五大领域上集中推出系列供给侧结构性改革政策举措，进一步增创新优势、激发新动力。"马兴瑞说，力争通过 5 年乃至更长时期的努力，把深圳打造成为产业化能力最强、市场化环境最优、国际化程度最高的"中国硅谷"。

风从东方来，未来在闪光。深圳这片举世瞩目的热土，正向全球人才敞开大门……

不能"用现在的掌声招致未来的骂声"

——深圳，沿着标准、质量、品牌、信誉 "四位一体"的推进路径不断前进

30 多年前，三天一层楼的"深圳速度"举世瞩目，"时间就是金钱，效率就是生命"的口号响彻全国；30 多年后，深圳以创新发展为引领，以"质量"理念统筹行动，找到了新的城市精神口号——"创新驱动发展，质量成就未来"。

为推进"深圳质量"建设，几年前，深圳市委市政府提出要"打造深圳标准，铸就深圳品牌，树立深圳信誉，提升深圳质量"的努力方向，初步形成了标准、质量、品牌、信誉"四位一体"的推进路径。

据统计，2016 年上半年，深圳 GDP 同比增长 8.6%，财政收入增长 24.4%。深圳以优异的表现展示出新常态下率先完成发展动力转换后的勃勃生机。

关键转折期 深圳用"质量"理念统筹行动

2010 年，"三十而立"的深圳经济特区面临重要转折。一方面，国际金融危机的影响还在深度发酵，对深圳的出口造成巨大冲击；另一方面，深圳土地资源、能源、人口、水"四个难以为继"的问题越发尖锐。

时任深圳市市长许勤说，当时深圳有两种危险，一是受生产要素制约退化成一个消费型城市；二是穿旧鞋走老路，大规模增加传统产业投资，这可能赢得一时，但最终会"用现在的掌声招致未来的骂声"。

面对挑战，深圳提出要用"质量"理念统领行动，即追求"有质量的稳定增长，可持续的全面发展"。2010 年 10 月，《深圳市委市政府关于加快转变经济发展方式的决定》发布，要求从"深圳速度"向"深圳质量"转变。

由此，"质量"成为深圳"十二五"期间经济发展的关键词。深圳市发改委副主任吴优说，在新时期，深圳追求的是新的发展模式——用更少的资源、更少的能源、更少的环境代价，云实现更有质量、更有效益、更可持续的发展，在转型升级上走出一条新路。

据统计，"十二五"期间，深圳 GDP 总量增长近一倍，万元 GDP 能耗、水耗、建设用地、二氧化碳排放量分别下降 19.5%、43%、29%、21%。

事实上，深圳谋求转型升级的步伐从未停止过。20 世纪 90 年代，"三来一补"等低端增长方式走到尽头，深圳提出向高新技术产业转型；到 2005 年，遭遇土地、资源、人口和环境"四个难以为继"的困境，深圳采取措施倒逼产业升级，拒绝粗放型大项目，吸引高附加值企业落地。

"四位一体"建设推动深圳转型升级

自从在 2016 年春晚，540 台机器人"阿尔法 1S"因为整齐划一、动感十足的舞蹈迅速走红后，深圳尤必选科技有限公司就一发不可收：新开发的"阿尔法 2"机器人更加聪明，甚至具备学习功能；新推出的"Jimu"机器人，在全球的苹果专卖店上线；公司估值超过 10 亿美元，成为人形机器人领域的"独角兽"企业。

优必选的发展何以如此惊艳？公司联合创始人熊友军告诉记者，秘诀就在于公司花费近 5 年时间、耗资 5000 万元，自主研发出了人形机器人的核心部件——伺服舵机。"优必选通过实施提升工业设计、打造深圳标准、培育自主品牌三大专项行动计划，不断扩大设计优、标准高、品牌好、信誉强的中高端供给。"

这是深圳围绕"四位一体"建设，推动产业转型升级的生动注脚。

"深圳发展到现在，差的不是增长速度和经济效益，而是更好的质量和更高的标准。"深圳质量强市促进会会长马蔚华说，小到一个企业，大到一个城市和一个国家，质量是根本，标准是名片。没有了质量，发展无从谈起；游离了标准，注定在低端徘徊。

深圳标准的提出，意味着"深圳质量"正从宏观理念转化为实际可操作的标准。

近年来，深圳瞄准国际一流水平，标准国际化水平持续提升，参与国际标准研制的数量居国内城市领先地位，且呈逐年上升趋势。全市研制国际国内标准累计总数从 2009 年的 1609 项增长至 2015 年的 4212 项，其中国际标准从 321 项增至 1135 项。

新的城市精神凝聚社会共识

2015 年 10 月，比亚迪制造的全球首台纯电动双层大巴在伦敦惊艳亮相。比亚迪 2015 年年报显示，集团推出的纯电动大巴 K9 和纯电动出租车 E6 已在全球 6 大洲 43 个国家和地区超过 190 个城市成功运营。比亚迪新能源汽车，让世界很多人感受到深圳品牌的魅力。

图 2-3　2015 年 10 月，比亚迪制造的全球首台纯电动双层大巴在伦敦惊艳亮相

其实，不只比亚迪，深圳一大批企业都拥有在国际市场上响当当的品牌：通信领域的华为、中兴，互联网领域的腾讯，基因领域的华大，金融领域的招商、平安，房地产领域的万科，医疗器械领域的迈瑞，彩电领域的创维、康佳等。

标准决定质量，质量塑造品牌，品牌提升信誉，信誉赢得市场。目前，深圳累计拥有中国驰名商标 159 家。

"中国很多产业大而不强，我们要实现弯道超车，必须紧紧依靠创新。"深圳综合开发研究院常务副院长郭万达说，深圳"四位一体"的推进思路，核心落脚点是创新。

许勤说，"创新驱动发展，质量成就未来"已经成为深圳新的城市精神口号，体现出深圳追求经济社会发展的质量与速度有机统一、效益与结构同步优化。

沿着标准、质量、品牌、信誉"四位一体"的推进路径，深圳，不断向前进……

无级别、无经费、无编制：新型研发机构是
怎样在深圳"蓬勃"发展的

2016 年 7 月，深圳交出一张耀眼的年中"成绩单"：上半年，深圳 GDP 增长 8.6%，其中新兴产业产值与近四成。

在亮丽数据背后，无级别、无经费、无编制的新型研发机构，成为深圳转化经济增长动力、破解科研与市场对接"两张皮"、聚合能量走向全球的重要催化剂。

"四不像"单位成"专利申请机"

从美国杜克大学博士毕业、掌握超材料先进技术的刘若鹏，回国时"不想走传统科研院所行政化的老路子"。

"传统科研机构可能需要讨论立项、层层审批，等到条件成熟'黄花菜都凉了'。"刘若鹏说。

作为深圳"孔雀计划"首批认定人才，刘若鹏最终于 2010 年成立了"民办非企业"性质的光启高等理工研究院。

不完全像大学、不完全像科研院所、不完全像企业，还不完全像事业单位。在新型研发机构这样"四不像"的单位里，项目投入更加自主、资源配置更有效率、产品需求更加贴近市场。

6 年间，光启推出用于大数据收集和分析的空中驻留平台"云端号"，收购马丁飞行包，研发智能光子、指纹卡……截至目前，光启专利申请总量超过 3000 件，其中超材料占全球这一领域申请量的 86%。

"未来的供给与需求都是全球化的，因此创造未来的资金、团队与活动也应该是全球化的。"刘若鹏认为，新型研发机构体制机制要"新"，人才观念也要"新"。

"Ulrich 是德国人，Peter 是英国人，Kim 是挪威人，Jay 是加拿大人……"刘若鹏说，经过数年"择天下之英才"的发展过程，目前光启 700 多名研发人才中，有超过 200 名外籍人士，来自 40 余个国家和地区。

深圳华大基因研究院、中科院深圳先进技术研究院、深圳清华大学研究院……与光启相似的新型研发机构正在深圳大展宏图，成为专利申请的"机器"、资本市场的宠儿、跨国科研交流的生力军。

深圳清华大学研究院院长嵇世山说，该院至今已成功孵化了 1500 多家企业、20 多家上市公司。

广东省科技厅信息显示，深圳共有 30 家新型研发机构获得省级资质。深圳市社会组织管理局的数据显示，截至 2016 年 6 月底，深圳共有从事科学研究的民办非企业单位 360 个，相比 2015 年 6 月底的 295 个增长超 20%。

"新型科研机构自主经营，科研规划尊重市场规律和科研规律，在源头创新方面具有灵活的体制机制优势。"深圳市科协原主席周路明认为，如果说自身科研实力是取得成功的源头，那么科研体制创新则是一剂不可或缺的"强力催化剂"。

"一站式"育成创客

在中科院深圳先进技术研究院的帮助下，刚满 30 岁的王磊对他的"呼噜智能睡眠眼罩"很有信心。"这款产品既能收集数据，还能对各种睡眠监测数据进行分析，并通过手机应用程序 APP 与先进技术研究院的健康大数据研究中心相连，为用户提供健康分析。"

像王磊这样的创客，正在新型研发机构孵化下，找到展示自我的舞台。

"在'双创'热潮中，我们院成立了中科创客学院，为创客提供'从蝌蚪到青蛙'的一站式育成服务。"中科院深圳先进技术研究院院长樊建平说。

"一棵树苗能否长成参天大树与时机等多种因素都有关系，我们的做法不是猛浇一两棵大树，而是打造一片土壤肥沃、雨量充足的森林。"樊建平表示，在这片森林里，企业存活率、专利转化率和技术转化率分别是传统模式的 3～4 倍，创新效率总体提升 30～60 倍，失败率较低。

目前，中国科学院深圳先进技术研究院"应用研究—技术开发—产业化应用—企业孵化"的科技创新链条已然成型。据介绍，该院育成企业累计逾 200 家，其中先进院持股 82 家；持股公司中产值过亿元的企业约有 6 家，准备在新三板或创业板上市企业约有 5 家。

事实上，"投资公司+孵化器"，通过孵化器方式对接资本市场、通过引进企业和社会资金孵化科研项目，已成为不少新型研发机构推动研发项目可持续发展、形成自我造血能力的代表性模式。

"截至目前，我们研究院拥有股权的企业超过 150 家。"稽世山说，"如果没有投资平台，没有自我造血功能，我们就会成为政府的负担，走不了多远。"

聚合能量走向全球

深圳新型研发机构正在走向全球，孵化未来。

作为解读"生命密码"的技术，基因测序是世界各国竞相发展的未来产业。2015 年，英国自然出版集团首次发布科研合作分值以及全球科研合作情况，华大基因超越 IBM、罗氏、葛兰素史克等世界一流企业，位列全球产业机构合作排名之首。

"中国的科学研究，很长一段时间一直扮演追赶者的角色。但在基因研究的马拉松比赛中，华大基因处于第一梯队。"华大基因董事长汪建说。

基因测序仪是最核心的设备。2015 年，华大推出完全自主知识产权、具有国际先进水平的高通量测序系统。

"这一设备不仅可以'一键测序'，还可在 24 小时内完成从 DNA 样本到数据分析结果的全过程，个人基因组检测精度达 99.99%。"华大基因首席执行官杨爽说，华大基因的目标是将测序仪的价格做到更低，让县级医院、乡镇诊所都能用得起，这将大大促进精准医疗的发展。

"从'云端号'到马丁飞行包，再到智能光子、超级数据链等，我们对未来发展趋势的判断是深度空间、机器自觉、终极互联。"刘若鹏说，正是基于这种判断，光启于 2015 年 7 月成立了光启全球创新共同体，凝聚世界各地的创新者们共同把"未来"带到现在，将"科幻场景"与"人类梦想"变为现实。

近期，光启全球创新共同体正不断向产业链上游延伸。在以色列，总投资 3 亿美元的光启全球创新共同体孵化器于 2016 年 5 月初正式成立。光启的基金首批投资项目，包括向视力科技公司投资 2000 万美元等。

从吸引"孔雀东南飞"搭建人才高地到助飞鲲鹏遨游全球形成创新共同体，新型研发机构在深圳经济腾飞、转型升级中作用明显。

"展望未来，新型研发机构还将在推动科技体制改革、探索制度创新、形成国际化创新新格局等方面发挥新的优势。"深圳综合开发研究院常务副院长郭万达说。

"没有领先的技术，就做不到全球第一"
——与王传福面对面

时隔多年，有人仍然忘不了比亚迪汽车是模仿起家。

面对这一"尖锐"问题，王传福毫不回避："早期的时候这样，很正常。当然，学习完了以后，就必须创新。比亚迪在新能源车上面造就了核心的东西，电池、电机、电控技术都是全球领先。没有领先的技术，就做不到全球第一。"

坚持技术为王、创新为本，从模仿到全球第一——2015 年摘取全球新能源车销售量桂冠，偏居深圳坪山的比亚迪究竟走过了一条怎样的道路？这家以"成就梦想"为宣言的企业和被外界称为"技术狂人"的创始人王传福究竟有着怎样的梦想？比亚迪的成长又和深圳这块土地有着怎样的联系？

图 2-4　比亚迪全球总部——深圳坪山六角大楼

2016 年夏天，新华社调研小分队走进深圳，和王传福面对面 3 个多小时，探究这家企业"驶"向全球 48 个国家和地区以及 200 个城市的驱动因素。

图 2-5　比亚迪董事长兼总裁王传福（摄影：熊争艳）

"竞争的压力，就是推动创新的动力"

问：深圳实现了动力转换，走上了创新驱动的道路。在您看来，深圳为什么能走上这条道路？

答：到深圳，你会看到很多创新。创新的动力在哪里？动力就来自竞争压力。市场经济的实质是竞争经济、过剩经济。以前计划经济时，什么都不过剩，就没有竞争，因为本来产能就不够。市场化以后，买一瓶水、一个书包，都有好多选择，就产生了竞争。这种竞争压力，就是推动创新的动力。

我本来在一家研究院工作，1995 年离开北京，下海在深圳创建了比亚迪。深圳为什么有创新？因为有市场压力持久推动企业进行创新。深圳有那么多原创的东西、创新的企业，有相对好的创新土壤和环境，根本原因是 30 多年的改革开放和市场化。

"企业家都如履薄冰，都必须不断推出新的东西"

问：创新和市场化程度密切相关？

答：市场化程度高的国家，往往会孕育出很多大的创新。像美国就孕育了很多创新型企业，从英特尔到微软，再到谷歌、苹果，下一个是谁不知道。每一个企业家都如履薄冰，必须不断推出新东西。20 世纪 90 年代，"大哥大"一个产品可能卖 3 年。今天，一款手机产品可能就卖 6 个月。没有新产品就会失去竞争力。

"比亚迪在新能源车上造就了核心的东西"

问：有人说，比亚迪汽车靠模仿起家，过去几年开始建设品牌，但是电池研发能力是真是假不清楚，是这样吗？

答：说这样的话，正常。我们原来不懂车，早期造车时难免请教、借鉴、学习。日本当年造车也是学习美国福特，大家早期阶段不都是这么走嘛，只要专利上没有问题就行。我们即使参考一些车型做设计，也从来没有受到过专利上的指责，这一点我们比较遵守商业规则，否则怎么去借鉴？

学习完后，就必须创新。比亚迪在新能源车上造就了核心的东西，电池、电机、电控技术都是全球领先。没有领先的技术，你就做不到全球第一，2015年就不可能卖到6万多辆电动车。奔驰找比亚迪合作，也是看中了比亚迪的电池、电机、电控技术。

2016年上半年，我们的销量也是全球第一，未来三年希望保持。

"10年前我们说做电动车，没人相信"

问：比亚迪为什么那么早做新能源车？

答：比亚迪比较早做新能源车，因为传统车市场成熟得不能再成熟了，产业仍然很好，但因为事关环保、石油安全、全球气候变化而受到质疑。这三点是推动新能源汽车发展的动力。

10年前我们说做电动车，没人相信。我们那时开始大量投入，不过说到底还是因为国家出台新能源汽车指导政策，推动行业出现转机，汽车业迎来了电动化革命。

"1.3%的更大意义，在于它是一个拐点"

问：新能源车销售情况怎么样？

答：2015年中国新能源汽车销量达到33万辆，占当年所有车辆销量的1.3%，比过去增长了好多倍，有井喷之势。当然，1.3%的更大意义在于它是一个拐点。很多时候，一个新生事物从零到1%也许花10年，从1%到10%就只要花5年。电商就是这样走过来的。10年前，谁能想到从网上买东西？

比亚迪电动车 2015 年卖了 6.2 万辆，占全球 11% 的市场份额，全球第一，尼桑大概 5.5 万辆，特斯拉 5 万辆。2016 年上半年，比亚迪仍然保持这个市场份额，全年预计达到 12 万辆，依然保持老大地位。

"我们可不是抢人饭碗、抢市场，而是没有竞争者"

问：夺冠的一个很大原因，是因为新能源车补贴吧？

答：到 2020 年，财政补贴肯定就没了。关键是要把产品做好，符合国家政策导向，老百姓又认可。习近平总书记强调，发展新能源汽车是我国从汽车大国迈向汽车强国的必由之路。这个判断意义特别重大。比亚迪这几年的实践，充分证明了这个判断的高瞻远瞩。2015 年比亚迪的红色电动双层大巴进入英国。红色双层大巴是英国的象征，但是英国没有这种电动车，我们有，就填补了它的空白。我们可不是抢人饭碗、抢市场，而是没有竞争者，到今天都没有。

大家知道燃油公交大巴污染严重，耗油、噪声都很大，我就想能不能先把燃油公交车换成电动车？因为它是固定路线、固定区间，运营时间又长。如果把燃油公交车换成电动车，既推动产业、改善民生，又减少石油消耗，一举多得。

5 年前，我们在深圳推出电动大巴，很多人都不相信，摇着头问：行不行啊？电池会不会爆炸？一年后能量会不会衰减？用了 3 年后，国家出台了鼓励发展电动大巴的补贴政策，甚至把燃油大巴的油补拿掉，倒逼运营商换电动大巴。

"要有很强的技术，才能看得远、看得深"

问：这说明比亚迪比别人看得远？

答：要有很强的技术，才能看得远、看得深。我们有 1.5 万名工程师，夜以继日地研究中国或者世界所需要的技术，研究各种技术方向，如新能源技术、太阳能技术。

比亚迪的宣言就是"成就梦想"，梦想有三个，发展太阳能、储能和电动车。

第一个梦想是发展太阳能。人类真正用化石能源只有 250 年，差不多用了地球上一半的化石能源。假如不改变现在的消费方式，250 年后所有的煤、油将消耗殆尽。这不是危言耸听。比亚迪就是要用太阳能技术来改变。太阳能是用之不竭的能源，也是最公平的能源之一。随着技术发展，太阳能价格将大幅降低，发展前景很好。

第二个梦想是储能。电动车实际上就是一个微型储能电站。把这种微型储能电站做大一点，就是储能电站。以后，城市里面每个楼宇都能分布式储能。

第三个梦想是继续发展电动车。以前中国汽车为什么大而不强？因为没有核心技术，但在电动车方面，比亚迪有核心技术，有竞争力。

图 2-6　比亚迪在美国建设的储能系统

图 2-7　销售到澳大利亚的比亚迪电动车

"新能源车就是一条'大鱼'，10 年前我们就开始'养'"

问：您说，比亚迪 1.5 万名工程师做了很多技术研发和集成创新，就像一个鱼池有很多鱼，市场需要就捞一条出来。能否举个例子？

答：新能源车就是一条"大鱼"。10 年前，没人相信电动车时，我们就开始"养"，遇到了很多困难，但依然坚持，不放弃。比如股东说你"烧"了这么多钱，分红少了，有争议，这就是困难。我们坚持，不放弃，因为我们认为中国有石油安全、空气清洁、气候变暖三大问题必须直面。北京 3 年前的大雾霾提高了全国人民的环境意识，生态文明建设也写进了党的十八大报告。有这样的大环境，干新能源车这个事业有风险吗？所以，有人质疑，我们仍然坚守。

"当资本、技术与市场碰到一起，什么都有可能发生"

问：这条"大鱼"会养多大？

答：看看中国高铁，就明白当资本、技术与市场碰到一起，什么都有可能发生。技术上，比亚迪有 1.5 万名工程师；资金上，比亚迪市值现在是 1500 亿元；再加上中国市场乃至全球市场，当这三者作用在一起，什么都有可能发生。

"其实我胆子很小，根本不会去豪赌"

问：您是技术人员出身，是不是更能看到未来，看到拐点？

答：技术研究多了，你才会看得远看得清。比方说 10 年前我们研究电池，电池虽然是一种趋势，但是要考虑性能、电池密度、成本能不能达到要求。

技术决定战略。在一个激烈竞争的环境里，企业家对方向的把握至关重要。比亚迪作为一个技术型公司，更喜欢做一些非常复杂、不是简单能判断方向的产业。

公交电动化是比亚迪先提出来的，意义很大。靠产品战略，再加上技术的反复融合，才慢慢形成了现在的市场。在日本，比亚迪纯电动大巴实现了零的突破；中国传统汽车很难进美国，但比亚迪电动大巴长驱直入，甚至还建立了生产工厂。

一些不懂技术的企业家以为我们在豪赌，一些不懂市场又不懂技术的投资家也认为我们在豪赌，其实我胆子很小，我根本不会去豪赌。

"人才资产才是最重要的"

问：对比亚迪来说，什么是核心资源？

答：其实人才资产才是最重要的。假如我要投资公司，固定资产像房子、机器等都不是最重要的，我会更看重它有多少工程师、专利。

中国最具人才优势，组织好，就可以将人的力量变成技术。工程师愿意搞研究，创造社会需要的技术与产品。我们的工程师会研究更多中国急需、世界也急需的产品。

比如说电动车，现在国家有这么好的政策，市场增长这么快，但是如果你现在才做肯定来不及，必须看准技术方向，提前储备一批技术人才。未来比亚迪还会有很多新技术。

"这样一个'百年机遇'，当然要牢牢抓住"

问：我们注意到，您称华为是"老大哥"，华为研发投入一年近 600 亿元，请问比亚迪的科研投入情况？

答：我们 2015 年营收大概 800 亿元，研发投入占 4% 到 5%，有三四十亿元，和华为的差距蛮大。

不过新能源车在中国刚兴起，这样一个"百年机遇"当然要牢牢抓住，我相信未来几年比亚迪会高速成长。我们还有手机代工、电池、太阳能、储能，不同产品线都在往前走。深圳也给了一个很好的平台，我们借这个平台走向国际。

"创新的主体是人，但更大因素是市场环境"

问：深圳走向创新驱动，创新驱动后面是人才驱动吗？

答：创新的主体是人，但更大因素是市场环境，最根本还是靠市场经济。市场上天天倒掉很多企业，这种动力会逼迫企业去创新。如果在一个市场化程度不高的地方，创新动力可能就不会那么足。所以要有一定的环境，才能形成创新动力，这是一种环境驱动。

"车实现智能化，就变成人的第二空间了"

问：国内外不少人在做无人驾驶研究，比亚迪如何布局？

答：传统车和电动车的区别有点像算盘和电子计算器。电动车代替传统车，除了油被电取代，还可实现高度智能化，像智能控制、辅助驾驶、互联网控制，车就变成人的第二空间了。

手机用一两年就可能换掉，车一般都用 5 年以上。汽车用户一旦被获取，可以长时间服务，就可能获得利润，因此很多互联网巨头进入汽车领域。互联网技术可以提升效率，这些需要传统汽车企业学习，但是汽车制造有它的复杂性，比手机复杂，传统车企和互联网企业会有一个逐步融合的过程。

"中华民族最显著的特征就是汉字，为什么不能用？"

问：比亚迪新能源车为什么用秦、唐、宋、元这些朝代名字命名？

答：我们是一家中国企业，所以想用中国朝代命名这些汽车。还有一个细节，比亚迪车上所有的按键都用汉字。中国人要有骨气和信心：中华民族一个显著特征就是汉字，为什么不能用？车卖到国外，有些人可能觉得中文按键不洋气，可能影响销量。没事，出了错我承担，我舍得这点销量。

"扶上马，还需送一程"

问：对深圳发展有什么建议？

答：房价太高，势必造成人才流失，可能影响深圳长期健康成长。

问：有什么政策建议？

答：扶上马，还需送一程。国家电动车战略非常正确、及时，希望国家能一如既往支持电动车。等它强大后，补贴真的可以没有，就是一个真正强大的汽车产业了。

导言　一座城市的颜值、气质和企业家有多大关系

南有任正非，北有张瑞敏。

这是做完"解码'青岛制造'"调研后，笔者最深的感受之一：两位都是饱经风霜、有不懈斗志的奋斗者、思想者。

如果说深圳有任正非、王石、王传福等这样一批在市场经济大潮中成长出来的企业家队伍，那么，在北方城市青岛，也形成了这么一支颇具特点的企业家队伍：改革开放以来孕育产生的一批品牌企业的掌门人，其中，张瑞敏无疑是最具影响力也最具代表性的人物之一，当然，也是最"难"对话的人物。深圳、青岛，成为当代中国屈指可数"盛产"企业家的城市之一……

青岛知名企业多国有，企业家则多"常青树"。作为我国最早接触工业文明的城市之一，又在改革开放以后孕育诞生海尔、海信、青啤、双星、澳柯玛等一系列长盛不衰的知名品牌的青岛，因此进入笔者的视野。

青岛和它所孕育的企业家，在一个时代里曾经引领了品牌经济，某种程度上，又在过去这些年里引领智能制造、领跑互联网化……

它的引领力、领跑力，来自企业家们的不断探索、苦苦追寻——就像21世纪初就投资数亿元探索传统制造业升级改造、最终实现服装的大规模个性化生产，如今虽已年逾6旬依旧激情澎湃、梦想用数据驱动系统将服装以外其他行业也进行改造的红领集团董事长张代理；就像张瑞敏在21世纪初就提出"不触网，就死亡"，现在则郑重警告："制造业现在面临一个彻底颠覆"，海尔从多年前开始颠覆性的内部再造，涌现出了无数个充满内生动力的"小微"，"企业一定不要成为王国、帝国，一定要成为生态系统"……

一座城市的颜值、气质和企业家有多大关系？

　　青岛给出了答案：从企业、专家到政府工作人员，大家几乎异口同声地将"专注"归纳为青岛制造的"特殊气质"：青岛啤酒 110 多年专注酿造一瓶啤酒，用高质量供给满足高质量需求，利润保持可观态势；海尔 30 多年专注白色家电，产品销往海外 100 多个国家和地区……

　　正如中国社会科学院工业经济研究所研究员王钦所说的那样："青岛制造的气质，一方面来自多年来的执着追求，另一方面来自点滴积累，汇聚成海，有时候甚至明知道不赚钱还坚持，才成就今天这么多老企业、老制造。"

"让实体经济的'本钱'越来越厚实"

——"青岛制造"启示录

这是一张稳健的经济成绩单——生产总值增长 7.4%，一般公共预算收入增长 10.4%，固定资产投资增长 13.5%，经济运行保持稳中有进态势。

这是一张亮丽的工业发展表——规模以上工业利润增长 9.3%，明显好于全国、山东省利润水平。

这是一份抢眼的名牌家族谱——海尔、海信、青啤、双星、澳柯玛……他们托起了名城制造的底气。

实体经济是国家的本钱，做大做强制造业是完成工业化、筑牢实体经济的必由之路，也是实现"中国梦"的战略选择。

新的历史时期，面对发达国家实施"再工业化"战略、新兴经济体借助比较优势编织"制造大国梦想"的态势，以习近平同志为核心的党中央提出实施"制造强国"战略，强调要发展制造业尤其是先进制造业。

在世界制造业普遍面临困境的背景下，2016 年上半年的一系列数据和长期积淀的成果，将"青岛制造"凸显在人们面前。

青岛，是我国最早接触工业文明的城市之一。"青岛制造"是"中国制造"砥砺前行的缩影。

20 世纪末至今，从织造、智造到创造，"青岛制造"何以相对稳健？利润增速何以相对较快？在中国制造业由大到强的路上，"青岛制造"给人们以怎样的启示？带着一系列问题，2016 年 8 月下旬至 9 月初，记者历时半月走进这座制造之城、品牌之都，深入企业、园区，一探其中奥秘。

"我们的'本钱'越来越厚实"——"青岛制造"启示人们：实体经济是国家本钱，制造业更是"本钱的本钱"，从"青岛制造"的底气，人们看到了"中国制造"的雄心

被动房、庞巴迪无线充电、空客直升机……

在中德两国总理见证下，一批来自德国的先进制造项目签约，即将落户青岛。

"谈判非常艰难，因为这是空客第一次在亚洲投资生产整机。"谈起空客直升机何以能落户青岛，青岛中德生态园管委会主任赵士玉至今对这样一个细节记忆犹新，"我们跟德国人讲，中国动车世界闻名，而中国动车近 60% 都在青岛生产！也许这一句话触动了他们。"

走进青岛，聚焦制造，一股浓浓的"青岛底气"扑面而来。

"'青岛制造'不仅有颜值，更有气质。"长期关注青岛制造业、到海尔达上百次的中国社会科学院工业经济研究所企业管理研究室主任王钦说。

事非经过不知难。放眼历史长河，"青岛制造"历经跌宕起伏：随着 19 世纪末青岛港和胶济铁路的修建，机车、船坞、啤酒、电灯、汽水、火柴等工业企业先后建造，为这座城市注入了现代工业的基因。此后百余年，工业制造始终是青岛发展的"主旋律"。

100 多年前，"德国制造"曾被视为假冒伪劣的代名词，德国人"知耻而后勇"，今天，"德国制造"成了高品质的同义词，是德国人骄傲的金字招牌。就像这个故事一样，"青岛制造"也走过一段弯路……

"1978 年，由于生产设备落后，出口至香港的一瓶啤酒中发现有洗瓶毛刷。当月，三位中央领导给予批示，啤酒厂停产整顿……"青岛市登州路 56 号，1903 年建设的青岛啤酒一厂房早已改建成青岛啤酒博物馆。展柜里，一块牌子上面记载了距今 38 年的"毛刷事件"。发现毛刷的那一天是 4 月 10 日。为牢记教训，青岛啤酒将 4 月 10 日命名为"提高质量纪念日"，至今仍时时警醒。

斗转星移，青啤已是行销世界的"中国制造"品牌：从之前相对单一品种，到如今 20 多种口味，包装品类 1500 多种。而作为青啤下属 60 多家工厂之一的青岛啤酒厂，也从 1903 年建厂之初年产 2000 吨，到现在一个月产 3 万吨。青岛啤酒目前出口 90 多个国家和地区……

青岛啤酒是"停出来的品牌"，海尔是"砸出来的品牌"，海信是"逼出来的品牌"，双星是"烧出来的品牌"……在青岛制造成长路上，闻名中外的"五朵金花"各有一段不平凡的追求品质、铸造品牌的历史。

从新中国成立初期轻纺工业"上青天"（上海、青岛、天津），到 20 世纪 90 年代"五朵金花"，再到世纪之交的大企业战略和重化工业发展，青岛走出了一条产品品牌、企业品牌、城市品牌的发展道路。

截至目前，据不完全统计，青岛拥有世界名牌 3 个，中国名牌 68 个，山东名牌 528 个，青岛名牌 600 多个……名牌企业产值接近全市工业半壁江山，企业品牌成为"青岛制造"的象征性符号。

品质，是品牌的根本。从 20 世纪 80 年代初开始，历届青岛市委市政府都高度重视狠抓产品质量，力抓品牌建设，品牌意识也已经融入青岛企业的血液……

"不同历史阶段对制造的高品质追求始终如一，内化为青岛的城市品质。"青岛市发改委副主任张旭东说。

数字是枯燥的，也是最有说服力的：

2015 年在全国规模以上工业利润下降 2.3%的背景下，青岛规模以上工业利润增长 15.3%……

制造业、工业体系，是一个国家的本钱，更是青岛的本钱。

规模以上工业总产值超过 1.7 万亿元，"块头"在 15 个副省级城市中名列第三；制造业十条千亿级产业链产值已超过全部工业的 75%，其中机械装备产业产值突破 3000 亿元，食品饮料、家电、纺织服装、石化突破 1000 亿元；2015 年战略性新兴产业产值达到 3490 亿元，增长 15.2%……

按照有关机构以增长和稳定两个要素为核心指标的指数模型，2015 年青岛 GDP 健康度得分在 15 个副省级城市中名列第一。

"实践一再证明，实体稳则经济稳，抓实体经济在任何时候都不能动摇。"时任山东省委常委、青岛市委书记李群（现任山东省委常委、常务副省长）说，"制造业是最重要的实体经济。一直以来，我们咬定实体经济发展不放松，特别是把先进制造业作为青岛重要本土优势，我们的'本钱'越来越厚实。"

有品牌，讲质量，"青岛制造"闪耀全球。

"国家需要什么速度，我们就能造什么速度的车！"在中车四方，企业负责人的话透着底气。

"用最好的原材料和最好的工艺，我们的啤酒不卖高价谁卖高价？"在青啤，普通员工的话充满底气。

这是"青岛制造"的底气，更代表了中国制造的雄心。

2016 年 5 月，美国《福布斯》杂志载文称："'中国制造'不再意味着廉价、劣质和落伍。受尊敬的中国品牌开始涌现，其中一些不仅在中国和其他地方追赶上了更致命的外国对手，甚至已经开始超越它们。"

在这一点上，"青岛制造"就是佼佼者。

"这件事情对我刺激很大！"——"青岛制造"启示人们，只有企业对品质的专注，对主业的坚守，对创新的孜孜以求，才能做到源源不断为中国乃至全世界提供有效、高质量的供给

"我们和美国一家公司合作，对方很满意我们的产品品质，但因为我们的品牌、渠道没有进入国际主流，对方给的价格就很低，说中国制造就值这个价，这件事情对我刺激很大！"

提起多年前的这件事，澳柯玛股份有限公司董事长李蔚至今仍然有些激动。

澳柯玛，昔日的"冰柜大王"，今日的智慧冷链专家。

企业展厅内，一个绿色的桶状箱显得与众不同。

原来，这是澳柯玛与比尔盖茨基金会合作研制的"不用电的疫苗箱"——35 天不用电，每次医生背出去可满足 6000 多人社区的疫苗注射需求，最早应用于非洲，澳柯玛也因此成为联合国全球采购供应商。

图 3-1　澳柯玛与比尔盖茨基金会合作研制的"不用电的疫苗箱"（新华社记者徐速绘摄）

"我们专注制冷行业。"李蔚说，"做好产品就有好市场，才会有好品牌，才能一直走下去。"

正是这种对品质的追求，对产品的专注，使澳柯玛的前行之路越走越宽——不久前，在出口"不用电疫苗箱"的基础上，企业获得一笔医疗订单：为山东省部分疫苗提供冷藏储存设备。

"青岛制造"何以长盛不衰？在经济下行巨大压力下，何以为青岛撑起一片天空？

调研中，从企业、专家到政府工作人员，大家几乎异口同声地将"专注"归纳为青岛制造的"特殊气质"。

——青岛啤酒 110 多年专注酿造一瓶啤酒，用高质量供给满足高质量需求，利润保持可观态势。

——海尔 30 多年专注白色家电，产品销往海外 100 多个国家和地区。

——明月海藻集团 48 年专注研究海藻活性物质，国际、国内市场占有率分别达到 25% 和 33%，稳居世界第一……

"青岛制造的气质，一方面来自多年来的执着追求，另一方面来自点滴积累，汇聚成海，有时候甚至明知道不赚钱还坚持，才成就今天这么多老企业、老制造。"王钦说。

放眼环宇，以互联网、智能制造为代表的第四次工业革命正在席卷世界。谁能赶上，就会赢得发展先机，实现弯道超越甚至领跑。

这是全球第一个商用轮胎工业 4.0 工厂——在青岛西海岸新区，走进不久前落成、整洁有序的双星智能车间，一台台机器人、自动成型机正在运行。

图 3-2　双星智能车间

从原料进厂到成型，轮胎生产在这里实现了加工自动化、生产柔性化、制造智能化，生产效率是过去的 3 倍，产品不良率减少 80% 以上……

而就在几年前，双星曾一度步履维艰，稍有不慎就可能破产。

伴随企业向智能制造转型，这样一组数字让人们看到了方向——2016 年一季度，在轮胎行业继续低迷情况下，双星集团收入增长 57%、利润增长 177%。

建立汽车后市场"服务 4.0 生态圈"，推出零延误救援服务；海外建厂，迁移落后产能；发起轮胎行业首支产业基金……

"我们的梦想，是通过二次创业，创造中国轮胎行业的世界名牌！"双星集团董事长柴永森说。

双星的奇迹，在青岛不是个案。互联网时代，"青岛制造"插上了新的翅膀，搏击风浪。

在半个月里对 35 家企业进行采访后，记者发现除专注敬业之外，另一个因素就是青岛企业强烈的创新意识。

200~250公里，300~350公里，380公里，486.1公里……过去的10多年间，伴随一个个新时速，一列列"青岛制造"的高速动车组从这里驶向神州大地乃至全球各地：继赢得中国香港、新加坡和阿根廷的地铁与高速动车组大单后，中车四方2016年又获得芝加哥846辆地铁车辆订单，创下我国单次出口发达国家地铁车辆数量最多纪录……

"青岛制造"的中国动车，成为"中国名片"。

每花1元资金引进技术，就要配套7元资金自主创新。

"在技术上，我们坚持全球视野，最终实现了自主创新，打破了垄断。"回想起动车组从无到有、从小到大、从弱到强的成长历程，中车四方技术中心主任丁叁叁道出了"青岛制造"后来居上的秘诀。

曾几何时，橡胶曾是青岛支柱产业之一。但20世纪末，国际轮胎巨头抢占国内市场，国内轮胎行业几乎全军覆没。

"青岛是橡胶城市，可橡胶一旦不行，我们怎么办？"在青岛科技大学工作的袁仲雪，当年发出这样的警醒。

创办青岛软控，联合高校等成立国家橡胶与轮胎工程技术研究中心，从橡胶原材料研究到新材料开发，从轮胎生产到装备升级，再到填补国际空白的100余项项目，科研成果转化率超过90%……

"只有依靠科技创新，才能支撑'中国制造2025'战略实现！"如今已是国家橡胶与轮胎工程技术研究中心常务副主任的袁仲雪说，如果说中国上一轮经济发展靠产品研究和拿来主义，下一轮则要靠基础研究，靠自主创新。

创新，已经成为这座城市的灵魂。

数字显示，"十二五"以来，青岛在科技创新上既扶持少数关键人才，又关注"草根"创业群体，2015年研发投入达263.7亿元，占GDP比重2.84%；发明专利申请量五年增长16倍，连续三年居副省级城市首位。

近年来，以技术创新见长的海信集团在家电板块外，利用技术优势提前布局，成为智能交通、数字化医疗等领域的生力军。

"产业转型现在看是一碗饭，未来看是一条命。若不提前储备，机会来临时就来不及了。"海信集团副总裁汤业国一语道破创新前瞻的重要性。

图 3-3　海信研发的数字医疗设备（新华社记者徐速绘摄）

好人酿好酒，造物先造人——"青岛制造"启示人们：人始终是第一资源，工匠精神和企业家精神是"中国制造"行稳致远的内在动力

用钻头给生鸡蛋钻孔　0.2 毫米薄、10 毫米直径的蛋壳掉下，蛋膜却完好无损。这不是魔术，而是青岛港钳工刘恩磊练就的一项绝活，为此他钻坏了上千个鸡蛋。

"我们生产一台港口机械需钻孔上万个，如果其中一个孔有偏差，就导致装配无法进行，严重影响产品质量和生产进度。"刘恩磊说。

刘恩磊，是青岛这座工业城市"工匠精神"的一个写照。

图 3-4　青岛港（新华社记者徐速绘摄）

人们不会忘记，从细纱工作法发明者郝建秀到港口"金牌工人"许振超、高铁"蓝领状元"郭锐，正是一批批"青岛工匠"铸就了今天响当当的"青岛品牌"。

这样一组数字，为高品质的"青岛制造"奠定了坚实基础——截至 2015 年年底，青岛市高技能人才达 21.3 万人，占技能劳动者的 31.5%，高技能人才相比"十二五"末提高了 9.2%。

"就像卖油翁一样，唯手熟尔。每天潜心专注做好一件事，早晚会成为这个领域的专家。"郝全青坚守在青岛啤酒包装一线近 30 年，凭一股钻劲，参与技术革新 33 项；他对一整条生产线的关键机台建立了标准化调车手册，调车效率提升30%；他用近 3 年时间突破了德国人垄断的啤酒氧气含量控制技术。

大米须是脱壳 3 天内的新米，生产现场酿造水每隔两小时就得品尝一次。工匠精神，体现在青岛啤酒酿制过程的所有环节上。

"好人酿好酒""优秀的产品就是优秀的人创造出来的""像对待自己孩子一样对待每一个产品"……在青岛，这些通俗的话正固化为一种理念，为"青岛制造"含金量作出了注释。

制定 10 年高技能人才队伍建设规划；建 9 家技工教育集团，年培训能力达4.5 万人；启动"名师带徒"计划，对带徒取得显著成效的名师给予 2000～18000元奖补……加强高技能人才队伍建设，已经成为青岛提升城市核心竞争力的重要举措。

高技能人才，是这座城市的核心竞争力，企业家，更是力量的中坚。

"青岛先进制造业最大的'本钱'，就是拥有一批优秀的企业和企业家队伍。"李群说。

2000 年的海尔发展正如火如荼，但参加"2000 世界经济论坛"年会后，张瑞敏指出"拿到上网的入场券是参与新经济最起码的条件"，在没有"路标"的情况下推动海尔开始探索向互联网企业转型。

去掉 1 万多名中间管理层人员，变传统科层制架构为扁平化结构；吸纳企业内外资源乃至全球资源，一个个直接面对用户需求的创业团队纷纷创立，一款款来源于用户创意、极具个性化的产品问世……

过去 9 年，年利润复合增长率达 33%！

海尔犹如凤凰涅槃，脱胎换骨。《海尔：与用户零距离》被写入哈佛商学院案例，2015 年被评为"最受师生欢迎的案例"。

"没有成功的企业，只有时代的企业！"张瑞敏的这句话，至今被许多企业掌舵人奉为座右铭，提醒自己时刻保持危机意识。张瑞敏，也成为"青岛制造"不懈进取的象征。

图 3-5　位于海尔信息产业园内的海尔董事局大楼，象征"海尔是海"的文化寓意

另一位"新秀"，是年逾 6 旬依旧激情澎湃、梦想用数据驱动系统将服装以外其他行业也进行改造的张代理。

21 世纪初，服装加工出口如火如荼。红领集团董事长张代理却从 2003 年开始，将三千人的工厂作为实验室，投资数亿元探索传统制造业升级改造，并最终实现了用工业化手段和效率进行个性化服装生产。

青岛红领，成为全国制造业智能化的典型案例，更成为各地蜂拥而至学习的标杆……

人们注意到，青岛知名企业多国有，企业家则多"常青树"。

"政府不是简单地将企业家作为市管干部去管理，而是作为人才资源去开发。"时任青岛市市长的张新起说。

这样一个小细节，就有一定说服力——从 1998 年开始，青岛市将 35 家大企业业务副职任命权交给企业。企业管理层大都是从基层干起来的业务能手。

改革开放以来，历届青岛市委市政府遵循市场经济规律，从企业实际需求出发，把市场作为企业生存发展生命线，正确处理政府与市场关系，顺势而为，走出了一条具有青岛特色的工业转型发展之路，也走出了一条企业家培育之路。

一批批富有前瞻性和革新意识的企业家，领航"青岛制造"扬帆乘风、踏浪而行！

"规划是城市最大的资源"——"青岛制造"启示人们：大视野、大布局可为未来发展拓展空间、催生活力，制造业的格局决定腾飞的高度

"青岛制造，首先是一种'格局制造'。"青岛市市北区区长郑德雁说。

东岸城区做优做美，西岸城区做大做强，北岸城区做高做新……继20世纪青岛向东发展打开城市空间后，"十二五"以来，青岛市委市政府将原来的七区五市，调整为六区四市，对城乡进行了全域统筹，开展空间战略大规划研究，进一步优化城市空间布局。

有大格局，才会有"大制造"。

美丽的胶州湾，是青岛的母亲湾。伴随城市空间打开，青岛迈向海湾型城市，产业空间也随之豁然开朗。

——老企业搬迁，搬出新活力，制造新格局。

临湾老城区企业"关、转、搬"，成为推进企业转型升级、产业集聚和提升城市功能突破口。5年来，有百余家老企业成功搬迁。

青岛海湾集团将化工园区搬迁到了青岛董家口循环经济示范区，通过引进美国技术，实现了废气、废水、固体废物的零排放。

"项目投产后，将使青岛碱业从无机基础化工产业直接跨入石化新材料产业的高端产业链！"海湾集团董事长李明说。

随着一批老企业搬迁，困扰老城区的空气、噪声污染等问题得到有效缓解，腾出的地块发展科技创新、商贸服务和文化创意等业态，让东岸老城区空间优势和生态优势重新释放。

老企业搬迁完成后，青岛市国棉五厂旧址华丽转身为青岛"纺织谷"，集会展、

创业孵化、工业旅游和科技研发等业态于一体。

见证百年纺织工业历程的水塔依然高高伫立，一侧的厂房内，三迪时空正致力于建设全国 3D 打印平台型企业，目前已拥有 1200 余家注册 3D 打印企业会员……

——筑巢引凤，青岛制造汇聚"大国重器"。

4 个 110 米高"烟囱状"立柱穿过一巨型"船甲板"的四角，矗立在青岛西海岸新区的海岸线……这是由青岛海西重机自主研制、用于辅助海上油气开采的多功能自升式海工平台，主要是辅助海上油气开采。

图 3-6　由青岛海西重机自主研制、用于辅助海上油气开采的多功能自升式海工平台

"从 2014 年研制成功到现在，已交付 6 个海工平台，还有 3 个在建。目前船舶业普遍不景气，而我们满负荷生产。"海西重机总经理孙国庆信心满满地说。

致力于做大做强的青岛西海岸新区，正打造特色鲜明的海洋经济，引来了武船重工、北船重工、中海油海洋工程等船舶制造与海洋工程企业及各类配套企业100 余家，形成了完整的海工装备产业链。

在青岛北部城阳区，借力中车四方从老城区搬迁至此，当地打造"动车小镇"。短短几年间，青岛四方庞巴迪铁路运输设备有限公司、上海坦达轨道车辆座椅系统有限公司、专业研发高铁新材料的中科院长春应用化学研究所等项目相继落户，形成了轨道交通装备产业集群。

标准化是制造业的生命线。2015 年起，青岛将"标准化+"战略作为城市战略来抓，推动工业企业提升质量规范水平。

青岛承担了 25 个国际和国家专业标准化技术组织秘书处，在全国同类城市中居首位；主导或参与制定修订国际标准 74 项、国家标准 650 多项、行业标准 700 多项，青岛在全国同类城市中仅次于深圳，居第二位。

——鳌山湾聚集"海之骄子"，为青岛制造"蓄能"。

风景秀丽的鳌山湾是青岛北部湾之一，起自鳌山头。我国载人潜水器"蛟龙"号的"家"——国家深海基地，就坐落在这里，并且"独占鳌头"。不远处，是青岛海洋科学与技术国家实验室、山东大学青岛校区、国家海洋局第一海洋研究所鳌山基地……

这里是"蓝色硅谷"，青岛新城市空间布局的科技引擎，目前已汇聚 20 余家国字号科研平台。青岛作为中国海洋科技城，正将这一优势向极致拓展，为"青岛制造"厚积薄发积蓄力量！

机器人、石墨烯、软件与信息服务等高端产业和新兴产业在位于红岛的青岛国家高新技术产业开发区如火如荼……

——面向未来，蓝色硅谷、青岛西海岸新区、青岛国家高新技术产业开发区，这"一谷两区"集科技创新和产业培育于一体，将为"青岛制造"插上腾飞的翅膀。

青岛正建设"创新之城、创业之都、创客之岛"，努力使创新成为制造业发展的强劲引擎……

然而，不容否认，青岛制造业和全国制造业一样都存在大而不强的问题：自主创新能力不足，产品质量和效率亟须提升，部分产业国际化程度不高……

青岛科技大学副教授姜铭指出，大而不强突出表现在核心技术和核心零部件对外依存度过高等方面。

"目前青岛高新技术产业产值占规模以上工业总产值的 41%，和其他城市相比不错，但毕竟只是 41%，和发达国家相比有很大差距。"李群说，"但办法总比困难多。我们有信心克服困难，补齐短板，使青岛制造在不断消除隐患中前行"。

历史和未来，在这里交汇；希望的种子，正在青岛萌芽。

　　——海洋科技、高速列车、智能制造……青岛建立了面向未来的十大科技创新中心；

　　——新材料、节能环保、海洋生物医药、工业机器人……新兴产业，正蓄势发力。

　　以品牌为最亮颜色，以科技创新为第一动力——在面向数字化、智能化、绿色化、高端化的"中国制造 2025"赶考中，"青岛制造"联合舰队，从黄海之滨扬帆起航……

"制造业正站在一个十字路口上"

——与张瑞敏面对面

从一家 30 多年前濒临倒闭的集体小厂，到全球白色家电第一品牌，从不断创新求变，到 11 年来向互联网平台企业转型……解码"青岛制造"，海尔成为一个无法回避的巨大存在。

从一位普通的企业负责人成长为全球知名的企业管理思想家，执掌海尔航向的张瑞敏，对"青岛制造""中国制造"有着怎样的理解？如果说海尔过去是制造产品、服务，今天究竟在"制造"什么？中国制造的未来在哪里？带着一系列问题，记者走进海尔集团，和海尔集团董事局主席兼首席执行官张瑞敏面对面。

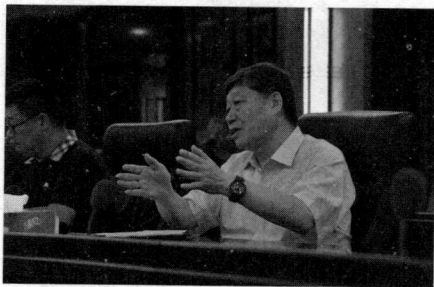

图 3-7　海尔集团首席执行官张瑞敏（新华社记者徐速绘摄）

互联网时代："企业要么拥有平台，要么被平台拥有"

问：我们走进青岛，想以"青岛制造"解码中国制造的现状和未来，您怎么看海尔制造、青岛制造乃至中国制造？

答：制造业正站在一个十字路口上。现在已经是互联网时代，中国制造业到底能不能真正在这个时代做起来？真的很难说。在互联网时代，关键不仅是看名牌，更关键是看企业怎么转型。过去我们以日本企业为师，现在日本不少大企业遇到了非常大的困难，不是制造不行了，而是因为它们和互联网脱节了。

传统时代制造业的现状是：企业要么成为名牌企业，要么成为名牌企业代工厂。但到了互联网时代，企业要么拥有平台，要么被平台拥有。名牌和平台的最大区别，名牌是以企业为中心来管理客户，平台则是以消费者为中心来管理企业。

"制造业企业的最大问题，是怎样尽快转型为互联网企业"

问：究竟什么是互联网企业？

答：互联工厂说到底就是要连上用户，说白了就是产品出厂前就知道是送给谁的，不再进仓库。比如我们兼并的日本三洋白电，质量无懈可击，为什么不行了？重要原因之一就是互联网要求企业要和用户连起来，换句话说用户要参与企业的前端设计。过去的开发叫瀑布式，是直线的，现在一定是迭代式，只要用户有需求就要推出产品，然后再不断迭代。

对中国制造业来讲，现在面临的最大问题就是转型——怎样尽快转型为互联网企业。我们自己就在苦苦探索。

对企业"支持不干预"

问：青岛是有名的品牌之都，原因何在？

图 3-8 海尔"冰山之角"，多功能的科研与学术交流中心

答：青岛出了那么多名牌，有两个要素。一是赶上了改革开放的机遇，解放了生产力，很多企业千方百计提升质量、做大品牌。二是地方政府对企业的态度很清楚，就是 5 个字："支持不干预。"政府只给你提供资源、支持，不是把什么都给你管死。

"没有哪个百年企业不是自杀重生的"

问：您曾说，海尔正在创造一个让中国人民自豪的国际名牌，做到了吗？

答：我们的观念就是 4 个字：自以为非。我从来不认为自己成功了，像管理大师彼得·德鲁克所说："根本没有成功这回事儿，所有的成功只不过是我们用以自鉴的镜像"。

为什么这样？就在于这个时代变化太快。过去，海尔企业文化就是执行力特强，集团定下什么事儿，各级员工会以最快速度办成。现在向互联网转型，企业文化要变成创业文化，完全不一样，所以很多人都没法适应，一些人离开了。

互联网时代的企业管理是非线性的，用户需求是变化的，挑战非常大。所以我说，没有哪个百年企业不是自杀重生的，有的可能都自杀过很多次。

谈转型："海尔出现了相当长时间的混乱"

问：您 2000 年曾说，不触网，就死亡，之后海尔相继向互联网企业、互联网平台企业转型。其间您经历了怎样的心路历程？

答：2000 年我参加瑞士达沃斯论坛，主题是"让我们战胜满足感"。当时我不大清楚为什么要战胜满足感？后来参加会议，慢慢发现是因为互联网带来了巨大挑战，所以就提出来"不触网，就死亡"。

2005 年，我们提出"人单合一"，就是让每个人面对用户，而不是企业把什么东西都定下来后你再去做。在这一过程中，海尔出现了相当长时间的混乱，因为原来组织结构还在那儿，又成立了一个个新团

图 3-9　海尔"人单合一"

队，相互交叉，一段时间内海尔人员增加，效率也慢了。一直到大前年把中间管理层一万多人去掉，当时社会上有很多质疑，加上营业收入也不怎么增长了，质疑就更多了。但是很多人没有注意，海尔营业收入虽然没有增长或者出现一些下降，但利润一直增长很快，到今年连续9年利润增长。

"制造业现在面临一个彻底颠覆"

问：大企业很难互联网化？

答：制造业现在面临一个彻底颠覆。原来经典管理理论有3个：一是泰勒的科学管理理论，就是今天的流水线；二是马克斯·韦伯的科层制，形成了今天企业的金字塔组织形式；三是法约尔的一般管理理论，形成了企业的管理职能部门布局。

今天再看，流水线适应不了个性化趋势，科层制适应不了去中心化，一般管理理论不符合互联网时代零距离的需要。这3个理论今天已经不太适用，或者说要改变。

"我采购的不是钢板，是解决方案"

问：说起互联工厂，有的海尔员工也不太懂，怎么让员工跟上您的思维？

答：这种现象确实存在，原因在于我们不断转型。第一步，先要干成一个没有人的黑灯工厂；第二步，把各种资源整合进来，建互联工厂。举个例子，海尔不再从宝钢采购钢板，而是宝钢、鞍钢进到海尔生态圈，谁提的解决方案最好就用谁的。我采购的不是钢板，是解决方案。所以，"互联网一切皆服务"是对的。互联工厂折腾得差不多了，现在又研究怎么样使产品不再进仓库。

我们一步步往前走，达到一个目标后又要往前走，不断地改，所以有人会觉得挺迷茫。

"一定会有后电商时代，而且一定是场景商务"

问：不到半小时，您提到互联网已有二三十次，可能有些人跟不上这种颠覆时代的互联网思维。

答：互联网的颠覆确实太厉害。现在我就担心自己能不能跟上。我感觉真是很可怕。

你看互联网发展有多快——桌面互联网解决了信息不对称，实现了信息零距离，带来了去中心化：谁都是领导谁都是头。员工想当头，我干脆让你当创客当头。移动互联网解决了速度问题，才有电商蓬勃发展。我认为一定会有后电商时代，而且一定是场景商务。

特别值得关注的是物联网，从国际上提出来到今天已经有 9 年了，物联网到现在还没有引爆，为什么？就是没有场景商务。电子商务是让人在电商平台上挑选适合自己的东西，场景商务则是不用你动，我就给你提供服务。

"到底我们可不可以成为世界上第一家引爆物联网的公司？"

问：场景商务和制造业有什么关系？

答：场景商务一定会到来。这将是对制造业的最大挑战。

还真不是危言耸听，我始终觉得是在跟时间赛跑，到底我们能不能成为世界上第一家引爆物联网的公司？如果能，不光海尔，中国制造业真的将在一个新的、大的起跑点上腾飞；如果不能，被某一个外国公司引爆，就会是我说的"你不拥有平台就被平台拥有"。

海尔提出一个目标：把所有电器变成网器，再变成网站，才可能跟用户交互。我个人觉得，中国制造业如果找不到这个出路，会很危险。

"赔也是从自己口袋里掏钱赔"

问：前进路上您认为还需要克服哪些障碍？

答：我几乎跑遍世界，大企业还没有人这么做：扁平化、去中心化，彻底打破层级，人人都是创客，实行抢单。传统时代，没人说风险共担，利益共享。现在不行，必须变。

举例说，海尔原来有一个 1000 多人的部门，专门给跑市场的人做评价，效果并不显著。后来这 1000 多人全去掉，和用户零距离。比方说物流配送原来要费劲了解用户反应，现在不需要了，如果你没有按时送到，所有的货不要钱，谁造成损失谁来赔。不要你评价，而是用户评价，赔也是从自己口袋里掏钱赔，原来互相推诿的风气一下子化解了。

"创业是什么？就是从悬崖上跳下来，在落地之前，组装好一架飞机"

问：对这些创业小微，您有什么建议？

答：创业是什么？就是从悬崖上跳下来，在落地之前，组装好一架飞机，然后驾驶着这架飞机向新的方向飞去。不逼到绝路，谁愿意创业？风险太大，从天使基金到 A 轮，再从 A 轮到 IPO，成功率只有 1/1000。

创业思维是归纳推理，前提和结论不一定一致，但传统经济一定是演绎推理，前提和结论一致。一个工厂产品卖得好，那就再盖一个工厂，能挣多少钱都能算出来。创业不是这样，也许你看得很准很对，可能就最后一个时间点没有抓住，就失败了。所以创业要求在正确时间正确地点做正确的事儿，可哪能都这么正确？

张瑞敏的"小目标"：当年让大家吃上饭，今天是做成"人单合一"

问：创业者都有一个小目标。您当年进海尔时的小目标是什么？现在的小目标又是什么？

答：当年的小目标就是叫大家吃上饭。我来海尔后连续半年出去借钱开工资，幸亏那时每个人就 50 来块钱，800 人也就 5 万块钱。记得到一个大队书记家里，书记说倒白酒，喝上 5 杯，1 杯 1 万元，喝不喝？喝，就成了。

任何一个小目标，如果没有方向指引，就会偏离。虽然当时很困难，就是想产品一定要对得起消费者，所以才有了砸冰箱的事。就是再穷，也不能让这么差的产品出厂！

海尔每个阶段都有不同的目标，方向非常清楚。现在就是要做成"人单合一"，每个员工都要变成创业者。或者说，让有志于创业的人都聚集到海尔平台上来。这就是我现在的小目标。

过去砸的是冰箱，现在"砸"的是组织

问：刚才说到砸冰箱，现在回想几十年前那一刻，决心应该很难下吧？

答：确实很难！难就难在不知道砸完后到底会带来什么效果。海尔是集体所有制企业，国家不给分配大学生，人员素质相对低，当时希望砸一下，起到震撼效应，但心里没有底，到底这些人会不会接受呢？当时买一台冰箱，不吃不喝要花一个人两年工资，我们说得很实在："要是你父母和家人买回去了，你会觉得怎么样？用户是大家的衣食父母，必须认真对待。"

问：那时砸的是冰箱，现在"砸"的是啥？

答：现在"砸"的是组织，就是淡化和取消科层制。去年在维也纳我讲这个时，外国企业家讨论得很热烈，觉得不可思议：把科层制去掉了，企业还怎么管理？员工听谁的？过去每个人有那么多上级，但现在没有了，因为所有组织一定会变成自组织，自组织是没有领导的。所以德鲁克生前有一个预言：企业一定会消亡。

"企业一定不要成为王国、帝国，一定要成为生态系统"

问：那企业将来会是什么？

答：都会变成自组织。所以海尔现在要建设自组织、互联网带来的网络化组织，全球都可以连上。

凯文·凯利（世界知名互联网观察者）上次来海尔待了两天，提出一个建议，说海尔在传统企业领域已经做得很高了，但是一定要变成互联网企业。互联网带来的是生态，而不应该再是科层组织。马云前些日子来，我们两人的观点是一致的：企业一定不要成为王国、帝国，一定要成为生态系统，成为帝国一定会垮掉。

凯文·凯利说，所有的企业都难逃一死，所有的城市都近乎不朽。为什么？因为企业不是生态，早晚要死，但城市是生态。比如这个城市有一条街道，垮了一个商铺，新商铺又来了，这条街垮不了。但是企业不行。所以我现在想能不能把企业变成一个生态？如果不变成生态，过去说企业大不易倒，现在我看是谁越

大谁越容易倒。

"个性化定制是最主要的指标，我最看重这个目标"

问：说海尔转型初见成效，互联工厂提高了效率，是这样吗？

答：不是方向，是在探索方向。效果还需要进一步体现，因为现在个性化定制还不是太多，大概只占全部产品的 10%。从 2005 年提出"人单合一"到现在十多年，至少是大家观念改过来了，从上到下大家都接受这个观念，这是最大收获。

个性化定制是最主要的指标，我最看重这个目标。有一点像国外所说真正做到产销合一，消费者是制造者也是设计者。

"一切皆服务，无论怎样搞，一定要连上用户"

问：您说互联工厂的用户数据还不是很多，原因是什么？

答：原因是全社会的社群用户体验没有做起来，用户不是非常感兴趣。没有用户和社群，等于无源之水、无本之木，所以我们在加快做一个个社群。

问：德国在提出工业 4.0 后，又提出"智能服务世界"，您怎么看？

答：德国人、美国人搞的这些，我们都接触过。一切皆服务，无论怎样搞，一定要连上用户。没有连上用户，充其量只是机器换人。

"希望这里每个人都能成为自己的 CEO"

问：您 20 多年来不断颠覆，是什么样的动力促使？您的梦想是什么？

答：成功没有止境。别人看你可能成功了，而事实上只不过完成一个阶段而已，还要不断往前走。我自己的梦想，就是希望这里每个人都能成为自己的 CEO，每个人都能够成功，都有自己的价值。

问：谁是张瑞敏的接班人？

答：很多人包括国外记者老在问接班人的事情。现在海尔平台上有 2000 多个"小微"，每个成功的"小微"如果能持续成功，不就是"张瑞敏"了嘛？

30多年人生启示："活在当下"

问：从1985年接手这个厂到现在，30多年里您获得哪些启示和经验？

答（略做思考）：如果真要说的话，就是4个字："活在当下。"不要想昨天怎么成功，昨天已经过去了，要多想明天，因为那还没到来。要踏踏实实把今天该做的事儿先做好，不要浮躁。有大学校长请我去讲课，学生一提问就是明天怎么能成为富翁，这怎么行？

"要换道超车，而不是弯道超车"

问：怎么看制造强国梦？

答：我们要换道超车，而不是弯道超车。现在对"中国制造"是一个非常好的机遇：大家都处在同一起跑线，关键是怎样抓住机遇，从"中国制造"的引领者变成物联网的引领者。

物联网不再以企业为中心，而是以用户为中心。国际上预测到2019年就会引爆物联网，我不知道依据是什么，如果是这样，留给中国企业的时间就只有3年。3年内要能引爆，就走到了世界前面。

"一年100多本书"

问：您一年看多少本书？最近看什么？

答：一年100多本。最近在看卡斯写的《有限与无限的游戏》，这本书非常好，1987年写的，到现在近30年了长盛不衰。我看了，也觉得非常好。

问：要跟上您的互联网思维，最好看哪一本书？

答：很多人写的书都很好。像拉里·唐斯的《大爆炸式创新》，凯文·凯利写的《失控》《必然》，里夫金写的《零边际成本社会》《同理心文明》。

问：《必然》有句话写得特别好：我们正站在开始的时刻。对海尔来说，也是这样吗？

答：对！我们大家都站在一个开始的时刻。

根本没有成功这回事
——"变革者"张瑞敏印象

张瑞敏，海尔集团董事局主席兼首席执行官。

在青岛，无论是政府官员还是企业家，提起他，都是尊称"张首席"。屹立市场大潮潮头 30 多年的他，是企业界"教父"级的人物。

前几年，海尔开始大规模向互联网平台企业转型，去科层化，不少人离开，张瑞敏一直很低调，多年几乎很少接受媒体的采访。近一两年，随着"人单合一""组织网络化"逐步实现，渐渐地，他在媒体和公众面前的声音多了起来。

"好大阵容啊。"约定采访的时间到了，他准时出现在会议室，一边感慨，一边和包括文字、摄影、摄像在内的 10 多名新华社记者一一握手。

明显感觉到，互联网在他心中的分量：两个半小时的采访里，张瑞敏提"互联网"多达 59 次。他为曾经引领行业潮流的世界知名企业诺基亚、柯达的境况感到惋惜。他说："不是制造业不行了，而是因为它们和互联网脱节了"。

张瑞敏用"可怕"和"颠覆性"两个词语来表达他对互联网带给制造业影响的感受。2000 年，张瑞敏在参加达沃斯论坛时，不时出现在会场上有关互联网的词汇和这样一个标语"让我们战胜满足感"，让他最早对互联网产生了警惕感。

"为什么要战胜满足感？互联网会带来什么挑战？当时看不大清楚也想不清楚，只是觉得互联网时代一定是一个大的趋势。"张瑞敏说。

从达沃斯回国后不久，海尔就提出了"不触网，就死亡"的著名观点。

在这一过程中，张瑞敏也出现过迷茫。他在 2005 年的一次主题演讲中说："我的感觉是越来越不会做企业了，原来许多成功的发展模式现在都不好用了。"

没有"好用"的模式，就自己寻找一种新的模式。虽然海尔也曾是传统世界经典理论的受益者，但张瑞敏认为，这些理论只能指导传统的企业管理，对当前制造业的指导"恐怕是有问题的"，"这些理论放在今天，至少不太适用或者说要改变"。

为寻找一种更适合互联网时代的管理模式，张瑞敏曾多次和世界知名企业掌门人或管理大师交流，这些人的名单包括世界互联网观察者凯文·凯利、IBM前总裁郭士纳、高盛集团前总裁约翰·桑顿等。

张瑞敏敏锐看到了"世界制造业企业都处在同一条起跑线上"，决心抓住时机探索海尔自己的道路。

中国社会科学院工业经济研究所研究员王钦长期研究海尔，有一次他陪同张瑞敏考察欧洲，"张首席说了一句话，我至今仍然记忆犹新。他说'这是一个生死时速的时刻，丧失战略机遇就是犯罪'！"

"能阻挡我们的只有我们自己""只要观念创新，凡墙都是门""只有网络化的企业才能适应网络化的世界"……

伴随认识的深化，海尔的探索逐步深入：将内部层级打破，1万多名中间管理层人员被砍掉；建立了一个创业平台，实行"人单合一"，将一个个来自用户的想法和创意变成一款款受到市场欢迎的个性化产品……

一次次改革在海尔内外引起巨大震动。人们充满疑问："海尔，究竟要把自己改成什么样子？"而张瑞敏犹如一位伫立桅杆之顶的眺望者，始终有着清醒的思考："没有成功的企业，只有时代的企业""在互联网时代，企业要么拥有平台，要么被平台拥有"。

一个数字，可以看出"用户"的分量：采访中，张瑞敏先后65次提到"用户"二字。

一个细节，可以看出海尔的到位用心：会议桌上，男记者面前摆放的是一支浅蓝色、印有海尔兄弟图案的铅笔，女记者面前的铅笔则是粉红色的。

海尔的探索得到越来越多的关注和认可。在考察和交流后，管理大师加里·哈默评论说，海尔正在为后科层制时代和互联网时代重新塑造着管理学的面貌。

一切，都只是开始；一切，都在路上。

张瑞敏并不认为海尔找到了终极路径，他十分认真地告诉记者："我们从来没有认为有什么东西做成功了。"他引用了另一位管理大师彼得·德鲁克的话："根本没有成功这回事，所有的成功只不过是我们用于自鉴的镜像。"

因为艰辛，所以珍惜。在回答记者有些问题时，张瑞敏甚至会沉默思考近十秒的时间，但每次他都认真给出了答案。

当问及这么多年走过来有何感悟时，他略做思考后回答："活在当下。"

海尔展厅里，张瑞敏当年砸冰箱的大锤复制品静静伫立，默默见证着一个企业的转型和突破；原件则作为国家文物被收藏在国家博物馆，无声叙述着一个古老国度的蝶变和复兴……

支持不干预　"生态圈"良好

——青岛企业家队伍"群星闪耀"

"一些地方的企业负责人，只能说是老板，青岛许多企业的负责人，可以说是真正的企业家，因为他们有追求、有思想，而且一以贯之数十年，不断为社会创造价值。"中国社会科学院工业经济研究所企业管理研究室主任王钦说。

作为中国最早接触工业文明的城市之一，青岛多年来坚持发展实体经济，海尔、海信、双星、澳柯玛、青岛啤酒等"五朵金花"长盛不衰，制造业持续稳定发展。

至 2015 年年底，青岛市拥有规模以上工业企业 4800 多家，规模以上工业总产值达到 1.7 万亿元、同比增长 7.8%，规上工业利润实现 919 亿元、增长 15.3%。

执掌海尔 30 多年的张瑞敏、引领海信航行 20 多年的周厚健、驰骋服装行业 20 多年的红领创始人张代理……走进青岛，从政府到专家都突出强调："青岛制造"现象的背后，是一个独特的青岛企业家"常青树"现象。

企业家往往有敏锐的市场感觉，有执著顽强的作风，富于冒险精神，在把握创新方向、凝聚创新人才、筹措创新投入、创造新组织等方面可以起到重要作用。

时任山东省委常委、青岛市委书记李群说："事在人为、事靠人为。'青岛制造'迈向明天，依然倚仗一批批优秀企业家。"

青岛企业家的成长，离不开当地良好的政商环境。历届青岛政府给了企业家充分的空间和足够的重视。

"一直以来，青岛政府部门对企业家'支持不干预'，给企业家成长创造宽松的环境。"澳柯玛股份有限公司董事长、党委书记李蔚认为。

危机意识和创新意识，是青岛企业家身上普遍具备的特点。

"现在'砸'的是组织，就是淡化和取消科层制。"10多年来，张瑞敏选择了一条艰难的互联网化道路，建立了7个互联工厂，搭建了一个链结线上线下的开放平台。

海尔的管理模式创新，引来美国管理学家加里·哈默。他实地考察后说，海尔是全球先驱型公司中最突出的，张瑞敏的实践正在重塑后科层制时代和互联网时代的管理学架构。

"张瑞敏等人就有示范效应，不仅会影响一代代企业家，更会影响形成一个区域的商业生态。事实上，这个区域的概念早已超出青岛的地域范围，已经走向全球，并具有全球竞争力。"王钦说。

多路径推进互联网化，青岛其他老的"金花"同样历久弥新：

——海信继续在液晶显示领域领先国际潮流，智能交通信号灯占据国内第一市场份额；

——双星率先建立了全球首个商用车胎"工业4.0"工厂，并开工建设中国第一个国际级石墨烯轮胎实验室；

——澳柯玛则形成家用制冷、商用冷链、生物冷链、超低温设备和装备、冷链物流"互联网+全冷链"产业体系。

……

青岛市经信委主任项阳青表示："多年来，青岛企业家形成了执著、创新、合作、担当、学习的企业家精神，而且至今仍在发扬光大、影响社会。"

红领原本是一家传统服装企业，创始人张代理近年来结合互联网，成功实行"数据驱动流水线"，实现大规模个性化定制，更开始向外输出智能定制解决方案。2014年、2015年，红领智能互联网定制服装业务收入与净利润增速均同比增长100%以上，与当前服装业整体不景气形成鲜明对比。2009年，张代理把企业"交班"给了女儿张蕴蓝，学习研究"互联网+工业"。

"青岛企业家身上有很多宝贵的精神，正一代代传承，比如，主动创造和吃苦耐劳的品质，不管遭遇什么，永不放弃。"双星集团董事长柴永森说。

在老一辈企业家的影响下，特锐德、海丽雅、东方铁塔、软控股份、汉缆股份等一批新的明星制造企业、一批新生代企业家成长起来。

特锐德是创业板第一股，董事长于德翔正致力于打造"中国新能源互联网"；昌盛日电太阳能科技有限公司董事长李坚之将光伏发电与现代农业相结合，走出一条新路……这些民营和新生代企业家群体，成为青岛企业家队伍中的一张张靓丽名片。

青岛企业家人才密集，彼此间的学习和交流已成常态，互促共进氛围浓厚。青岛市也几乎每年都召开企业家座谈会。

"这为全市老中青三代企业家集中交流、互相学习，搭建了平台。"张代理说。

2013年10月，青岛市出台意见，决定用5年时间，通过举办培训班、专题研修班、短期实训，选派民营企业家到政府部门、重点园区挂职锻炼，老一代企业家导师帮带等方式，在全市大力培养新生代民营企业家约1000名。

"目前，青岛市基本形成了老'五朵金花'长开不败、焕发新生机，新培育、新成长的N朵金花争奇斗艳的局面。"青岛市发改委副主任张旭东说。

近年来，青岛大力构建和谐政商关系，积极亲商、富商、安商，如每年实行"三个一千行动"（走访千家企业、走进千个项目现场、走谈千个项目），人社局、科技局、组织部以及部分银行负责人，主动靠前了解、解决企业困难和问题，仅2016年上半年全市各级政府就走访企业11828家次，帮助企业解决问题3380项。

王钦说，市场活力来自于人，特别是来自于企业家，来自于企业家精神。"青岛企业家"现象启示人们，要进一步重视发现、培养、聚集企业家人才，推动中国经济不断前进。

城以"金花"声名远扬　"金花"因城常开不败
——寻找青岛"新五朵金花"

说起青岛制造,人们常常会提及海尔、海信、青啤、双星、澳柯玛这"五朵金花"。城以"金花"声名远扬,"金花"因城常开不败。

在新时期,老"金花"依旧璀璨,新"金花"又迅速崛起。记者通过寻找新的"五朵金花",透视中国制造的发展路径和追求。

高铁之花:打造"大国重器"——走进中车四方

一个世界级的"动车小镇"正崛起在青岛棘洪滩。

在这里,全中国近一半的动车产自于此;这里有世界速度最快的 CRH380A 的高速列车;从这里驶出的高速动车组超过 1000 列,安全运行超过 14 亿公里;在它的带动下,整个青岛市的轨道交通装备主营收入超 700 亿元……

这一奇迹,都源自在此的中车青岛四方机车车辆股份有限公司。这个有着一百多年历史的机车厂,在当代焕发出了夺目的光芒,成为青岛乃至全球中一朵亮丽的"高铁之花"。

在四方机车厂区内,通身黝黑的新中国第一台蒸汽机车"八一号"原型和一台 CRH380A 高速列车车头,排列前后呈奔驰前行状,呈现着这家历史沧桑感的百年老厂"穿越时空"的荣耀……

"昔日我们能生产出新中国第一台机车,今天我们已能生产出世界上最好的动车。"中车四方党委副书记管玉山说,四方机车厂 1 万多名职工如今每天生产动车组可达 6 辆。

图 3-10　四方车辆厂内场景（新华社记者徐速绘摄）

中国高铁的创新要追溯到 2006 年：从引进国外技术、消化吸收到研制成功第一列时速 200～250 公里的国产高速动车组，短短数年间，中国高铁横空出世令人惊艳。

2010 年 12 月，中车四方完全自主创新的 CRH380A 创下了时速 486.1 公里的世界铁路运营试验第一速——也正是此车的研制成功，让中国高速列车实现了从技术跟随到创新领跑的华丽蝶变，变成了一张亮丽的"中国金名片"。

近几年来，这朵"高铁之花"越开越艳，一件件"大国重器"在这里闪亮。

2011 年创造时速 605 公里的实验室滚动试验最高速；2012 年研制出基于高速动车组技术的城际动车组；2014 年研制出耐高寒抗风沙动车组；2015 年成功研制国内首列永磁高速动车组；2016 年 5 月成功研制国内首列永磁跨座式单轨列车……

作为中国高铁最新技术成果——中国标准动车组 2015 年在中车四方研制成功。"标准是制造业的生命。该高速动车组在 13 个技术领域搭建'中国标准'，核心技术全面自主化，将成为中国高铁的下一代主力车型，为中国高铁扩大'走出去'搭建重要技术平台。"中车四方副总工程师丁叁叁说。

"从过去历史沧桑再到今天的辉煌，四方机车可谓是有百年历史传承青岛制造的一个象征。"青岛市社科院社会研究所研究员张树枫说。

据青岛市经信委介绍，以高铁四方为龙头，青岛市已将轨道交通装备产业纳入该市 10 条千亿级产业链之中，拥有以中车四方、青岛四方庞巴迪铁路运输设备有限公司（BST）等 100 余家轨道交通装备研发、制造与配套服务企业，形成较为完整的高速列车及轨道交通装备相关技术创新体系和产业集群。

新锐之花：朝阳产业崛起——近观特锐德

"300001"——走进青岛崂山区的特锐德公司，就会被展厅上标的标志所吸引，这家企业正是中国创业板第一股。

"中国未来 15 年将有 1 亿辆电动汽车。按每辆车的造车、电池、租车、修车、用车、充电等产业链形成 50 万元 GDP 算，1 亿辆车就是 50 万亿元，这个市场谁都不能忽视！"尽管当下电动汽车市场仍在亏损，青岛特锐德电气股份有限公司董事长于德翔却对未来信心满满。

2001 年，已干到河北省电力公司管理层的于德翔毅然辞职创业，之后与人合伙在青岛创立了特锐德公司。

乘着铁路提速和高铁建设的东风，靠着过硬的研发和产品质量，特锐德从一个名不见经传的小企业，一跃成为中国最大箱式电力产品系统集成商和箱变研发生产企业。

2009 年 9 月，特锐德迎来了自己的第一个春天：作为第一股登陆创业板。"箱式电力设备作为传统产品，我们将继续做大做强，但发展潜力更大的是公司正在布局的新能源汽车充电。"于德翔说。

于德翔更大的梦想是打造"中国新能源互联网"，创新新能源汽车充电、销售、租赁和保养维修的服务模式。"当充电插头插到车上时，车辆的基本数据，包括电池、电机、电控、电脑的数据会自动上传到云平台，系统会对每一辆车进行健康诊断并出具报告。报告将车主、汽车配件生产商、维修店进行衔接，形成全新的商业机会和产业生态。"于德翔说。

特锐德在不断为梦想铺路。目前，已在全国成立了 61 家合资公司，项目落地城市达 169 个，建设充电桩 7 万多个，占全国市场份额 30%～40%。

于德翔对前景十分看好。目前，公司用传统的箱式电力设备板块补充新能源汽车板块的亏损，将来新能源汽车潜力释放，将有力带动箱式电力设备发展，二者形成闭环。

花开虽艳，尤经苦寒方傲霜。"从起点看目标终点很美，但这中间过程如同走钢丝，一步不能停，一步也不能错。"于德翔说，"必须靠创新技术和引进顶尖人才，还要满足持续资金需求。这，就是实现梦想的前提！"

特锐德是青岛近年来新兴产业风生水起的一个缩影。

青岛国家高新技术产业开发区已建成全国首个国际石墨烯创新中心，入驻企业在石墨烯锂电子电池、石墨烯纤维等方面的研发和市场化取得较大进展；国家智能机器人高新技术产业化基地设立，科捷自动化、诺力达智能科技和海尔机器人等众多家企业在培育发展；空中客车直升机、华大基因项目入驻青岛中德生态园……青岛市的新兴行业集群正在蓬勃涌现。

智造之花："互联网工业"——剖析魔幻红领

2秒钟能做什么？如果说，这上下车的工夫，就能实现服装精准量体，是否觉得天方夜谭？走进以西装生产著称的青岛红领集团，你就知道，这并非幻觉。

采用世界先进水平的 3D 量体仪，在红领魔幻大巴车里，仅需一两秒钟就能获取顾客 19 个部位的 22 个数据，自动完成服装量体。

把慢变成快的，不仅量体一个环节。

在红领魔幻工厂，每件衣服都打上唯一的标签，消费者的定制要求都得到满足。依托云数据和云制造，西服定制从最初的个性设计到最后的成衣配送压缩到7 天。

把慢变成快，把不可能变成可能，用互联网思维重塑工业生产流程，红领的创新带来了立竿见影的效果。在服装业高库存、高成本、低周转的当下，2015 年红领互联网定制服装业务收入与净利润增速均同比增长 100%以上。

"尝试互联网工业，起初是为了解决库存问题，做了几年后发现，这是一套方法论，颠覆了产业传统逻辑。"红领集团董事长张代理坦言。

通过对互联网长达 10 余年的研究与探索，在智能生产方面，红领率先走出了一条新路径，也得到了工信部等相关部门的认可。在红领厂区，各地各行业前来学习培训的人络绎不绝。

张代理说，红领正以魔幻工厂为"试验田"，设计探索出传统企业升级改造的解决方案。目前，已经为包括鞋帽制造、机械制造、家具制造等多个产业的企业提供解决方案。未来，红领也要向工业制造方案提供商转型。

时任工信部副部长怀进鹏认为，长远来看，"互联网+先进制造业+现代工业"一定是未来产业发展的主攻方向。"红领的创新，将为新一轮的产业变革和结构重组带来示范。"

海洋之花：迎接海洋"蓝"时代——细察明月海藻

因海而生的青岛，聚集了全国 30% 的海洋科研机构，拥有 50% 的海洋高层次科研人才队伍，发展海洋产业得天独厚。

"海洋经济的大潮已经来到，海洋生物产业将迎来一个爆发期，我们要乘风而上、破浪远航。"青岛明月海藻集团有限公司董事长张国防说。成立于 1968 年的这家企业原旨在提取"碘"防治当时频发的"大脖子病"，如今凭借科技创新已在海藻产业中开辟出了新天地，成为行业顶尖级企业。

在明月海藻展厅里，工作人员向记者展示了这样一幕：一卷白色医用绷带沾血后，瞬间凝固成胶条状，出血的伤口不会再跟绷带粘连在一起，而且还能促进伤口愈合。

这种神奇材料的成分之一便是海藻的提取物——海藻酸盐。目前，明月海藻的海藻酸盐年总产量已达到 1.3 万吨，国内外市场占有率分别达到 33%、25% 以上，海藻酸盐等主导产品产量稳居世界第一，成为全球规模最大的海藻生物制品企业。

明月海藻通过"海藻+"在多个领域竞相开放。明月海藻目前将目光重点锁定大健康服务产业的"风口"：用海藻+医用材料、+功能食品、+护肤美颜、+卫生用品……"未来要推出更多自己的品牌。"张国防说。

这一市场的光明前景毋庸置疑。海藻酸盐用在不同方面，其利润也如火箭蹿升一般——张国防给记者算了一笔账：从 1 吨 8000 元海带中提取海藻酸盐的价值为 1.6 万元，将海藻酸盐做成海藻纤维就变成 8 万元，再做成终端药用辅料就变为 240 万元，升值 300 倍。

明月海藻的发展是青岛蓝色海洋经济的一个缩影。通过实施"海洋+"战略，青岛正努力打造中国蓝谷"一区一带一园"空间载体，建设国际水平的海洋科研和产业高地。

据初步核算，仅 2016 年上半年青岛就实现海洋生产总值 1042 亿元，增长12.3%，增速高于 GDP 增速 4.9 个百分点。海洋生产总值占 GDP 比重上升到23.1%，对 GDP 增长的贡献率达到 34.4%。

蓝色经济大潮中，一批像明月海藻一样的"海洋之花"不断绽放。打造海洋生物制药的黄海制药、致力于海洋生物研发的银色世纪健康产业集团……都抢先搭上了蓝色经济的快车。

未来，通过形成海洋新兴产业集群，借力"一带一路"战略，青岛海洋经济的发展还有很大空间。"预计到'十三五'末，集团年产值可达 100 亿元以上，我们将努力打造成全球海洋生物制品领域最优秀的企业。"张国防说。

常新之花："橡胶焕新颜"——透视软控股份

橡胶、纺织，这都是青岛制造过去的荣光；如今，纺织的辉煌已渐隐，而橡胶产业却又重放异彩。

一个拇指大小的黑色橡胶芯片，和轮胎紧密贴合在一起后，就能对这条轮胎进行全生命周期的信息掌控。这正是青岛软控股份有限公司新研制的一款用于轮胎产业的 RFID（射频识别）芯片——目前，这个芯片已实现量产并销往国内外。"这一技术将在未来智能交通以及车联网应用等方面发挥巨大作用。"软控股份董事长袁仲雪说。

橡胶用途广泛，仅在普通汽车上就有 200 余种橡胶配件，飞机发动机上也隐藏着数以百计的橡胶制品。可是作为轮胎生产大国，我国如今却面临着低产值、低附加值、低利润的现状。

如何让老行业焕新颜？这是袁仲雪多年来苦思冥想的问题。

"中国经济下一轮腾飞一定靠基础研究和自主创新，对橡胶行业更是如此。"袁仲雪认准了走科研之路。

软控的成功，在于走出了一条"产、学、研、用"的道路：软控将深耕橡胶科研、有"橡胶大学"之称的青岛科技大学成果有效利用，科研项目转化率达到了令人吃惊的90%以上，成为青岛橡胶产业的标杆企业。

软控建立了中国橡胶轮胎行业高端基础研究机构和世界级橡胶实验室。目前公司拥有专利近1000项，其中发明专利约500项，软件著作权119项，主导制定国际标准4项。软控还对轮胎技术、系列装备、控制系统等进行升级，开发出世界唯一一套数字化轮胎全系列装备，实现行业全产业链的升级。

袁仲雪等牵头组建了集研发与创业的橡胶谷基地，并获批成立了国家橡胶与轮胎工程技术中心，打造出了全新治理方式的橡胶产业研发与创新经营平台。

从2006年登陆深交所的一家生产轮胎配料的企业，到如今为国内外橡胶轮胎企业提供整体解决方案的智能化装备制造商，短短十年间，软控股份已位居橡胶机械行业世界第二、国内第一。

让传统橡胶行业焕新颜的并非软控股份一家。老"五朵金花"之一的双星集团也在加快转型升级。集团董事长柴永森说，企业3年来淘汰了60%以上的落后产能和产品，通过智能化装备和订单式生产，营收和利润呈现向好增长势头。

在青岛森麒麟轮胎有限公司，通过独创的厂房及设备规划安排，实现单台设备的产出率提升50%，用工成本较同规模传统企业降低75%。

老树常青，新花不败。青岛这一橡胶传统产业再现繁荣。2015年青岛橡胶产业完成产值780亿元，已日益临近千亿元级产业链目标，是名副其实的中国橡胶行业名城。

全球制造业争夺战之 "青岛策"
——探访青岛制造业的战略高地

制造业，一国之脊梁。

经历国际金融危机的涤荡，力图抢占下一轮发展制高点的全球诸国，不约而同吹响了回归制造业的冲锋号。

从美国全力打造制造业创新网络到德国力推 "工业 4.0"，从 "数字印度" 的提出再到备受瞩目的 "中国制造 2025" ……一场打造先进制造业的争夺战，正在全球上演。

百舸争流，奋楫者先。

几十年风雨兼程，中国已然站在全球制造中心之位，但依然面临着由大变强的重任，这也是奋进在实现民族伟大复兴新征程上的中国，必须迈过的一道坎。

黄海之滨，齐鲁要地，一篇旨在变革观念、创新超越的制造业突围记，正在这里悄然书写。

青岛，这座承载百年制造业基因的中国名城，改革开放后哺育了一批像海尔、海信等全球级制造业明星企业，如今又开启了以创新引领发展的新航程。

在这里，可以感受到颠覆性管理探索的震撼；

在这里，可以观察到大跨度科技变革的突破；

在这里，可以体会到前瞻性战略布局的眼光；

在这里，可以被敢于创新的坚韧意志所感染……

弄潮儿向涛头立，手把红旗旗不湿。今日之 "青岛制造" 正以勇立潮头的姿态，迸发出蓬勃活力，抢占先进制造业的战略高地，也为当今制造业发展带来新的启迪。

颠覆传统模式"脱胎换骨"——捕捉"互联网工业"时代的新机遇

"不仅仅是海尔，我认为所有的制造业企业，都应该向体验经济转型，这是一个方向，从规模经济转向体验经济。"海尔集团董事局主席兼首席执行官张瑞敏说。

面对汹涌的互联网大潮，张瑞敏近年来一直在思索、探寻，甚至每年都要读一百多本书而求解。"互联网带来的最大挑战是零距离，互联网时代要么你拥有平台，要么你被平台拥有，要把每个用户的需求和供给连接起来。"

颠覆传统，海尔把这种供需对接称为"人单合一"，全力向互联网工业进军。

过去几年里，海尔集中做了一件事：去掉1万多人的中间管理层，把过去30年辛辛苦苦打造的"航母"，解构成一支并联"舰队"。"现在海尔只有三种人，平台主、小微主和创客。"张瑞敏说。

每个人都可以依托海尔的平台进行创业，每个产品都能迅速根据用户需求进行调整。今天的海尔已慢慢演变成一个"生态圈"，汇聚了平台主、小微主和创客共7万多人，已诞生470个项目，汇聚1322家风投公司。

图 3-11　海尔"生态圈"（新华社记者徐速绘摄）

海尔的探索，其实是一种危机下的倒逼。

犹如苹果手机横空出世让"巨无霸"诺基亚迅速落幕，奇虎360推出免费业务对其他传统杀毒软件造成致命打击一样……在互联网时代，颠覆式的技术和商业模式一旦出现，往往从最想不到的维度，对传统企业发出致命的"降维打击"。

"给传统企业、尤其是家电企业留下的时间已经不多了。"张瑞敏预测，一个新的物联网时代很快到来。

海尔的选择，被纳入了哈佛商学院的案例。

世界知名的互联网观察者凯文·凯利说，未来很长一段时间，制造业都将在互联网的影响下迅速灵活转型，产品将更加个性化。

业内专家认为，在当前"去产能、降成本"的关键阶段，制造业生产中效率不高、产能过剩、成本高企等一系列问题，也都可以从与互联网融合中找到解决方法。

"制造+互联网一定是未来产业发展的主攻方向。谁善于把数字化、网络化、智能化这个大趋势把握住，谁就能把握住全球产业变革的历史机遇。"国务院发展研究中心副主任王一鸣说。

每一次科技变革的突破，总会对传统生产制造跃升留下鲜明的印记。

每一次工业革命的先声，总有一批敢于吃螃蟹勇于创新企业的身影。

如果说海尔在重构现代工业的创新方式和组织体系，那么位于青岛即墨市的服装企业——红领公司则通过用互联网重塑生产流程，破解了工业批量生产与个性化定制的悖论。在红领魔幻工厂里，将西服定制从个性设计到成衣配送压缩到7天，实现了业内难以奢望的"流水作业"。

"这是一套方法论，目前已有几十家企业出资前来购买转型的解决方案，我希望能复制到多个产业。"红领董事长张代理雄心勃勃。

与"弯道超车"有所不同，像红领一样敢于颠覆创新的青岛企业家们更注重"换道超车"。"这套做法颠覆了传统企业基本的逻辑，重塑了一套工厂运行架构。如果说，红领这样的传统企业都能升级，其他产业更不必愁了。"张代理说。

新工业革命正在开启。诸多业内人士认为，智能制造将成为制造业变革的核心，最典型的就是批量化个性定制生产。

"互联网技术的广泛渗透性和实体经济的结合，带来了一种新的迭代式创新。红领的创新，将为新一轮的产业变革和结构重组带来示范。"时任工信部副部长怀进鹏说，"互联网+先进制造业+现代工业"也将成为中国经济发展新引擎。

青岛已于去年实施"互联网工业"发展行动方案，力图将互联网创新成果与工业特别是制造业各领域深度融合，形成经济发展新形态。

"在国内率先提出打造互联网工业强市，这是当下青岛工业转型发展的根本出路；在经济步入新常态，工业进入转型的关键阶段，这也是一场生死之战。"青岛市经济和信息化委员会主任项阳青说。

当前，互联网工业"青岛现象"已崭露头角。除海尔、红领等公司领跑之外，全国领先的中小企业云服务平台正着力打造"服务生态圈"，青岛软控股份公司的轮胎生产管控一体化系统让人耳目一新……

2015年工信部公布首批智能制造试点示范项目名单，青岛的海尔、红领、赛轮金宇三家企业入选，入选企业数在同类城市中名列第一。2016年，中车青岛四方股份、双星集团两家企业又上榜。

"未来制造企业一定是和互联网交融的。内部业务更加互联网化，公司治理结构更加扁平化，制造业企业都要与互联网对标、协同起来，以适应当下快速迭代、快速改进的新趋势。"凯文·凯利说。

有了金刚钻方揽"瓷器活儿"——依靠核心技术实现新突破

技术的一小步，产业的一大步。

在新旧动能转换的背景下，如何依靠核心技术实现新突破，带动产业转型升级，开拓新的蓝海，是横亘在全球制造业面前的一道难题。

在经济下行、利润压缩，不少制造企业开始转向金融资本、投资地产的时候，依旧在显示技术等领域深耕的青岛海信集团似乎显得有些"固执"。

2016年国庆前夕，海信刚刚在纽约举办了大尺寸战略暨大屏新品发布会2016年圣诞节前后这些新品将在美国登陆上市。美国是全球高端市场，海信已在此累计销售了 500 万台电视。在美国近期发布的业内独立第三方评测机构同类产品消费满意度报告中，海信首次冲入美国前四大品牌。

"靠过硬的技术，方有'看到未来'的能力。"海信集团副总裁汤业国说，海信不仅把彩电"吃透"，占领高附加值市场，还将尖端的显示、传感技术另辟蹊径，应用到产业市场，开拓出了一片新天地。

城市智能交通连续七年国内市场第一、宽带接入网光模块连续五年全球市场第一、智能商业支付中国第一、布局可视化医疗……在电视、冰箱等家电领域被消费者熟知的海信，正通过技术革新，展露出别样的风采。

从追赶到引领，几十年高速发展，海信用实际行动践行着"技术立企"的座右铭。"这些'第一'的背后是企业十年以上的积累，更是对产业转型的渴望和未雨绸缪。"汤业国说。

会当凌绝顶，一览众山小。

不同国际一流对标，不站在全球巅峰上衡量自身，不找到自身的禀赋优势所在，无论是谁，都将在这一轮竞争中被远远甩在后面。

专家普遍认为，未来一段时期，全球制造业增速的回升将以不平衡的方式实现，那些率先在重大技术领域取得突破、并实现生产组织模式变革的国家，将在未来的全球竞争中占得先机。

青岛科技局局长姜波说，要抓住机遇形成一批有国际竞争力的领军型企业，中国制造的格局就会发生根本性变化。

位于青岛崂山区的青岛双瑞海洋环境工程股份有限公司是一家专门从事腐蚀防护与水处理技术及产品研发、设计的高科技企业，拥有国家腐蚀控制领域最高资质，编制了该行业 80% 的国家标准和行业标准，综合市场占有率达 40%。

双瑞公司相关技术也是"异常了得"：电解制氯产业市场占有率在国内核电领域达 90%、火电领域达 70%；是国内唯一采用电化学技术的污水处理系统供应商；船舶压载水管理系统产品获得了世界七大权威船级社及主管机关认证，销售业绩在全球名列前茅……

双瑞的辉煌正是得益于"技术创新"的秘诀——双瑞公司依托国家级"海洋腐

蚀与防护国防科技重点实验室"，秉承"生产销售一代、研发认证一代、预先研究一代"的技术创新理念，在巩固和发展传统优势产业的基础上，不断开发新产品。

技术创新，已经在今天的青岛掀起新浪潮，并持续鼓帆激波。

从专利数据上看，青岛发明专利在过去 5 年间增长了 16 倍，发明专利授权量增长了 7 倍，技术交易额增长了 6 倍。

从创新载体上看，青岛规划并实施了"三个千万平方米"：能容纳上千家科技企业的 1000 万平方米的科技孵化器，有着 1000 万平方米的软件产业园，能吸纳顶尖级人才的 1000 万平方米的人才公寓。

从创新支撑上看，青岛实施"四系"加强高端创新资源集聚：高校系，青岛已和国内知名的 24 所高校签订了合作协议，或建研究中心、或建研究生院、分校；央企系，主要吸引中央企业在青岛聚集，实现落地生根；中科系，重点推进中科院科教融合基地、中科研发城、中科院青岛分院等建设；国际系，把像德国史太白等世界知名的研发机构向青岛汇聚。

......

承继着百年传统制造业的基因，如今青岛正处于工业化中后期也是结构升级的关键时期。不再陶醉于自己的"红瓦绿树"，不再沉溺于曾经的辉煌，立足于国家实验室等顶级创新平台，青岛已经将自己的目光瞄准世界一流创新城市。

依靠技术创新，促使产业结构优化升级，成为这座城市决策者的谋略方向、施政目标。"从总体来看，青岛制造依然存在着大而不强的问题，但要向前突破，必须要坚定不移地走创新之路，努力掌握核心技术，我们有这个决心，也有这个信心。"时任山东省委常委、青岛市委书记李群说。

弄潮儿当向涛头立——发展新兴产业重塑新格局

"我们需要相信那些不可能的事，一切尚在开始。未来 20 年最伟大的产品、最火爆的产业，也许还没问世。"凯文·凯利说。

"300001"，硕大的股票代码标注在青岛特锐德公司的展厅上，提醒着每个来访的人：青岛特锐德公司是中国创业板第一股。

乘着铁路提速和高铁建设的东风，特锐德在短短数年间从一个名不见经传的小企业，一跃成为中国最大箱式电力产品系统集成商和箱变研发生产企业，拥有世界首创的 110 千伏城市中心模块化智能变电站、太阳能光伏一体化箱变、有轨电车智能箱变等创新产品，目前也正在全力向新能源汽车充电市场布局。

在新一轮科技革命的机遇期，抓住风口往往就能实现跨越式发展。

国家"十三五"规划纲要也明确提出，要瞄准技术前沿，把握产业变革方向，拓展新兴产业增长空间。今后五年，战略性新兴产业增加值占 GDP 比重将由目前的 8%左右，上升到 15%。

"新兴产业将迎来一波大潮，这会不断催生出新产品、新行业。它不仅是一个城市、也将是一个国家经济的战略制高点。"姜波说。

除了新能源，机器人、石墨烯等新兴产业近年来也在青岛风生水起。

在双星集团逾万平方米的轮胎生产车间里，忙碌的机器人来回搬运原料，输送到设备上压制成胎胚。偌大车间里，11 种 128 台智能机器人分布在各个生产线上。轮胎生产环节中的分拣、检测、输送和仓储均由机器人完成。

这是 2016 年 6 月双星集团新投入使用的智能化生产线，被誉为全球首个商用车胎工业 4.0 工厂。智能化的生产流程使劳动强度降低 60%以上，劳动生产率是过去的 3 倍以上。

图 3-12　在双星集团逾万平方米的轮胎生产车间里，轮胎生产环节
中的分拣、检测、输送和仓储均由机器人完成，图为检测环节

不仅用机器人，而且还生产机器人。2016年双星集团和全球领先的机器人制造商瑞典 ABB 集团签署协议，ABB—双星工业机器人应用技术创新中心已在青岛高新区安家落户。

项阳青介绍，青岛高新区已成为国内首个"国家机器人高新技术产业化基地"，全球机器人"四大家族"也齐聚于此。到 2016 年上半年，青岛落户机器人项目 66 个，其中直接从事与机器人及相关配套项目 40 个，总投资超过 116 亿元。

立泰山之巅方为壮阔，居海洋之畔方观波澜。

依海而兴的青岛，有着约 800 公里的海岸线，近海海域 1.22 万平方公里，有着广袤的海洋资源，一批围绕海洋做文章的新兴产业临海而起。

2015 年年底，我国海洋领域唯一的国家实验室青岛海洋科学与技术国家实验室正式启用，也为我国海洋发展提供了新的科技引擎。"我们 15 个功能实验室涵盖了国内所有的海洋重点学科。"在青岛市工作生活 40 余年的中国工程院院士、国家实验室学术委员会理事长管华诗表示。

青岛市集聚了实力雄厚的海洋科研人才资源，拥有全国30%的海洋科研机构，50%的海洋高层次科研人才，70%以上的涉海两院院士，各类海洋专业技术人才达 5000 余人。

"善弈者谋势。"如今的青岛借助雄厚海洋人才实力、国家深海基地等顶级优势，正在全力向深蓝时代迈进。就在 2015 年，青岛已率先发布了"海洋+"发展规划，向深蓝时代进军，一批领先企业正在崛起。

青岛明月海藻集团主导产品海藻酸盐规模稳居世界第一，目前正向海洋功能食品、生物医用材料等产品全力升级，又将迈入新的跨越期。

青岛中皓生物技术有限公司，以海水鱼类胶原蛋白为主要材料制成的角膜载体支架，开创了海洋生物材料应用于人体器官重建领域的先河。

山东省科学院海洋仪器仪表研究所，研发的国产新一代水下焊接与切割、钛合金厚板焊接设备即将进入到量产阶段，将改变我国依赖进口的局面。

海洋监测仪器仪表、海洋可再生能源、海洋生物、海洋环境保护……一个又一个创新成果在不断涌现。

据初步核算，仅 2016 年上半年青岛就实现海洋生产总值 1042 亿元，增长 12.3%，增速高于 GDP 增速 4.9 个百分点。海洋生产总值占 GDP 比重上升到 23.1%，对 GDP 增长的贡献率达到 34.4%，为青岛市产业调整提供了足够的"底气"，也增添了全新动力。

大国装备夯实"发展基石"——以战略眼光谋划新空间

高端装备，国之重器，也是衡量一国制造业水平的关键标准。

在青岛中车四方厂区内，至今仍摆放着一台 64 年前"八一号"蒸汽机车原型，这台机车浓缩着青岛重型装备制造业的沧桑与辉煌：

新中国成立之初，当时国内可统计的火车机车有 4000 多台，但却没有一台是中国人自己制造的。

历史选择了青岛。1953 年，新中国第台机车"八一号"在这里试制成功。"八一号"的诞生，奠定了新中国机车工业变修为造的重大转折。

昔日的老四方机车厂，如今已成为驰名中外的"高铁摇篮"。

从这里驶出的 CRH380A，创下时速 486.1 公里的世界高铁运营试验第一速，这里开出的高速动车组，超过 1000 列。

"青岛制造既有传承，也有创新，每个城市的制造都是在不断总结中前进的。"青岛市社科院社会研究所研究员张树枫说，青岛不仅有着轻工业的辉煌，更有着重型装备制造业的传承基因。

大块头有大智慧，发展高端装备凸显一个城市的长远眼光。

约 90 米高，4 条可升降的桩腿，可供数百人吃住的海工平台，这样的一个个恰似"变形金刚"式的庞然大物，就坐落在青岛海西湾船舶与海洋工程产业基地内。

"这一个平台，其售价就好比一架波音 737 飞机。"青岛海西重机有限公司董事长孙国庆说："大型高端装备正是一个国家综合实力的象征，也能抢占制造业的高地。"

记者采访时，海西重机在造的还有 3 座 110 米电动齿轮齿条升降式海工平台，将分别于 2016 年下半年和 2017 年上半年交付，并于 2016 年 8 月新签订了 6 座自升式海工辅助平台建造订单，是目前国内手持订单量最大、成功交付海工平台数量最多的海工服务平台生产制造企业。

船舶制造，最具海洋气息的工业符号，集多种产业门类于一身，也衡量着一个城市乃至国家的工业水平。山东半岛处于日本、韩国和中国构筑的世界造船业"金三角"地带，青岛造船业的崛起，占尽天时地利。

"具备世界眼光，立足国际前沿，迈向全球市场"——这是青岛发展船舶等海洋工程的思路和目标。

近年来，青岛市先后引进中船重工集团、中国海洋石油总公司、中国石油天然气集团等船舶和海洋工程领域最强"国字号"企业，以及三菱重工、瓦锡兰等造船和研发配套的国际大公司，投资亿元以上的船舶重点项目超过 10 个，总投资达到 200 亿元，已完全具备建造 10 万吨级 FPSO（浮式生产储油卸油装置，俗称"海上石油工厂"）、大型船用柴油机、曲轴、海上采油平台上部模块等高端产品的能力。

依托技术创新，一大批高端装备从青岛走向海内外，一批"大国重器"从这里走向全球，"青岛制造"显示出大国重器的高端水平。

作为高铁，中车四方累计在新加坡获得 916 辆地铁车辆订单，实现我国首次向发达国家出口高端地铁车辆。

作为高端海工装备，2016 年上半年由中海油青岛海工承建的俄罗斯亚马尔 LNG 建造项目的三个核心工艺模块顺利装船并将运往北极。这是中国首个自主设计建造的液化天然气核心装备，也是中国首次对外输出 LNG 核心工艺模块，标志着"青岛制造"已顺利打入国际高端油气装备市场。

……

据青岛市经信委介绍，2015 年全市规模以上装备制造企业达 1769 家，累计完成工业总产值 8430 亿元，同比增长 10.9%，成为全市经济增长的"压舱石"。

浩渺行无极，扬帆但信风。

立足青岛，放眼全球，"青岛号"制造业的这艘大船正在全球竞争中乘风而行，承载着在制造业前沿领域中实现领先的重任，也正努力在未来制造业版图镌刻上"青岛制造"的新标签。

所有的相遇，都是"酒"别重逢

——从一瓶酒的"功夫"看中国制造

在啤酒市场，"TSINGTAOBEER，我的最爱"，成为海外消费者在社交网络上的习惯表达。

如同李小龙成为中国功夫的化身，青啤也成为中国品牌的符号。

记者在调研中，通过青啤的种种"功夫"特性，感受中国制造的底气。

传承诀："慢酿"百年微生物

功夫之道，在于积累。

对于百年青啤来说，一个是酵母，另一个是人。

酵母这个无法用肉眼看见的"小精灵"，被称为"啤酒的灵魂"，对啤酒的口味至关重要。

据说可口可乐口味百年不变，是因为其在美国得克萨斯州的一家银行保险柜里躺了一张不示秘方。而酵母，这个不能待在保险柜里的活的微生物又如何抵抗时间侵蚀，保持基因的延续呢？

答案是带有"遗传指令"的DNA。"我们在国内首次开发了214种物质的定性分析和174种物质的定量分析方法，确立了'啤酒风味指纹图谱'。"青啤公司研发中心主任尹花说。

图谱技艺的发挥，让这种DNA最大限度地保证了啤酒风味的一致性。无论身在青岛还是拉萨，地处纽约还是巴黎，抑或世界任何一个地方，青啤风味得到

100%的"遗传"。

百年酵母"活力青春"，百年技艺慢酿传承。

通常，发酵如果由"慢"变"快"，既可以降低成本，也可以压缩生产时间。但青啤采用"超长低温发酵工艺"，以确保这一"小精灵"健康，基因得以延续。

青啤公司董事长孙明波说，人才培养是高品质的保障，也是支持青岛啤酒长青的重要基因。

图 3-13　青岛啤酒股份有限公司董事长孙明波

在青啤干了 25 年的李新海，就是这样一位"慢酿传人"。他带出的徒弟，5人成为公司酿酒师，20 多人成长为各工厂技术骨干。

"工匠精神是执着追求一门手艺的精湛，要一丝不苟、精益求精。"李新海说，酿造手艺既有智造的技术研发引领，也要有师傅口传心授的代代传承。

图 3-14　百年工匠精神薪火相传，青岛啤酒技能大师李新海（左一）将技能传授给团队

早在 1963 年，《青岛啤酒操作法》就成为了中国啤酒行业的国家标准。穿越百年时光锦绣，历经 113 年青啤口味纯正依旧，口味演变出 20 多种，品类 1500 多种……

品质诀："千锤百炼"底气足

青岛登州路 56 号，一个金灿灿铜铸的"100"纪念碑，象征着百年青啤的辉煌历程。

青岛啤酒厂旧址，现今的青啤博物馆。在一处显眼的位置，躺着一只带毛刷的啤酒瓶，静静诉说着一次偶然发生的质量事故，成为青啤发展史上铭记的一笔。

图 3-15　青岛啤酒博物馆（新华社记者徐速绘摄）

1978 年 4 月 10 日，一只从洗瓶机上偶然脱落的毛刷在出口香港的产品中被发现，引起"轩然大波"。正是这次事件，让青啤人从灵魂深处记住"质量是企业的生命"这个简单而深刻的道理。

4 月 10 日，已经成为青啤人每年的"提高质量纪念日"。

"作为中国最早出口创汇的中国制造，青岛啤酒不仅代表着中国啤酒工业的形象，还代表着中国制造的形象，品质上不能有一丝一毫的放松。"孙明波说。

每瓶啤酒都是酿酒师的尊严。市场再热销，产品再供不应求，也撼动不了青啤对质量的坚持。有一次，一个客户赶上春节盼早拿货，希望缩短工期并承诺以更高价格买入，结果遭到一线工人的坚决反对。

"大家宁可放弃利润，也不愿意在质量上打任何折扣。"青啤公司总裁黄克兴说。

一瓶好啤酒历经"千锤百炼"，始自一颗麦粒、一粒大米、甚至一滴水。

在青啤，酿酒用的大米必须是脱壳 3 天之内的新鲜米；生产现场酿造水每隔 2 小时就得品尝一次；酒瓶盖和刷瓶水都要品酒师用嘴把关；啤酒从生产到出厂要经历 1800 多道检测点……

同样的原料成分，相同的麦芽糖度数，啤酒的味道却风格迥异。尹花说："啤酒的独特风味是综合的口味体验，无法单凭仪器，青啤一直在坚持人工品酒。"

凡与酒沾边的，从水、麦汁甚至到洗刷水、酒瓶盖中的垫片等，都要品评，无一例外。品酒师马妮妮说："就是一杯普通的白开水，也要能品出其中的千滋百味。"

图 3-16　青岛啤酒品酒师正在工作（新华社记者徐速绘摄）

记者现场看到，在每次灌装前，最后一道冲洗管路的程序，青啤用的不是水，而是啤酒。

为了练好功夫，青啤有着近乎苛刻的质量控制体系。相比十几种国家标准，青啤的内控标准达到了上千种，远远高于行标和国标。

百炼真金，本色招牌。在最新的品牌价值评估中，青啤的品牌价值为 1168.75 亿元，居中国啤酒行业首位。

青啤公司制造副总裁董建军说，在啤酒这个快消行业，要守住的底线就是质量。"这既是原则，更是信仰。"

创新诀：守正出新破传统

未雨绸缪者，方能胜出。

青啤名满全球，但是董建军依然有着很大的危机感，"我常常想，如果有一天消费者不喝啤酒了怎么办？"

尽管在外人看来，这种担心似乎"多余"，但青啤的转型却早已在路上。

2012 年 2 月 19 日，一条瓶装的生产线突然宣布停掉，换成新的易拉罐生产线。由于换线将大大增加工作量，工人们思想也"转不过弯来"，但新生产线一个月就干到了 120 万箱，火爆的销量证明了当初抉择的正确。

"每次改变就像火车变轨一样。"青岛啤酒厂包装部 6 号线线长郝全青说，最多的时候一天要换五六条线，不过现在大家都欣然接受。

"中国制造"开始登上世界中心舞台，竞争力从何而来？传统企业百年屹立靠什么？

文不按古，匠心独具。

孙明波说，创新是百年青啤永葆青春的基因和法宝。

青啤仅瓶形就从前年的 70 多个品类增加到 183 个。尽管是一个百年老企业，青啤却努力成为"少年派"。从推出青啤快购 APP，到建立社区酒吧，到推出魔兽罐啤酒……青啤的创新功夫永不停步。

"做啤酒就是科学加艺术。"科学就是打造标准化、精细化和可控性的科学管理，艺术则是有像优秀艺术家一样的品酿酒师团队、营销团队，能不断满足消费者个性化需求。

守正出新是青啤的竞争法则。青啤内部分化出"红军""蓝军"两支队伍，俨然成为艺术创新工场。"红军"负责销售和开发广为消费者熟悉和喜爱的老产品，"蓝军"则负责开发新市场，为青岛啤酒的下一步市场战略寻找方向。

IPA、鸿运当头、白啤、黑啤、果味炫奇……虽然青啤推出的新特产品只占到公司产能的 2%，但它们代表了青啤的未来。

以海内外消费者需求为本，青啤占领国内市场，走出国门步履铿锵，频频赢得"舌尖"上的荣誉。

在青啤博物馆里，有一个展台专门展示着销往世界各地的青啤品种，记录着青啤"走出去"的足迹。十二生肖、八仙过海、中国结、大熊猫……青啤将中国元素融入到创意设计中，成为中国文化对外传播的重要载体。

如今，青岛啤酒已经远销 90 多个国家和地区，在好莱坞大片中也频现青啤的身影，成为老外生活中不可或缺的中国味道，2016 年上半年公司海外市场销量同比增长 16%。

所有的相遇，都是"酒"别重逢。百年来，青啤以酒为"桥梁"，拓展全球"朋友圈"，这张中国制造的金名片，彰显着独特的中国功夫。

从产品"走出去"到模式"走出去"

——青岛制造"出海"记

诞生于滨海城市的青岛制造业，与生俱来就有"出海"闯荡的"心愿"。

从青岛啤酒、海尔冰箱和高铁等产品出口，到在海外建立生产工厂、研发基地和营销网络，再到现在以海尔"与用户零距离"和"青建+"为代表的模式输出，青岛制造与时俱进，积极参与国际制造业分工并抢占发展先机。

坐船出海：青岛制造走向世界

青岛啤酒几乎与这座城市同龄。从 1903 年建厂开始，青岛啤酒就没有停止过国际化的步伐。截至目前，青岛啤酒远销美国、日本、德国、法国、英国、巴西等 90 多个国家和地区，占到中国啤酒出口量 50%以上。

青岛啤酒股份有限公司董事长孙明波说："国际化不是我们想不想做、要不要做的问题，而是必须做的问题，不国际化企业就没有出路。"

啤酒作为舶来品，青岛啤酒要想拓展西方市场的难度可想而知。为了找准美国市场最受欢迎口味，青岛啤酒新纯生团队拿着一沓沓调查问卷，一遍又一遍地做新产品测验。出口美国市场的新纯生不仅在口味上做了改变，在包装上也改头换面。现在，美国已成为青岛啤酒海外市场的重要板块。

改革开放以来，烙有"青岛制造"的家电、轮胎、服装和食品等越来越多地"走出去"，青岛制造"出海"闯荡的力量得以迅速释放。

一些"大国重器"成为近年来青岛制造"走出去"的耀眼新星。中车青岛四方机车车辆股份有限公司作为国内轨道交通装备行业"领头羊"，在新加坡获得 916 辆地铁车辆订单，在阿根廷获得我国出口量最大的 709 辆城际动车组订单，在芝加哥创下了我国单次出口发达国家地铁车辆最多纪录——846 辆。

在青岛西海岸新区东部海域，矗立着几个大块头海工装备，方形主体、4 条高 110 米的桁架式桩腿……这是由青岛海西重机自主研制的多功能自升式海工平台，主要用于辅助海上油气开采。

"从 2013 年以来，我们向中东等地区出口了 6 台这样的自升式海工平台，在建的还有 3 台。现在企业一半以上的业务都是自升式海工平台。"青岛海西重机有限责任公司副总经理代振华说。

高铁、海工平台等大国重器从青岛走出国门，也呈现出"青岛制造"的后劲与底气！

打开市场：生产、研发和营销"本土化"

在"走出去"进程中，青岛制造逐渐打开了市场，越来越受到海外消费者认可，青岛制造从"走出去"开始向"走进去""走上去"转变，探索生产、研发和营销"本土化"。

海尔集团是青岛"走出去"先行者。海尔集团副总裁刁云峰说，海尔之所以能获得全球用户认可，重要原因就是海尔的本土化优势。目前，海尔已成功进入 100 多个国家和地区，成为当地主流品牌。

截至 2016 年 10 月，海尔在全球建立了 5 大研发中心，24 个生产制造基地，海外本土化产销比例已达到 55%，并根据本土化用户需求，企划和开发适应当地化需求的产品。

例如，在美国市场，当地海尔研发机构设计出容积为 500 多升的冰箱，一个抽屉能放下一只完整火鸡，满足了美国用户在感恩节储藏整只火鸡的需求；在巴基斯坦，海尔根据当地家庭人口多的特点，专门设计了一款超大容量的洗衣机。

青岛另一家电巨头海信发展海外市场已有 20 多年历史，并在海外"扎下了根，长出了果"。目前，海信在美国、加拿大和德国等地拥有研发中心，在南非、埃及、墨西哥、阿尔及利亚以及捷克建造了生产基地。

在"走出去"过程中，生产、研发和营销"本土化"在青岛制造业各个领域开花结果……

软控股份有限公司是依托青岛科技大学发展起来的集团化跨国企业，为橡胶企业提供软硬结合、管控一体的信息化整体解决方案。

"我们吸引全球人才为全球服务。"公司董事长袁仲雪说，"软控研发团队有约20%是国外科研人员。此外我们在美国、欧洲和越南建立了研发中心，并通过技术孵化在伊朗、泰国和越南孵化出了多家规模在30亿元以上的子午轮胎企业，全部是交钥匙'工程'，实现了技术'走出去'。"

模式输出：青岛制造"走出去"的新品

互联网时代，海尔探索"与用户零距离"商业模式。在这种模式下，海尔内部没有层级管理，所有员工都组成创业团队与用户需求直接对接，谁能满足用户需求、创造价值，谁就能受益，否则就必须离开。

刁云峰介绍，海尔将这种模式推向海外收购的日本三洋白电和新西兰国宝品牌斐雪派克。日本三洋的一些高管不理解这种做法，选择了离开，但海尔坚持推行。日本三洋白电业务曾连续8年亏损，被海尔并购8个月后扭亏为盈，海尔新商业模式得到验证。

2015年4月，斐雪派克占据澳大利亚滚筒洗衣机市场份额第一，而18个月前，其滚筒洗衣机在澳大利亚市场份额近乎为零。

青建集团自1983年"走出去"，先后在30多个国家和地区开展过国际工程承包和劳务合作，目前在海外30多个国家设有常驻机构，市场遍布东南亚、中东、非洲、大洋洲和欧洲。

为此，青岛市发挥青建集团等重点企业的海外渠道优势和人才资源优势，培育"青建+"模式，由青建带动青岛优势产品、重点项目、产业金融和现代服务业"走出去"。2015年8月，青建集团在利比里亚、科特迪瓦等国家建设了中国商品展销中心，打造青岛在海外的商品展销旗舰店。

目前，青建集团已与澳柯玛集团、青啤集团、饮料集团、利群集团、琅琊台集团等青岛知名企业签署综合性战略合作协议，冷柜、啤酒、崂山矿泉水等青岛优势产品通过青建"出海"。2015 年，青建集团通过"青建+"模式实现出口增长 7 倍。

青岛建设装饰集团就把房子装饰"装"到了阿尔及利亚等非洲一些国家，包揽体育场、机场装饰等业务。"要把青岛制造的标签传播到世界各地，这是一举多赢的事情。"青岛建设装饰集团董事长张波说。

青岛市商务局相关负责人介绍，近年来，青岛外贸主体队伍结构不断优化，实力不断发展壮大。国有企业、外商投资企业占比降低，民营企业占比增加，对外贸的贡献率超过 50%。

统计数据显示，目前青岛有外贸实绩企业 1.4 万家，出口额超过 5000 万美元的企业 138 家。2015 年，在全国出口负增长背景下，青岛市出口额达 2817 亿元、同比增长 0.2%，高新技术产品和机电产品出口分别增长 20% 和 6% 左右。

青岛市商务局表示，青岛将通过多式联运综合贸易枢纽和境外经贸合作区建设、国际产能与港口合作等方式深入拓展与"一带一路"沿线国家和地区对外经贸合作的广度与深度。

爬坡过坎闯关成功，方能"柳暗花明又一村"
——从青岛制造看中国制造如何迈过"八大关"

红瓦绿树，碧海蓝天，青岛的风景名胜"八大关"最能体现这一特色。韶关路、嘉峪关路、正阳关路……这里纵横着八条以著名关隘命名的道路，故得名"八大关"。

爬坡过坎闯关成功，方能"柳暗花明又一村"。透视青岛制造的探索，能给正在转型升级、由大变强的中国制造带来一些启示。

基础关：不少"关键环节"仍需打通

国盛之基，在于制造；制造之兴，在于强基。

"制造业基础零部件、基础工艺、基础材料和产业技术基础，这'四基'能力薄弱，已经成为制约我国制造业质量提升和创新发展的症结所在。"工信部规划处处长姚珺如是说。

基础薄弱一直都是我国工业发展的痛点。尽管我国的工业机器人应用程度已经很高，但精密减速机、控制器、伺服系统等关键零部件大部分仍需依赖进口，占到整体成本的70%以上，导致中国企业很难在国际竞争中胜出。

在走访的青岛企业中，记者也发现，一些大型制造企业的创新走在前列，但有的关键零部件还需进口。

尽管我国已自主掌握高铁生产的整套技术，但有些重要轴承和特殊的铝合金及钢板，由于国内没有特殊材料，每年还需进口。中车青岛四方机车车辆股份有限公司有关技术负责人说，我们仍有短板，不能懈怠，更不能自满。

基础技术研究是"四基"中的基本。"十三五"规划纲要明确提出要加强基础研究，而实际上我国的基础研究占研发的比例在过去 20 多年中，一直在 5% 左右徘徊，与经合组织国家 5%～20% 的标准依然有较大差距。

值得关注的是，记者调研发现，不少青岛制造企业已经意识到这一问题，主动加大研发和自主创新，不断缩小差距。

致力于橡胶产业的青岛软控股份公司，为了加强基础研究，建立了中国橡胶轮胎行业唯一的基础研究机构和世界级橡胶行业高水平实验室，目前已经填补了国际空白专利 100 余项。

《中国制造 2025》规划已把工业强基作为重点实施的工程之一。青岛科技大学副教授姜铭建议，要以产业需求和技术变革为牵引，将新的技术元素及时纳入"四基"发展。

创新关：过硬技术是企业竞争的"王道"

从传统的家电制造商，到高精度医疗设备，再到城市智能交通，海信集团一直践行着"技术立企"这一理念。

"技术创新跟不上，就没有生存空间。"海信集团副总裁汤业国说，"所有的产业都是从技术开始，不掌握技术绝不能干！"

尽管加快创新已成为我国制造企业的共识，但原始创新少、核心技术落后依然是我国制造业长期存在的问题。

《2015 中国工业发展报告》中相关外汇数据显示，到 2013 年，我国向海外支付专有权利使用费和特许费 210 亿美元，从海外获得仅有 9 亿美元，差距悬殊。

唯有掌握核心技术，才能跃居发展高地。

近些年，海信坚持创新，打造行业标准。"海信在 LED 背光及 ULED 显示领域累计申请国内专利 170 余项，国外专利 15 项，获得欧洲及美国专利授权，主持制定了相关国际标准。"海信集团品管部副部长朱淑琴告诉记者。

致力于海洋生物产业的明月海藻集团，已在海藻酸盐医用敷料生产上实现国产化，打破国外在技术和价格上的垄断。董事长张国防感触颇深："创新有可能找死，但不创新便是死路一条！"

一些专家建议，在创新中，政府部门要更加注重引导创新要素流动和聚集，搭建加强创新交流合作平台，促进核心技术突破的"生态系统"的形成。

目前，青岛确定了中科系、高校系、央企系和国际系"四条主线"集聚高端创新要素，从中科院、知名高校、企业科研机构及国际高端研发机构引进创新资源。

人才关：没有一流人才就没有一流制造

造物先造人。

在青岛，既有郝建秀、许振超这样的工匠级劳模，又有以张瑞敏为代表的一批优秀企业家，才成就了青岛制造的品牌。

先进制造业的创新发展，既需要高端研发人才，也包括精湛工匠人才，更需要企业家团队。

"一流的制造业要靠一流的人才。"姚珺说，工业化水平提高对工人素质和创新精神提出了更高要求，但目前我国产业工人人力资源还不能适应新兴产业发展要求，成为制造人才短板。

为加大人才培养力度，青岛市通过"211 计划"加大对人才的引进。"2"是引进 2000 名高端人才，基本上是院士、教授级别的；一个"1"是引进 1 万名紧缺重点人才，基本是博士级别的；再一个"1"是引进 100 万名支撑人才，基本是本科以上的。"十三五"时期，青岛人才总量将达到 165 万名。

引进后的重点在育。"一个城市的高度不在摩天大楼多高，很大程度在于大学水平。"李群说，未来青岛要有国际一流的学校和学科。

"没有好企业家，就没有好企业。"青岛市经信委主任项阳青认为，目前青岛还要进一步加强对企业家的培养，"我们要努力做到，在青岛有无数个张瑞敏出现。"

质量关：制造业由大变强的一道生命线

中国制造，质量是基础。"基础不牢，地动山摇。"

一直以来，质量问题都是制约制造业发展的瓶颈。据近年来的统计，我国制造业每年因质量问题直接损失上千亿元。

"质量是制造业发展的生命线，是支撑经济转型升级的基石。"赛迪规划研究所副所长程楠说，中国要实施制造强国战略，必须过质量这一关。

在质量关上，青岛的"五朵金花"企业名不虚传。"砸出来"的海尔，"逼出来"的海信，"烧出来"的双星，"停出来"的青啤……质量意识已经深深刻进青岛制造人的心中。

在有着百年历史的青岛啤酒厂，"质量是企业的生命"原则已经融入所有职工的血液中。为了保证产品质量，青啤设计了包括水、微生物、酿造工艺等多个环节在内的1800多道质量检测点，实现了层层检测无盲点。

经济新常态下，我国制造业也要实现从依赖资源价格和人力成本的低价竞争优势，转向依靠质量升级和品种优化的竞争优势。

随着技术进步，自动化和智能化成为提高产品质量和生产效率的手段之一。双星集团于2016年6月新投入使用了智能化生产线，单台设备的产出率提升50%，产品不良率降低了80%以上，合格率达到99.8%。

提升质量，标准先行。定位于"世界眼光、国际标准、本土优势"的青岛，积极推动"标准+"建设，目前由青岛市承担、主持的国家级和国际级标准制定有25项，在同类城市中排名第一。

"未来要更加强调新的技术革命对提高质量的促进作用，用工业4.0的信息化、智能化的新技术、新方法，更好地解决质量问题。"中国工程院院士周济说。

智能关：制造业脱胎换骨要跨的一道坎

制造业该以何种姿态迎接互联网时代的冲击？

"不触网就死亡！"海尔集团董事局主席兼首席执行官张瑞敏如此回答。

　　"互联网+先进制造业+现代工业"将成为中国经济发展新引擎，推动广大制造企业产业模式的升级换代。"能否闯过智能关，不仅关系企业能否挖掘新动能，更是传统制造业要迈过的一道生死关。"帕勒咨询公司董事罗清启说。他认为，两化融合立足于两种模式：一是产品智能化制造，二是商业模式再造。

　　将互联网思维融入工业生产，培育新的生产方式和产业模式，甚至颠覆组织管理，在青岛的多家企业已经悄然展开。

　　曾经的传统服装生产企业红领集团，在工业与互联网的融合中，如今已经摇身变成了"魔幻工厂"，西服定制从最初的个性设计到最后的成衣配送压缩到 7 天。当下，红领正在向工业制造方案提供商转型。

　　海尔则用互联网思维，对整个企业的商业模式和管理架构进行了重塑。现在的海尔，没有层级，只有平台主、小微主、创客三种人，被视为改变公司治理结构的互联网企业。

图 3-17　海尔智能化生产线（新华社记者徐速绘摄）

　　从工人到机器人，从孤岛生产到智能互联，从大规模制造到大规模定制……青岛制造正逐步形成较为完整的智能生产体系。

转型关：不经历风雨怎能见彩虹

　　当前，中国经济步入新常态，正处在发展方式转变和新旧动能转换的关键期，需要加快推进供给侧结构性改革，促进转型发展。

"我国制造业产业结构不合理，传统产业产能过剩和新兴产业供给能力不足并存。"国务院发展研究中心副主任王一鸣说，推动我国经济结构优化升级，重点、难点和出路都在制造业的转型升级。

曾经是一个传统的老工业城市，青岛如今的产业布局却焕然一新。这主要得益于几年前青岛市推进具有前瞻性的老城区搬迁，加速了产业格局再造。

青岛市北区是搬迁地区之一。截至2016年10月，规模以上工业企业由2012年的109家减少到现在的72家。借助这次搬迁，市北区产业发展重新定位，大力发展电子商务、物流、商贸、酒店等现代服务业。

通过去旧、促新、减负，青岛市对100多家高耗能、高污染企业进行了搬、关、转，并促进了节能环保、海洋生物医药、3D打印等新产业的发展。

"对青岛而言，供给侧结构性改革是必然趋势。我们有信心把青岛制造业供给侧体系的效益提得更高、质量提得更好。"李群说。

环保关：走向绿色发展的必由途径

在青岛啤酒，将啤酒生产过程中的蒸气冷凝水收集起来，利用冷凝水的余热生产冷却麦汁用的冰水；回收发酵过程中的二氧化碳，进行液化贮存，用于啤酒灌装、过滤等生产……这大大降低了啤酒生产过程中的能耗，实现了生产的绿色低碳化。

在资源和环境的双重压力下，如何突破环保关，成为越来越多制造企业的考虑。有资料显示，我国资源利用效率低，单位GDP能耗约为世界平均水平的2倍。

工信部部长苗圩说，要坚持把绿色发展作为建设制造强国的重要着力点，走生态文明的发展道路，实现由资源消耗大、污染物排放多的粗放制造，向资源节约型、环境友好型的绿色制造转变。

绿色制造的一个重要方面，就是加大先进节能环保技术、工艺和装备的研发和推广；积极推行低碳化、循环化和集约化，提高制造业资源利用效率。

青岛软控股份借助青岛董家口港口优势，推出了董家口循环经济绿色一体化项目，打造全球新材料橡胶生产基地。在这一项目中研发出的高性能橡胶新材料，滚阻相对传统轮胎降低 26.5%，实现每 100 千米节油 0.56 升。

"绿色制造要强化产品全生命周期绿色管理，努力构建高效、清洁、低碳、循环的绿色制造体系。"周济说。

活力关：让中小企业后劲不断迸发

执着忠诚，踏实肯干……青岛成长起一批优秀的制造大企业，引领着青岛制造的发展。然而，"大树底下不长草"，青岛在过去一段时间内还存在着中小企业发展活力不足、市场化程度有待提升等问题。

制造业的发展，既需要龙头企业的带领，也离不开中小企业的活力，只有"百花齐放"，才能"春色满园"。

以中小企业为代表的民营经济创造了全国 60% 以上的 GDP，80% 以上的就业，在推进城市化进程中发挥了举足轻重的作用。

据青岛市科技局局长姜波介绍，为了促进小微企业发展，近几年，青岛通过孵化服务，产生一批小微企业，并大力实施"千帆计划"，扶持 2000 家，带动 1 万家科技企业，制定一系列扶持政策，从漫灌到滴灌，聚焦精准服务。

当然，市场的活力不仅来自政策扶持，更需要政府加大简政放权力度，主动做好服务。

在简政放权上，青岛一直在积极探索。青岛市有关负责人说，青岛将按照国家要求持续在提高效率、简政放权方面发力，为企业减负。

一件件工业制品是冰冷的，但工人会赋予它灵魂与温度
——来自青岛制造业一线的思考

从高大上的高速列车，到细小微的零部件，再到一件精致的服装，又或者是一杯醇香的啤酒，无不浸透着匠人的苦心，倾注着制造者的追求。那一件件工业制品是冰冷的，但工人会赋予它灵魂与温度。

一个国家、一个企业的产品品质，离不开制造者的素质和情怀。这一点，在产生过许多知名品牌的青岛制造业身上，就能明显感知。

匠艺——精益求精擎起"中国质量"

在中车青岛四方机车车辆股份有限公司钳工郭锐眼里，把活儿做出来并不难，难的是做出精品，做成艺术品。

"再高端的设备，有时也比不了人工。"记者日前在车间见到他时，他把这种人的作用称作"手劲儿"。吊起、放平、液压、测量……循环往复，这个高铁转向架的组装工作，他做了十年。

连接高速动车组车厢的转向架，不仅承载着列车的整车重量，还承载着列车的牵引及制动，事关安全。与转向架装配直接相关的部件有上千个，一个螺丝组装不到位，就有可能造成崩裂或松动。

"有图纸，不等于就能装好。怎么装，装到什么程度，只能靠自己摸索。"郭锐说，当组装中出现一些既没有规律又搞不清楚原委的现象时，他们都会将装配数据、装配关系重新比对研究，往往要做上百次实验，只为一个零部件安装的某个参数精准度能达到小数点后三位。

在青岛企业里，可以看到很多像郭锐这样的技工，传承着严守职业底线、严格执行工序标准的匠艺良知。

港机制造师刘恩磊能在 0.2 毫米厚的蛋壳上熟练钻孔；铲车驾驶员郭凯可以装卸 40 吨货物，误差控制在 1/2000 以内……

斗转星移，传统的手工作坊早被现代工业抛进历史尘埃。然而，机器的轰鸣只能淹没陈旧的工艺技术，而无法磨灭一代代手工艺人孕育和积聚出的精工文化。

制造业的生命在于质量。源自传统的精益求精、笃实专注、严谨执着、追求极致的工匠精神永不会过时，反而历久弥新，成为当代制造文化中的绚丽花朵。

匠心——创新突破诠释"中国创造"

平凡中铸就非凡，要靠创新突破。新时期的工匠，除了精耕细作，还应有追求卓越的劲头。

如果说吊起"蛟龙号"这艘载人潜水器的是一根直径仅 5 毫米的绳子，你会不会诧异？然而在青岛海丽雅集团，技术中心主任黄涛和他的团队，就把这样的不可能变成了可能。

深海作业充满难以预料的危险，如果"蛟龙号"发生水下故障无法升出水面，就会由这条绳缆将其吊出。原理看似简单，但绳缆的制作却是个技术活。

"9000 米长的绳缆，要占据蛟龙号很大的空间，既不能太粗也不能太重。"黄涛说，为了定制这条"生命之绳"，他和他的团队两个月来日夜攻关，反复进行压力、弹性、硬度等试验，最终交出一条仅 108 公斤的绳缆，不足"蛟龙号"重量的 5/1000。

一条绳子，让这个团队拥有一批"专精特新"的技术积淀，站上了中国特种绳缆的高峰。

当今中国，制造业面临激烈竞争形势和爬坡转型压力，产品品种少、品质低、品牌弱，都需要在创新中求解。"工匠精神"绝不仅意味着一砖一瓦的手艺，而是包含着以创新为导向、以技术为生命、以质量为追求的时代要求。

在洗衣机底部放置一个橡胶材质的抗菌高分子"智慧球"，通过摩擦和撞击即可在清洗衣物时实现桶的自洁。这项创新为海尔该型号洗衣机创下半年销售 20 万台的佳绩。它的发明者，并非力学、材料学专家，而是老员工孙传滨和他的团队。

向 900 多万名用户调研，征集近千个方案，孙传滨团队用了一年多的时间。仅测试智慧球运动轨迹，就做了上万次的实验。"要做就做出名堂。"他说，他们还根据用户反馈不断实现产品迭代。

"工匠精神在于不断颠覆。"海尔集团董事局主席兼首席执行官张瑞敏说，海尔有这样一群小微主，他们时刻准备着用创新颠覆现有模式，不断追逐市场风向，根据用户体验进行产品调整与转型。他们不仅是海尔的未来，更是制造业发展的潜力所在。

环顾全球，制造强国的实现路径和支撑条件各不相同，但制造者的匠心始终是其中的灵魂。正如工信部部长苗圩指出的："匠心是工匠精神的精髓，也是打造中国制造质量品牌的关键。"

匠情——坚守信念铸就"中国品牌"

如果说匠艺造就了质量，匠心彰显了创意，那么赋予产品温度和生命，成就品牌的，则是制造者的匠人情怀。这包含了对口碑的坚守，对用户的诚信、对高品质的执着以及对百年老店的孜孜追求。

每一滴青岛啤酒，都要经历 1800 道检测工序的"千锤百炼"，才终成佳酿。

某种成分略多或者略少一点，普通饮酒者可能体验不出来，但作为品酒师，必须明察秋毫。王庆娟，既是青啤的检测师又是品酒师，在她每天的工作清单上，除了酒和酿酒原料，还包括了瓶盖内垫、易拉罐等包装物件。"但凡和啤酒接触的，我都要品尝。"

"一款啤酒有数千种风味物质，有的风味物质再精细的仪器也检测不出来，只能靠品酒师用舌头把关。"她说。

酿酒用的大米必须是脱壳 3 天之内的新鲜米；生产现场酿造水每隔两小时就得品尝一次；输送酒的管道是用啤酒"刷"干净的；生产所用的压缩空气也要进

行细菌检测……每一瓶青岛啤酒的背后，蕴含着外人无法想象的精雕细琢。

图 3-18　品酒师们正在工作

注入了自己的心血，啤酒也变得独一无二起来。青岛啤酒公司副总裁董建军说，对品质的卓越追求，更像是一种"基因"，刻在每个青啤人的心中。

至今，王庆娟每去一个地方，都买上几瓶当地啤酒，边品边做记录，看看和青啤有什么区别。"青啤就像我的孩子，我希望每个人都能够喜欢它。"

精于工、匠于心、品于行。在加快制造强国建设过程中，需将匠人情怀融入现代工业生产与管理实践，夯实基础，补齐短板。

从青岛制造的异军突起中，笔者感受到，对精品理念的一意坚守，才能换来消费者的信任。

在推进供给侧结构性改革，追求高端制造的今天，中国制造要成功突围并迈上发展新台阶，必须坚持创新驱动，而支撑制造业创新发展的根本是创新型人才，其中就包含技艺精湛的能工巧匠和高级技师。只有拥有众多一流的现代工匠，才能高高挺起制造强国的脊梁。

"青岛制造"挺起大国制造的脊梁
——专访李群

青岛制造有独特之处。青岛从 100 年前就注入了现代工业基因，诞生了青岛啤酒、机车厂和纺织等轻工类的企业。

青岛制造更得益于改革开放。20 世纪 80 年代诞生海尔、海信等制造业"五朵金花"，目前这"五朵金花"还是"盛花"期。

在经济发展新常态下，青岛制造业持续向供给侧结构性改革聚焦、发力，亮出很多新的路数，展现出新的气象。为深入挖掘"青岛制造"的内涵和外延，记者专访了时任山东省委常委、青岛市委书记的李群同志（现任山东省常委、山东省常务副省长）。

"青岛制造的本钱越积越厚"

问：青岛在发展实体经济方面有哪些自己的创造和特色？

李群：在这一轮宏观经济下行周期中，青岛能够稳中有进、进中向好，很重要的一点就是高度重视实体经济，特别是对制造业紧盯不放，早抓、早调、早转，经济结构、产业结构不断优化。

"青岛制造"有着独特的优势。第一有"底蕴"。青岛从一百年前就注入了现代工业基因，特别是随着青岛港建成、胶济铁路通车，这座城市开始有了机车、船舶制造维修业，诞生了青岛啤酒，还有了火柴厂、卷烟厂等轻工类企业。

第二有"块头"。青岛现有规模以上工业企业 4800 多家，2015 年规模以上工业产值达到 1.7 万亿元，在同类城市中排在前三位。特别是"十二五"期间，聚焦电子信息、轨道交通、家电、汽车、船舶海工、机械装备、橡胶、服装、食品、石化等产业，打造十条新型工业千亿级产业链，现在这十条产业链产值已占青岛工业的 75%，有 6 条产业链产值过千亿元。

第三有"品质"。"青岛制造"的一条重要经验就是注重抓品牌建设，实施品牌战略。青岛 GDP 在同类城市中排第 7 位，但青岛的中国知名品牌、品牌企业数量，却是同类城市第一。

"青岛制造"的"本钱"还体现在青岛有一批优秀企业。现在"青岛制造"主要有三支力量在支撑，第一支力量是以"五朵金花"为代表的已有动力，它们仍在不断跟踪世界前沿、持续发力。第二支力量是一批新进动力，像中车四方、德国大众汽车、空客直升机、惠普大数据、机器人和石墨烯产业等。第三支力量是通过"大众创业，万众创新"，从全市千万平米孵化器中走出的科技型"小微"，不断成为"独角兽"企业。

"青岛制造"最重要的"本钱"，是在国家战略与全球产业链中的准确定位；科学的城市空间布局；国家利益为先的责任担当。

青岛市定位为"国家沿海重要中心城市""国家海洋强国战略重要支点"，始终围绕国家赋予的这两个定位开展。同时，在国民经济布局和全球产业分工中寻找青岛制造的城市定位和产业定位；在"世界眼光，国际标准"的前提下，让"国家定位"与"本土优势"有机结合。

青岛市在发展制造业过程中，牢记国家责任，以研发、制造"大国重器"为己任：围绕"国家海洋权益"，大力发展深远海大型海工装备，使我国海洋平台屹立于南海；围绕"中国高铁"，大力发展先进轨道交通，让"青岛高铁"奔驰于全球。

相信"十三五"时期"青岛制造"的"本钱"会越积越厚，名气也会越来越大。

"供给侧改革要体现青岛的担当"

问：如何看待供给侧结构性改革与制造业转型发展的关系，又怎样依靠供给侧结构性改革来重塑青岛制造？

李群：对青岛而言，供给侧结构性改革是必然趋势，必须把这个题目做好，而且要努力拿到高分，争取为全国全省多作贡献，体现青岛应有的担当和责任。

针对青岛制造业供给侧的短板，我们主要抓了"三个三"：第一个"三"是"互联网+""海洋+""标准化+"。"互联网+"，就是推进青岛工业向着智能制造转变。目前青岛的"两化融合"指数已达到 74，比全省平均指数高出 17 个百分点。海洋经济是青岛的优势，我们提出"海洋+新技术+新产业+新业态"的供给侧路径，这几年青岛海洋生产总值都是两位数增长，2016 年上半年总量占到全市经济总量的 23.1%。制造的生命在标准，我们提出把"标准化+"作为城市战略来抓，推动青岛制造业在新一轮竞争中持续提升品质。

第二个"三"是蓝谷、西海岸新区和红岛高新区"一谷两区"。未来经济，某种程度上讲就是平台经济，所以我们打造了"一谷两区"三大平台。蓝谷围绕国家战略特别是海洋战略来布局，未来蓝谷将聚集最高端的海洋科技研发资源。西海岸新区是国家级新区，突出海洋经济特色，形成大而强的制造业新平台。红岛高新区在做高做新上下功夫，形成软件信息、生物医药、新材料、智能制造的新聚集。

第三个"三"是"去旧、促新、减负"。去旧，就是"腾笼"，特别是对城区100 多家高耗能、高污染企业，我们启动最大规模的搬、关、转，坚决淘汰过剩产能。促新，就是"换鸟"，促进新产业、新动能的形成。减负，就是大刀阔斧地为企业降成本。青岛制造业百元产值成本持续下降，2015 年降了 1 元，2016 年上半年又降了 0.9 元。我们有信心，把青岛制造的效益提得更高、质量提得更好。

"青岛的发展已进入'创'时代"

问：青岛是如何认识和推进创新的？

李群：城市竞争力说到底是创新力，青岛发展已经进入了"创"时代。从青岛"十二五"时期以及 2016 年上半年的经济情况看，创新指标都要高于其他增长指标，创新对青岛经济稳中有进发挥关键作用。

第一，创新要有"载体"。我们在"十二五"时期围绕创新规划建设"三个千万平方米"工程和"千帆计划"，青岛的国家级众创空间数量在副省级城市中列第二位。

第二，创新要有"支撑"。青岛创新有 4 个支撑系，即"高校系、央企系、中科系、国际系"。比如"高校系"，我们和 24 所国内知名高校签订合作协议，在青岛建设研究院或研究生院。再一个是"央企系"在青岛设立相关研究机构。"中科系"是指中国科学院的创新资源，目前在青岛形成"两所八基地一中心一园一城"格局。"国际系"，是吸引世界知名研发机构向青岛聚集。这些创新力量，将为青岛"十三五""十四五"发展发挥重要支撑作用。

第三，创新要有"体系"。就是要把科技体制与成果转化体系、金融体系、行政体制等改革紧密结合。青岛近年来注意引进培养技术经纪人，引进建立科技中介机构。2015 年全市技术交易额达到 89.5 亿元，一个五年规划期就增长 6 倍。科技与金融的融合也非常重要，我们设立蓝海股权交易中心，为科技型企业提供股权融资服务，已有 90 多家科技企业挂牌。我们还推进科技管理体制机制创新，几个重要创新平台都在"去行政化"。

问：怎么看待"一带一路"战略带来的机遇？

李群：青岛立于开放，兴于开放，开放是城市发展的源头活水。特别是近几年，习近平总书记提出"一带一路"战略，这为青岛开启了新一轮开放的"机遇之窗"，也开启了新的"筑梦空间"。

"最大的收获之一，是培育了一批优秀企业家"

问：青岛制造的背后人的因素有多大？未来"青岛制造"后继有人吗？

李群：毫无疑问，先进制造业的发展要靠人才来支撑。青岛制造走到今天，正是靠张瑞敏等一批优秀企业家，形成青岛制造的品牌；正是有郝建秀、许振超等一批大国工匠，支撑青岛制造品牌再创辉煌。

回顾青岛制造业发展历程，我们最大的收获之一，就是培育了一批优秀企业家。企业家能够在青岛安心地创新创业，首先是有适合企业家成长的人文环境。这些年来，我们下力气构建新型政商关系，尽好亲商、安商、富商之责，不遗余力为企业家服务，让他们放开手脚、安心"唱戏"、尽展所能。

先进制造业的发展，更要靠人才。这既包括企业家人才、高端研发人才，也包括精湛的工匠人才。人才从哪里来？一是"引"，我们实施"英才211计划"，引进2000名高端人才、1万名紧缺重点人才、100万名支撑人才。青岛"十二五"初期人才总量120万人，到"十二五"末已达160万人。二是"育"，靠自身培养，这需要把城市教育体系构建好，形成一个完备的教育链。三是"用"。青岛注重发挥政策等优势，借鉴国内外人才激励的政策、办法，尽最大可能给人才提供良好发展空间。

青岛制造业也要有危机意识

问：对鼓励企业树立危机意识，营造良好发展环境，做了哪些考虑和安排？

李群：思想是行动的先导。青岛自然环境非常好，康有为先生给青岛"红瓦绿树，碧海蓝天"的美誉。"红瓦绿树综合征"是青岛老书记俞正声同志提出来的。今天个别领导干部，在"红瓦绿树综合征"方面有了新的"症候"，比如自满自足"症候"、自说自话的"症候"等。为了消除这个"症候"，我们开展了寻标、对标、达标、夺标、创标活动。青岛要同国内一流城市比、同世界先进城市比，各行业都要去比较，通过比较找出差距，重新认识定位自己。同时，我们对领导干部既坚持严格要求，又建立容错机制，及时澄清一些错误、模糊观点，目前全市领导干部整体精神状态好，干事创业的主动性、积极性都很高。

危机意识是企业发展成长的动力。青岛制造业也要有危机意识，既要看到成绩和希望，增强必胜的信心，更要看到问题和隐患，保持清醒头脑，努力克服困难、补齐短板。我想，只要始终有这样的危机意识和驱动力，青岛的企业、青岛这座城市一定会继续前行、创造新辉煌。

| 第四章 |
第四个经济时代里的战略性机遇
——精准医学只是第一步

- ↘ 导言 基因组时代，正加速到来
- ↘ 精准医学时代到来 中国加快部署和攻坚
- ↘ 高科技领域的又一场世界性角逐——透视精准医学"热"
- ↘ 精准医学政策的"铿锵进行时"
- ↘ "精准医学让选择变得如此简单!"——走进医院"探"精准
- ↘ "这次引领型发展的历史性机遇，国家真的不能丢失"——与华大基因董事长汪建面对面
- ↘ 迈进精准医学时代，还需跨过多道坎——精准医学焦点问题透视
- ↘ 中国加快研制国产化精准医学设备
- ↘ 在中国，遗传性心血管病正在告别"束手无策"
- ↘ 遗传咨询师：这个高冷的职业你了解多少
- ↘ "这是经济账，更是政治账"——怎样来算"精准医学"这笔账
- ↘ "精准医学可助推中国医学'弯道超车'"——与北京大学副校长、医学部主任詹启敏院士面对面
- ↘ "拥抱精准医学的时刻到了"——十问王辰院士

导言　基因组时代，正加速到来

伴随人类对生命图谱的认知，一扇前所未有的"生命之门"正在打开——大门打开以后照进的第一束"光"，就是精准医学。

正因为如此，凭血液 DNA 研究而开创"无创产前诊断"技术，香港中文大学医学院教授卢煜明在 2016 年摘取了有"中国诺贝尔奖"之称的"未来科学大奖——生命科学奖"。最近，他和他的团队在通过血液测试诊断癌症上也收获了喜人进展。

其实，殊不知，伴随以无创产前诊断为代表的基因科技的飞跃式发展，人类已经进入第四种经济形态——生物经济时代。

前三个时代，分别是农业经济、工业经济、信息经济。

这是美国前总统奥巴马多年前在《白宫生物经济蓝图》中描绘的现实。

这个新时代，也有美国专家称为"基因组时代"。

生物经济时代，不是替代前三个时代，而是前三个时代的叠加、升级和转化。

这个时代，在华大基因董事长汪建的眼里，叫"生命经济时代"，一字之差，其出发点和内涵已经大不相同。

当前，"生命天书"正从"读"到"写"，处在一个大变化、大飞跃的时代。而中国，终于有了一次赶超发达国家的机会——"这次引领型发展的历史性机遇，国家真的不能丢失"。

这种赶超机会、引领可能，正来自过去近 20 年里，中国科学家、创新型企业家矢志不渝的追赶、并肩乃至领跑，来自他们对世界生物技术尤其是基因组学发展趋势的判断和多次技术工具如测序仪几次飞跃发展的机遇的把握。

深圳市原副市长唐杰两年多前的呼吁，也仍在耳畔回响："30多年前，中央能批我们一个经济特区，能不能再批我们一个生物特区？"

"把'唐娃娃'这个病像天花、小儿麻痹症一样从中国历史上抹掉！"伴随技术的进步和成本的下降、政府的介入，汪建的梦想，已经不再是梦想，而是逐步走近的现实……

精准医学时代到来 中国加快部署和攻坚

2016 年以来，伴随中科院、科技部、国家发改委、国家卫计委等部门公布有关重大科研计划和政策举措，中国吹响了进军"精准医学"乃至生物经济时代的号角。

进入 21 世纪，伴随基因组研究的深入、高通量测序技术"超摩尔定律"式的发展，人类对生命有了崭新的认识，2015 年，美国提出实施精准医学计划，在全球引起强烈反响。英、法等国纷纷推出一系列研究计划。

"人类基因组测序技术的革新，分子影像、手术导航和微创技术等生物医学分析技术的进步以及大数据分析工具的出现，都推动了精准医学时代到来。"北京大学副校长、医学部主任詹启敏院士说。

进入 2016 年，中国有关部门加快行动：中科院宣布启动中国人群精准医学研究计划；作为新型健康技术惠民工程，国家发改委办公厅批复在全国建设 27 个基因检测技术应用示范中心；国家卫计委近期公布"临床用单细胞组学技术研发"等 61 个进入"精准医学研究"重点专项的项目清单。

不少地方就精准医学做出部署：湖南、贵州等地出台了支持或者促进基因检测技术应用的政策措施，推动基因检测技术在重大疾病防治上的应用。

第三方基因检测机构涌现，高校、研究所和临床医院纷纷成立精准医学中心，投资机构积极参与……精准医学热席卷神州大地。临床上，精准医学正从大规模的无创产前检测、遗传病检测向肿瘤、心血管、风湿免疫等领域延伸……

要更多了解基因如何影响疾病，掌握的基因组数据越多越好。2016 年 3 月 20 日，华大基因宣布完成全球第一个 100 万例无创产前检测，样本来自 62 个国家和地区。"这是全球基因技术临床应用的第一个百万，帮助避免了 1.4 万余个遗传缺陷儿的出生，标志着我们向'基因科技造福人类'的目标又迈进了一大步。"华大基因股份有限公司执行总裁尹烨说。

"没有精准检测,何来精准医疗？"国家卫计委临检中心副主任李金明教授说，近年来，我国制定了一系列个体化医学检测管理办法及相关指南，并对实验室质量进行了评价。

图 4-1　2016 年 6 月 25 日，在深圳华大基因总部，一名工作人员走进供展示的基因跨组学实验室（新华社记者毛思倩摄）

"我国其实早在'十一五'时期就布局了相关研究，包括 863 计划实施的肿瘤基因组、疾病分子分型和分子分期等项目。"詹启敏说，目前我国基因组学和蛋白质组学研究位于国际前沿水平，分子标志物、大数据等技术发展迅速。

多位专家指出，精准医学目前只是起步，中国仍需加强顶层设计，尤其是亟待提升自主创新能力、共享临床研究资源、完善政策法规。

高科技领域的又一场世界性角逐
——透视精准医学"热"

伴随高通量基因测序技术和医学生物技术的迅猛发展、生命科学知识的日益积累、临床应用的不断探索，医学领域正悄悄发生一场革命。笔者最近两个多月深入北京、上海、广东等地调研发现，在精准医学这一高科技领域的世界性角逐中，我国面临难得的弯道超车机遇，亟待站在国家战略层面加以重视，加强顶层设计，进行全面部署。

从单基因遗传病到肿瘤精准医学，从心血管领域到风湿免疫领域，精准预测、精准治疗、精准预后不再是梦想。

基因测序服务在科研和临床领域逐渐深入，越来越多的生物企业和云计算企业联合攻关，基因组数据每天海量产生……

从基因编辑到细胞免疫治疗，从液体活检技术到分子影像，伴随一股股热潮席卷全球，人们不禁要问：究竟什么是精准医学？中国精准医学的现状究竟怎样？发展精准医学意味着什么？精准医学热的背后究竟是什么？

带着一系列问题，2016 年 6 月至 7 月，笔者深入北京、上海、广东等地调研发现，精准医学热的背后，一场科技革命乃至产业革命正在全球发生，一扇通向未来的大门已经打开……

"理论上，几千种单基因遗传疾病，都可进行高精度植入前遗传学诊断"

23 岁的王强患高血压 3 年多，一直吃 4 种降压药也无法控制，突发脑梗后进行基因检测，发现一种常染色体显性遗传的基因突变，确诊为假性醛固酮增多症。

"这是单基因遗传性高血压病最常见的病因之一。患者往往在 35 岁之前就出现高血压，伴有低血钾、低肾素等症状。"主治医生、中国医学科学院阜外医院宋雷教授说，"我给病人开了靶向药物阿米洛利，结果他血压控制得很好，血钾也正常了。"

图 4-2　阜外医院内科副主任兼高血压中心副主任宋雷教授

从以前每天吃 4 种药不管用到只服一种药见效，在中国，已经有一些患者体验到了精准医学的好处。

"即使患者有相同症状、患相同疾病，也要根据每个人的不同特征进行治疗，为患者选择最可能获益、副作用最小、花费相对低的治疗。心血管疾病治疗正进入精准医学时代。"阜外心血管医院原副院长惠汝太说。

"在基因指导下用药是精准医学的内涵之一，这个大幕刚刚拉开。"国家卫计委医药卫生科技发展研究中心主任李青说。

最近 10 多年来，伴随人类基因图谱的绘制完成、基因突变和疾病关系认识的深化，精准医学正向人们走来：取孕妇 5 毫升静脉血，通过基因测序仪寻找胎儿的游离 DNA，就可以进行无创产前检测，避免"唐娃娃（唐氏综合征）"等染色体疾病新

图 4-3　阜外心血管医院原副院长惠汝太

生儿的出生；通过基因检测，可以找到肿瘤患者的基因靶点，精准用药……

2016年6月1日，美国食品药品管理局批准罗氏公司首个基于EGFR基因突变的液态活检方法，用于检测非小细胞肺癌患者的变异。

从根据基因突变"同癌异治"或"异癌同治"到药物基因组学，再到备受瞩目的液体活检技术——检测血液样本中的肿瘤DNA……肿瘤，已经成为精准医学的主战场之一。

"打个比喻，如果把肿瘤组织比作座机，血液中的游离DNA即ctDNA就是手机，跨越了一个时代。"长期从事肿瘤基因组研究的北京吉因加有限公司董事长易鑫说，"ctDNA是撬动肿瘤精准医学的支点，因为可以早防早治。"

放眼世界，DNA测序已经精确到单个核苷酸。单细胞和单分子技术将引领未来体外诊断技术的发展。

在这方面，北京大学第三医院走在前列。经过多年努力，乔杰院长率领的团队和其他团队合作，已完成21例18种单基因疾病的胚胎植入前诊断，使做试管婴儿的夫妇避免将疾病遗传给下一代，目前9例成功妊娠，验证诊断准确率100%，其中7例分娩健康新生儿。

"理论上，突变基因已知的几千种单基因遗传疾病，都可进行高精度植入前遗传学诊断。"乔杰说。

"基因信息对临床的改变可以说初露端倪，但要说彻底改变还比较远。科学家要和临床专家联合起来，进一步寻找基因、寻找标志物。"李青说。

"精准医学计划是人类基因组计划的'续集'"

"目前临床疾病诊断治疗的现状就像一座冰山，人们看到的只是海面上的部分，治疗的也是海面上的部分，而对海面下巨大的冰床了解还非常有限，这是现阶段临床治疗的局限性。"中国工程院院士、北京大学副校长兼医学部主任詹启敏说，基因组、蛋白质组、代谢组、免疫组等组学技术的发展，大数据分析工具的出现以及分子影像、分子病理的进步，让实施精准医疗有了可能。

所有生物体的 DNA 语言，都可以用 A、T、C、G 四个"字母"即碱基对来表达。21 世纪初，人类基因组计划的完成和诸多物种基因组序列的测定，使生命科学进入一个大爆发时代，人类对生命的认识达到了空前水平。

正是在这一背景下，2011 年，美国基因组学与生物医学界的智库发表《迈向精准医学：建立生物医学研究的知识网络和新型疾病分类法》，宣示基因组学的研究成果和手段可以促成生物医学和临床医学研究的交汇。

"精准医学计划是人类基因组计划的'续集'。"中科院北京基因组研究所原副所长于军教授说。

"基因科学在医疗领域的应用诞生了精准医疗。""基因空间"创始人、基因产业观察家罗奇斌博士说，简单地说，需要对每个人进行基因检测，精准医疗时代标志着基因检测开始成为临床诊断的重要标准之一。

疾病的分型方法因之改变。

"以前在显微镜时代，肺癌就是肺癌，胃癌就是胃癌。"易鑫说，现在人们已经认识到，肿瘤是基因突变导致的疾病，其敏感性、耐药性、预后等都与基因有关。"肿瘤的基因型决定表型，以后就不一定叫肺癌或胃癌，而应该叫某种基因突变导致的肿瘤了。"

疾病的分型更细更精确。

"以乙型肝炎病毒为例，目前可以分为 A、B、C、D、E、F、G、H、I 这 9 个基因型，在我国以 C 型和 B 型为主。"国家卫生计生委临床检验中心副主任李金明说，不同基因型的致病性有所差异，并且与临床表现、预后等都有一定关系。

图 4-4　国家卫计委临检中心副主任李金明教授

伴随基因测序技术"超摩尔定律"式的发展，生物医学领域的发现可以用"日新月异"形容，海量数据蓬勃而出——一篇篇研究论文刊登在重量级国际刊物上，阐述和报告全世界一个个新的发现，人类对生命和疾病的认识一点点加深……

"精准医学使医疗诊断更准确，治疗更有效。"长期从事生物信息学研究的中科院院士陈润生说，更重要的是，利用分子水平的各种组学数据可以帮助人们了解疾病发生的潜在风险，精准医学有可能使当前的医疗体系发生本质性变化，从对疾病的诊断治疗到对正常个体的健康保障，使医疗关口前移。

"精准医学是我国医学发展的历史机遇，是医学科技发展的必然，对目前临床疾病诊断方式、疾病分类类型、临床诊疗路径、规范指南标准，都将产生革命性影响。"詹启敏说。

从跟跑到并跑甚至领跑：中国面临历史性机遇

当前，许多国家把精准医学作为新一轮国家科技竞争的战略制高点，精准医学进入了一个高速发展的新阶段。

——在美国，"精准医学计划队列项目"2016年启动，在2019年前招募100万名志愿者，收集医疗记录、基因信息和生活方式等数据。

——在英国，推出了针对癌症和罕见病患者的"十万人基因组计划"。

——法国近日宣布，投资6.7亿欧元启动基因组和个体化医疗项目"法国基因组医疗2025"，计划在未来10年将法国打造成世界基因组医疗领先国家……

进入2016年，中科院、科技部、国家发改委等部门先后公布同精准医学有关的重大科研计划、政策举措，吹响了进军精准医学的号角。

"系统加强精准医学研究布局，对于加快重大疾病防控技术突破、占据未来医学及相关产业发展主导权、打造我国生命健康产业发展的新驱动力至关重要。"科技部"精准医学研究"重点专项2016年度申报指南开头的一段话，道出了真谛。

透过精准医学，人们看到，一个新的时代正在到来：伴随人类基因组计划的完成和"生命天书"的逐步破译，人类已经从农业经济、工业经济、信息经济进入生物经济时代。

"几十年来的生命科学研究以及日益强大的生物信息获取和利用工具的开发，使人们更加接近以前无法想象的未来之门。"2012 年发布的《美国生物经济蓝图》指出，基因工程、DNA 测序以及自动化高通量分子操纵这三项基础技术的潜力还远未发挥出来。

可喜的是，中国在一定程度上已经做好了迎接新时代到来的准备——中国科学家不仅参与了人类基因组计划，承担了 1%的任务，而且参与了人类单倍体型图计划、千人基因组计划、微生物组计划、肿瘤基因组计划等一系列国际合作计划，积累起相当的生物经济时代的基本能力和人才储备。

基础设施层面，国家发改委、财政部、工信部、卫计委等多个部委和广东省、深圳市联合共建的国家基因库也已竣工，即将投入使用（现已投入使用一年多）。

图 4-5　2016 年 8 月 10 日，在位于深圳华大基因总部的国家基因库-20℃冷库，工作人员查看储存的血液样本（新华社记者毛思倩摄）

而作为精准医学时代甚至是生物经济时代的核心，一批中国企业在国家部委支持下向基因测序仪等核心仪器发起冲击。

值得一提的是，作为人类基因组等一系列国际计划的主要参与者，华大基因继 2013 年并购美国基因测序公司 Complete Genomics 后，研制出了具有自主知识产权的高通量测序仪，不仅自己大规模应用，而且即将大规模推向市场。

图 4-6　已经投入使用的深圳国家基因库

"这意味着我们的测序成本有望不再受制于人。随着基因测序越来越多地应用到临床健康领域，在迈向个人基因组时代的路上，中国人的'推波助澜'将功不可没。"罗奇斌认为。

以精准医学为切入口，在高科技赛场上，中国正面临一个从跟跑到并跑甚至领跑的历史性机遇。

"精准医学是人类医学史上一场深刻变革，是生物经济时代的新引擎，更是中国实施科技创新驱动发展、实现健康中国国家战略的重大历史机遇。"詹启敏说。

"工业经济时代，家家有'工业之花'汽车，人人享受交通便利；信息经济时代，处处有网络和智能手机，人人享受信息便利；生物经济时代，到处都应该有测序服务，人人享受健康便利。现在，我要问：我们不应该准备好吗？"华大基因董事长汪建这样发问。

中国精准医学之路：几大重点任务亟待突破

依据患者基因组信息进行个性化医疗，用二氧化碳直接生产液体燃料，用可再生生物质生产可降解塑料……

笔者在调研中发现，虽然生物经济时代将给各方面带来深刻影响，但健康领域仍然首当其冲，精准医学必将成为一个崭新时代的突破口。

精准医学，已经进入最高决策者的视野。

"从总体上看，我国在主要科技领域和方向上实现了邓小平同志提出的'占有一席之地'的战略目标，三处在跨越发展的关键时期。"2016 年 5 月 30 日，习近平总书记在全国科技创新大会、两院院士大会、中国科协第九次全国代表大会上发表重要讲话，他在谈到"基础科学突破"时"点"到了干细胞研究、肿瘤早期诊断标志物、人类基因组测序。

面向未来，人们异常清醒。

"精准医学的发展总体上是很初步的，因为还有很多未知数。"王辰院士指出。

"应当说，当前是精准医学的早期阶段。"陈润生院士认为，一是人类基因组的绝大部分序列即非编码 RNA，需要进一步研究其功能，二是如何从海量复杂的组学数据中获取生命活动的知识，已成为基因组及相关研究的关键。

专家们呼吁，虽然各主要国家都有相应计划启动，但着力点各有不同，走出具有中国特色的精准医学发展之路，当前有几大重点任务亟待突破。

——建立中国国家生物样本库，加强应用和共享。生物样本库又称"国家生物银行"，存储组织、血液、细胞、DNA 等生物样本以及与其相关的临床资料，建立质量控制信息管理与应用系统。"谁拥有生物样本资源，谁就占据医学竞争制高点，谁就拥有医学未来。"詹启敏这样评价。

"中国是疾病资源的优势大国，加强生物样本资源建设和共享，统一标准和规范认知，是解决中国自身重大疾病的根基。"宋雷说。

为加速数据的挖掘、整合及共享，国家基因库正有序与国际权威数据库开展数据交换与共享，形成全球联盟体系，以支撑引领生物大健康产业和生物经济快速发展。

——把精准医学与疾病预防关口前移紧密结合，加快推进临床应用。

"基因科技已能够快速、准确、经济地检测唐氏综合征、地中海贫血、遗传性耳聋、宫颈癌、遗传性乳腺癌等疾病，可有效控制这些疾病的发生，如能通过政府引导、企业参与，用 5～10 年时间在全国范围内大幅降低这些疾病的发生率，这将是何等令全国人民鼓舞和振奋的情景？！"科技部原部长徐冠华说。

——研发一批国产新型医疗装备、疫苗和抗体，掌握测序、大数据分析等一系列核心技术。

"要实现精准医学，首先是测量技术和手段的精准。"于军说，单细胞和单分子技术将会引领未来体外诊断技术的发展。RNA 直接测序、蛋白质质谱、液体微流控、微纳加工等技术的国内空白都亟待填补。

"中国开展精准医学计划绝不是'跟风'。中国在很多领域与世界精准医学前沿发展几乎同步，完全有能力根据自己的想法、基础发展精准医学，找寻中国自己的方向。"华大基因股份有限公司执行总裁尹烨说。

精准医学政策的"铿锵进行时"

伴随对基因测序、精准医学认识的不断加深，从"十三五"规划纲要到有关部门政策部署，近年来，我国加快了促进精准医学发展的步伐，笔者对此进行盘点。

2014 年 3 月，国家卫计委医政医管局发布通知开展高通量基因测序试点，明确试点的项目包括产前筛查和产前诊断、遗传病诊断、肿瘤诊断与治疗、植入前胚胎遗传学诊断等。

2014 年 6 月，国家食品药品监督管理总局经审查，批准了 BGISEQ-1000 基因测序仪、BGISEQ-100 基因测序仪和胎儿染色体非整倍体（T21、T18、T13）检测试剂盒（联合探针锚定连接测序法）、胎儿染色体非整倍体（T21、T18、T13）检测试剂盒（半导体测序法）医疗器械注册。这是国家食品药品监督管理总局首次批准注册的第二代基因测序诊断产品。

2015 年 1 月，国家卫计委妇幼健康服务司发布《关于产前诊断机构开展高通量基因测序产前筛查与诊断临床应用试点工作的通知》，批准 109 家医院开展高通量测序无创产前筛查临床试点，主要以医疗机构为主。

2015 年 1 月，国家卫计委妇幼健康服务司发布《关于辅助生殖机构开展高通量基因测序植入前胚胎遗传学诊断临床应用试点工作的通知》，审批通过了 13 家医疗机构开展高通量基因测序植入前遗传学诊断临床试点。

2015 年 3 月，国家卫计委医政医管司发布《关于肿瘤诊断与治疗专业高通量基因测序技术临床应用试点工作的通知》，并公布了第一批肿瘤诊断与治疗项目高通量基因测序技术临床试点单位名单。

2015 年 4 月，国家卫计委临检中心发布《关于开展肿瘤诊断与治疗高通量测序检测（多基因检测）室间质量评价预研的通知》，表示将开展该项目室间质量评价的预研，对全国各相关实验室进行调查。

2015 年 5 月，国务院发布《关于取消非行政许可审批事项的决定》，取消第三类医疗技术临床应用准入审批，包括造血干细胞移植、基因芯片诊断、免疫细胞治疗等第三类医疗技术临床应用。

2015 年 6 月，《国家发展改革委关于实施新兴产业重大工程包的通知》发布，将基因检测技术应用示范中心纳入六大重点工程领域之一的"新型健康技术惠民工程"中。

2015 年 7 月，卫计委医政医管司印发《药物代谢酶和药物作用靶点基因检测技术指南（试行）》和《肿瘤个体化治疗检测技术指南（试行）》，进一步提高临床实验室开展药物代谢酶和药物作用靶点基因检测技术，以及肿瘤个体化用药基因检测技术的规范化水平。

2015 年 8 月，国家自然科学基金委员会公布 2015 年申请项目评审结果，第三军医大学的"中国一万例耳聋样本大规模平行测序数据分析及三个新致聋基因的鉴定与致病机理研究"项目，北京大学的"人体基因组嵌合突变鉴定与定量的生物信息新方法开发及突变规律挖掘"等项目获得支持。

2015 年 8 月，湖南省人民政府办公厅印发《湖南省促进基因检测技术应用若干政策（试行）》的通知，旨在推动全省基因检测技术的发展和普及，推动基因检测技术在重大疾病防治上的应用，促进健康惠民。

2015 年 9 月，贵州省政府印发《支持基因检测技术应用政策措施（试行）》，提出要探索建立财政补贴、医保报销和个人自付共同承担的基因检测付费机制，并加快推动治疗药物基因检测、罕见病基因检测按规定纳入医保支付范围。

2016 年 1 月，中科院宣布启动"中国人群精准医学研究计划"，将在 4 年内完成 4000 名志愿者的 DNA 样本和多种表现型数据的采集，并对其中 2000 人进行深入的精准医学研究。

2016 年 3 月，"基因组学"列入"十三五"规划纲要草案："战略性新兴产业发展行动"中提出"加速推动基因组学等生物技术大规模应用"。

2016 年 4 月，国家发改委办公厅下发有关复函，批复在全国建设 27 个基因检测技术应用示范中心，从国家战略层面上加速推动我国基因产业规范化和跨越式发展，旨在大力发展基因检测技术，提高出生缺陷疾病、遗传性疾病、肿瘤、心脑血管疾病、感染性疾病等重大疾病的防治水平，全面提高人口质量。

2016 年 6 月，国家卫计委医药卫生科技发展研究中心在网站上对国家重点研发计划"精准医学研究"2016 年度项目安排进行公示，"临床用单细胞组学技术研发""心血管疾病专病队列研究"等 61 个项目入选。

"精准医学让选择变得如此简单！"
——走进医院"探"精准

精准医学距离百姓有多远？会给人们的生老病死带来怎样的变化？

在国家卫计委、科技部等部委推荐下，笔者走进北京大学第三医院、中日友好医院、广东省妇幼保健院发现，在一些临床医院，以基因组学为基础的精准医学已经悄悄生长……

加快应用："避免更多有出生缺陷的婴儿出生"

"精准医学让选择变得如此简单！未来一切皆有可能！"会议室里，幻灯片上北京大学第三医院院长乔杰的这句话让人印象深刻。

乔杰的自信，来自近年来基因科技尤其是测序技术的飞速发展，人类对生命天书的解读越来越深入，更来自团队的科学实践。

北医三院生殖医学中心是中国大陆首例试管婴儿诞生地，也是目前世界上最大的辅助生殖技术治疗中心之一，门诊量每年以 20%～30%的速度增长，连续两年超过 50 万人次。

"现在对生命的认知越来越多，越来越清晰。理论上 7000 多种单基因病，都可以在基因层面提前介入。"她说，"只要有足够的基因序列信息，就能针对任何遗传异常开展胚胎植入前遗传学诊断，进行染色体及基因筛查，检查胚胎是否携带有遗传缺陷的基因，检测胚胎的 23 对染色体结构、数目，分析胚胎是否有遗传物质异常，从根本上阻断遗传病在家庭中传递。"

有这样一对夫妇，男方患有遗传性多发性骨软骨瘤，想生育不携带致病位点的健康孩子。夫妇俩在北医三院尝试做试管婴儿，通过胚胎遗传诊断，挑选正常胚胎成功移植，健康的孩子于 2014 年 9 月出生。

截至 2016 年年中，北医三院共完成染色体疾病或胚胎遗传学筛查 1504 例，已移植 1141 例，分娩 302 例，持续妊娠 104 例。近两年来，利用高通量测序技术为 39 例患者完成胚胎染色体分析，已经移植 19 例，分娩 4 例，持续妊娠 10 例。团队进一步利用自行开发的基于高通量测序的 MARSALA（非整倍体测序与连锁分析）技术为 41 例病人完成了胚胎单基因遗传疾病诊断，实施移植手术 15 例，5 例成功分娩，8 例还在妊娠中。

乔杰团队与北京大学谢晓亮教授和汤富酬教授等合作，在单细胞测序上走在了世界前列。

"这个成果的创新点是通过分析患者的胚胎细胞，在单细胞水平上进行高通量测序，即可检测致病基因突变位点和全基因组范围染色体异常。"乔杰说。

我国每年有约 90 万个出生缺陷新生儿，不孕不育患者更是难以计数。

"生育障碍影响我国数千万对夫妇，传统辅助生殖技术已经不能满足需求。"乔杰呼吁，应该加快精准医学在妇产科应用步伐，避免更多有出生缺陷的婴儿出生。"要知道，避免一个出生缺陷孩子，就可以减轻社会负担 100 万元。"

"精准医学在路上，过去只有少数科室在用，随着技术提高、成本降低，从妇产科、肿瘤科到眼科、神经科等，用的科室越来越多。为进一步提高临床医疗的精准度，医院更是在 2014 年成立了分子诊断中心。"乔杰说，精准医学发展要有新技术，这就需要对基础医学研究增加投入，还要将相关基因检测纳入医保。

精准用药："这就是我们的差距"

别嘌醇片是一种治疗高尿酸血症的常用药。和其他医院不同，在中日友好医院中医风湿病科，医生如果给病人开这种药，电脑系统会自动弹出提示：该药品药效和安全与患者基因多态性相关，建议进行基因检测。

中日友好医院科研处处长、皮肤性病科主任崔勇说，这就是精准医学在中日友好医院临床的一个应用。"别嘌醇片是一种降低尿酸的药,如果携带一种特定基因的人服用,容易发生重度皮炎,死亡率也比较高,医生就会建议患者进行基因检测。"

笔者在医院门诊了解到,一些患者对基因检测与用药安全之间的关系不太清楚,有些患者因为检测需要一定费用、且基本没有纳入医保不愿意做。

中日友好医院院长王辰院士说,在医院 1000 多种药里,有 110 多种可实现精准用药,涉及肿瘤、心血管病等科室。

皮肤性病科有几种重症疾病,如系统性红斑狼疮、重症药疹、天疱疮等,往往需要长期大剂量用糖皮质激素,患者需监测并防止精神异常、感染、股骨头坏死等。

"目前,精准医学证据显示,如果用药前就检测患者个体基因组信息,就可能避免某些特有不良反应的发生,如股骨头坏死。"崔勇说。

在发达国家,有些药物在使用前必须知道患者基因信息;另一些药物,建议参照患者基因特征使用,以获得更好疗效。

据介绍,目前美国药物遗传学和药物基因组学知识库收录的 199 种个体化药物中,美国食品药品管理局已将 171 种药物相关基因信息标注在说明书上,欧洲药品管理局标注了 89 种。

"199 种个体化药物中有 116 种已在国内上市,但是除了十几种靶向药物外,目前只有'卡马西平'这种药明确需要用基因信息指导使用。这就是我们的差距。"王辰说。

为促进药物基因组学的应用,中日友好医院联合全国 20 多家医院和医疗机构,成立了中国精准医学临床研究和应用联盟,建立适用于中国人群的药物基因组学临床研究与应用体系。

"我们已经修订并发布了《精准医学临床研究与应用质量管理专家共识》,编译并发布了 116 种个体化药物的精准用药指南初稿。"中日友好医院精准医学中心专家王鹤尧说。

王辰建议,应协调多部门合作建立精准医学的研究和医疗体系。国家食药监总局应借鉴国外经验，引导药厂开展基于基因个体化医疗的前期研究；各大医院应教育更多医务人员了解精准医学的优势，推进个体化治疗。

无创产前：出生缺陷在萌芽状态即可知

唐氏综合征即 21 三体是最常见的染色体异常疾病，也是全世界发病率最高的遗传病之一，唐氏患儿俗称"唐宝宝"。另外，18 三体、13 三体也是相对常见的染色体异常疾病。这三种染色体疾病往往导致出生缺陷。

伴随技术进步，近年来，利用孕妇静脉抽血进行的无创产前基因检测技术逐步进入越来越多的医院，对"唐宝宝"的筛查准确性可达 99%，检测 18 三体、13 三体的准确性分别为 95%左右、90%左右。

广东省妇幼保健院从 2012 年 6 月开始进行这三种染色体疾病的无创产前检测，迄今已开展约 1.5 万例，共检出染色体异常胎儿 179 例，1.48 万例孕妇避免了羊膜腔穿刺手术。

"特别是那些本身有先兆流产而又高龄的高风险孕妇，不能进行羊膜腔穿刺手术，无创基因检测技术可以让她们避免穿刺的风险，又能防止染色体异常胎儿的出生。"广东省妇幼保健院产前诊断中心主任尹爱华说。

据介绍，广东省妇幼保健院对所有经无创检测发现的染色体异常的高风险病例，均进一步做了羊膜腔穿刺手术抽取羊水，进行染色体核型分析，综合符合率为 90%。

按照传统产前诊断"金标准"即早孕期绒毛活检和中孕期羊膜腔穿刺术，手术相关的流产风险估计为 0.5%～1%。

"如果每个筛查高风险孕妇都进行侵入性检查，不仅成本高，而且将丢失许多正常胎儿。"尹爱华说。

无创产前基因检测虽然没有创伤，是一种高准确性的筛查技术，但并不是最终确诊手段。

"迄今为止，我们的无创基因检测共漏诊了 2 例 18 三体，这两名孕妇在后来的超声大排畸中被发现有多发畸形，接受进一步羊膜腔穿刺后证实为 18 三体及时终止了妊娠。"尹爱华说。

除唐氏综合征等筛查外，科学家正尝试将无创产前基因检测技术运用于其他遗传病。

针对超声异常胎儿微小染色体疾病，尹爱华团队从 2013 年开始进行无创产前检测应用研究，对 1400 多例临床标本进行验证，检出率达 98%左右。

"我们还对妊娠重度地中海贫血高风险的孕妇进行无创产前检测研究。"尹爱华说。

专家相信，随着基因测序设备、试剂国产化加快，无创产前检测成本将进一步降低，更广范围内的出生缺陷防控将成为可能。

"这次引领型发展的历史性机遇，国家真的不能丢失"
——与华大基因董事长汪建面对面

——高通量测序仪问世，全球测序技术领域将首次大规模列装"中国造"，通往"人人测序"时代的大门正在打开。

——国家基因库试运行，已存储生物资源样本 1000 万份，成为迈入生物经济时代门槛的重要基础设施。

——和英特尔、阿里云推出大规模生物信息分析平台，朝 24 小时完成一个人全基因组测序的梦想迈出坚实一步。

——培育大批人才，孵化一系列"华小""华创"，成为基因产业"黄埔军校"和推动整个产业前进的"鼓风机"。

——深圳市政府工作报告指出以其为代表的"新型研发机构呈现引领式创新、爆发式增长态势"……

笔者调研精准医学，发现有一个团队始终绕不开：华大基因。

从 1999 年参与人类基因组计划到参加国际人类基因组单体型图计划，再到独立完成第一个黄种人测序，从国际千人基因组计划、国际癌症基因组计划到推出人类肠道基因组计划、鸟类基因组等测序项目，中国在基因组领域实现了从参与到引领的演进。而华大基因这支肇始于人类基因组计划的团队，历经艰难困苦建成了全球最大的基因测序中心，成为打通上下游、颇具全球影响力的生物产业大平台。

从 40 岁出头到如今年逾六旬，汪建，这位 56 岁登上珠峰、连续积累个人组学等数据长达 14 年的华大基因联合创始人和领军者在近 20 年里始终引领这支体现"中国力量"的团队耕耘在基因组学最前沿。

什么是精准医学？精准医学热的背后是什么？带着一系列疑问，笔者与华大基因董事长汪建面对面。

图 4-7　2016 年 6 月 25 日，在深圳华大基因总部，华大基因董事长汪建接受采访

（新华社记者毛思倩摄）

这位战略型科学家呼吁，伴随测序技术"超摩尔定律"的发展和基因组学知识的爆发式增长，生物经济时代已经到来，我们在这个领域已经和世界并跑甚至领跑，这种引领型发展的历史性机遇，国家真的不能丢失。他建议国家高度重视这一领域，进行顶层设计，以"揭榜"方式稳定支持已有的久经考验的相关团队和大平台。

富足世界："要是没健康，全都泡了汤"

问：美国总统奥巴马 2012 年提出生物经济时代。这是继农业经济、工业经济、信息经济之后的第四种经济形态，而您为什么提倡生命经济？

答：人类社会将进入一个全新时代，即生物经济时代。我强调"生命经济"，是因为在今天，出生缺陷、肿瘤、心脑血管病已成为影响中国人生命健康的核心内容，所以要把生命放在第一位。我改编了一下那首流传盛广的小诗，"自由诚可贵，爱情价更贵，要是没健康，全都泡了汤"。人类进入工业化发展后期，也进入一个物质富足的时代，我们能不能把生老病死变成一个自己能掌控的过程？简单地说就是"生优病少"，让每个人都活得精彩、健康。

"以生命为本的新时代扑面而来"

问：怎么把生命放在第一位？

答：生命是通过基因传承的，生要带来，死要传承。出生缺陷是不是基因决定的？各种传染疾病是不是外来基因导致的？所有的肿瘤是不是变异基因导致的？过去人类不了解基因，就听天由命，但是现在已经开始了解生命天书，甚至已经从"读"进入"写"的阶段，就是2016年6月初美国科学家宣布的人类基因组编写计划，要合成人的基因组、合成人的细胞。这已经不是精子卵子造人，而是化学造人，你能挡住这种时代的车轮吗？生命经济时代，一个以人为本、以生命为本的新时代扑面而来，我们应该怎样去迎接？能不能解放思想，引领一个新的时代？在这个新时代给百姓带来最终的人类追求，也就是健康长寿？

"我们已经做好了迎接生物经济时代的准备"

问：为迎接生物经济时代的到来，华大基因在国家支持下做了些什么？

答：我们已经做好了迎接生物经济时代的准备，分为几个方面：一是历经多年、投入数十亿人民币研发的高通量测序仪问世，全球测序技术领域将首次大规模列装"中国造"，通往"人人测序"时代的大门正在打开；二是在国家多个部委和广东、深圳支持下，国家基因库已经投入试运行，存储了生物资源样本1000万份，成为迈入生物经济时代门槛的重要基础设施；三是我们创办的英文期刊《Gigascience》影响因子居《自然》《科学》等之后，位列综合性期刊全球第六；四是我们和英特尔、阿里云推出大规模生物信息分析平台，一根网线就能连通生物信息能力，朝24小时完成一个人全基因组测序的梦想迈出坚实一步；五是经过10多年的发展，我们培育了大批人才，包括孵化一系列"华小""华创"，外界评价我们是基因产业的"黄埔"军校和推动整个产业前进的"鼓风机"，为迎接生物经济时代储备了大量人才。

图 4-8　国家基因库外景图

这里面要说一下仪器，目前这个领域基本上被国外垄断，我们现在已经掌握了高通量测序仪，但是还没有拿到"准生证"，我们呼吁有关部门加快审批步伐，否则会坐失良机。

"要有源头创新，必须把基础科学搞上去"

问：基因博物馆这面墙上展示了这么多华大团队发表在《科学》《自然》等杂志上的论文，是全部吗？

答：不是全部，只是一小部分。我们发表了一千多篇 SCI 论文，其中有两百多篇 CNNS 论文，也就是发表在《科学（science）》《自然（nature）》《细胞（Cell）》《新英格兰（New England Journal of Medicine）》上的论文。

我们自己创办的杂志《Giga science》第一次评分，影响因子就已经 7.463 分了，在中国科学杂志中排第 3 名，全球所有杂志中排第 387 名，在科技综合类期刊中排全球第六名，在《自然》《科学》等后面，希望三五年后能到前三，如果能做到，对国家的贡献可就大了。从 2016 年开始，我们鼓励大家更多投自己的杂志。

创新的定义究竟是什么？捡点漏，那不叫源头创新。要有源头创新，必须把基础科学搞上去。

"你讲的'倒行逆施'，让我如鲠在喉 5 年"

问：听说您的梦想是消灭几种疾病，消灭哪几种疾病？

答：讲一个故事，5 年前我们在深圳开会，请来了妇产科领域领头的一群人，我跟她们说，循证医学在出生缺陷领域是"倒行逆施"，咱们能不能顺藤摸瓜，从"根"上做起，从基因开始？没有人相信我这话，有人恨不得把我直接轰出去。2016 年 3 月，我们宣布完成 100 万例无创产前基因检测、帮助避免了 1.4 万多个遗传缺陷儿出生，又把这些大夫请来。一位权威专家说，汪建你讲的"倒行逆施"，让我如鲠在喉 5 年，每每想到你这句话我就坐立不安，但是今天我要说，老汪，你是对的。后来就有了"中国出生缺陷精准医学联盟"倡议书，30 多家医院的妇产科大夫签字，就是要把"苕娃娃"这个病像天花、小儿麻痹症一样从中国历史上抹掉。

可以说，任何已知的基因病，用基因检测的方式，都可以远离它，无非是读得准一点，读完一遍，像航天发射一样再检查一遍。比如唐氏综合征是一个染色体疾病，现在通过无创产前基因检测准确率可以逼近 99.99%。

最主要的问题是，是不是每个医院都能用这样的设备？是不是每个人都能付得起这个钱？每个医院都要用是技术问题，每个人都要用，就是经济问题。我们正在河南等地尝试低成本地做全省孕妇的无创产前检测，尝试在一定地域范围内远离唐氏综合征。因为我们有大平台，我们可以和对上眼的政府合作，以市场价格的几分之一甚至十分之一进行基因筛查，防止出生缺陷，造福一方人民。

"我们完成了一千多种单基因遗传病的研究"

问：能远离这些病吗？

答：我们早已洞见了生命科学领域发展的"根本真理"，就是要从科学的"根"上做起，要打造基本的工具。

过去我们做了那么多"生命天书"破译工作，是扛"洋枪"走自己的路，用的是别人的测序仪，结果是"鬼子"挣了钱。

华大从成立那天起的使命，就是要读懂生命奥妙，基因序列的"天书"读懂一些了，精准医学自然就来了。而关键的关键，我们发现是必须造自己的仪器，建立中国人的大数据。现在我们有了国产的高通量测序仪，有了自己的"枪"，也有了自己的大数据库，所以我提出来：我们能不能在全世界出生缺陷疾病控制上作出更多贡献？我国每年有 90 多万名出生缺陷新生儿，利用我们国产的高通量仪器和大平台，我们完全可以低成本地减少相当一部分出生缺陷新生儿，这不仅有着巨大的卫生经济学意义，更有着巨大的政治意义！

图 4-9 国产高能量测序仪

图 4-10 国家基因库数据机房

这个基因测序大平台的作用是超乎一般人想象的："十二五"开局时，科技部一位老部长带队来，说帮助我们申请一个超级 973 项目，一百种单基因疾病。现在 5 年过去，我们已经完成了一千多种单基因遗传病的研究。

"中国历史上没有，世界历史上也没有"

问：你刚才说到 100 万例无创产前基因检测，能否具体说说？

答：到 2016 年 3 月是 100 万例，到 2016 年 8 月已经是 120 多万例了，涉及 62 个国家和地区，其中黄种人占了百分之九十几，现在我们占了这个领域全球基因组百分之二三十的数据。

120 多万人的数据是什么？触目惊心，不可思议。孕妇中间发现了肿瘤病人、各种感染性疾病，还有许多未知的微生物基因，这些大数据显示的结果是原来不敢想象的。

这可是实打实的 120 多万人群的数据量，中国历史上没有，世界历史上也没有，美国一家基因公司做了 120 万人的基因分型，但数据量只有我们的百分之零点几。另一家公司有 150 万人的数据，但我们的数据量是它的上百倍。我们的研究人员正在写文章，这篇文章必定是预防出生缺陷领域里程碑式的贡献，会影响未来对疾病的认知和整个预防疾病、治疗疾病的模式。

"犹太人能做到，我们为什么不能做到？"

问：您今年（2016 年）春节去拜会了比尔·盖茨？

答：对。我们今年春节去了西雅图，比尔·盖茨基金会跟我们有很多合作，正在谈进一步的合作。

问：你们聊过什么有意思的话题？

答：我和他见过好几次了。有一次问他，赚钱容易还是花钱容易？他想了一下说赚钱容易花钱难。我也认为赚钱容易，但是把自己的价值观输出从而影响世界是不容易的。

问：输出什么？理念？使命感？

答：对，造福人类。我们的大目标是破解生命天书、造福人类。这不仅是理念，也已是现实。十几年前我说这话，大家都觉得是在说梦话，现在全部落实了。

我刚才为什么讲要消灭几种病？历史上估计有几亿人死于天花，比所有战争死亡人数都多。奥巴马总结美国 300 年医学科学发展，就提到两件事情，小儿麻痹症和人类基因组计划。现在基因科技已发展到这个程度，远离几种疾病是完全有可能的。在历史上，犹太人群中曾有一种疾病叫 TSD（黑矇痴呆综合征），病人一般在 4 周岁前死亡，犹太人通过若干年努力，居然将这种疾病消灭了。犹太人为控制住这种病，在大群体内开始广泛的婚前、孕前筛查，通过犹太教和主流媒体宣传，动员不少意见领袖，动员全世界的犹太人富豪捐款。犹太民族通过强大的组织能力，在数个大洲、上百个城市同时开展人类历史上最大规模控制遗传病的行动。结果，到了 2000 年，在北美犹太人群体中，这种疾病基本被控制了，2003 年全美诊断出 10 例 TSD，没有一例是犹太人。犹太人能做到，我们为什么不能做到？

"读得比较准的、网撒得比较全的还是基因"

问：精准医学，怎样精准？

答：精准医学首先是"读"，读什么？光读基因不够，蛋白质、小分子都应该读，但是现在读得比较准的、网撒得比较全的还是基因，其他的，可以作为辅助。读完了干嘛呢？"改"和"写"，那就更有挑战。

我发现，循证医学往精准医学升级很困难，精准医学要进入所有的医院，不能靠几个科研项目带动，一定要让它平民化，就是人人都用得起，每个人都能用得到。

问：精准医学热遍中国和全球，它背后是什么？

答：精准医学首先是认知、矫正，就是读和写，但这些还是"医疗"，而更重要是"治未病"，所以下一步一定是精准健康、精准营养、精准运动、精准预防，精准医学是一个过渡的东西。我把人类医学发展分为四步曲，第一个阶段叫"传统医学"，人均寿命在 40 岁左右。工业革命后是"预防医学"，这是第二个阶段，城市建设开始注重公共卫生，后来有了疫苗、抗生素，人类寿命延长到 60 多岁。第三个阶段是"循证医学"，被化学和物理两个学科"绑架"了。第四个阶段就是精准医学，而精准医学必然要被精准健康、精准预防所迭代。

"获得大数据是一个技术问题，人人获得大数据是一个经济问题"

问：会不会有一天，测序仪像体温计一样成为家庭常备品？

答：有可能。但是测序和体温、血糖、血压检测很不一样的是，海量的数据普通老百姓弄不懂，要上传到后台进行分析才行。

人类正在进入大数据时代，在生命领域，则进入了一个贯穿生老病死的探索时代。从一个基因突变到发展成癌症，会经历一个漫长的过程，中间有无数可能性，比如免疫力强了，把癌症细胞杀死了，这个过程中发生了什么？只有大数据才能解决这个问题。获得大数据是一个技术问题，人人获得大数据是一个经济问题，但是这个大数据带来的科学和应用价值，是不需要质疑和挑战的。

国家专项要防止碎片化　优秀团队应该获得稳定支持

问："精准医学"重点专项刚刚公布了 61 个项目，为什么没有华大基因？

答：人类基因组计划是生命科学史上史诗般的篇章，我们有幸参与了。后来我们来到深圳，又走出一条全新道路，从基因筛查到分子育种，证明这种大数据、大科学、大人群对社会发展的作用。今天，我们把高通量测序仪国产化了，国家基因库也已经准备就绪，正准备奋不顾身冲出国门、在这个领域继续领先世界时，全球最大的基因测序团队、全球拥有基因组数据最多的公司、中国目前唯一拥有自主高通量测序仪和试剂自主研制能力的公司，居然被这么大一个国家专项排斥在外，简直是不可思议。

以史为鉴，回忆走过来的历程，华大基因已经成为当仁不让的全球领军者，这对中国生命科学、生命经济发展意味着什么？对未来国家发展意味着什么？对世界科学和生命经济发展意味着什么？中华民族历经一百多年的屈辱、追赶，到今天提出创新驱动发展，我们已经在生物领域掌握了突破口、切入点和战略高地，为什么要把这个看得见摸得着的优势抹杀掉呢？这是什么样的"精准医学"专项，是什么样的国家战略布局？大家都得去反思。

现在已经是大科学、大平台时代，许多研究可以在一个大平台上高效展开。国家专项的支持应该防止碎片化，优秀团队应该获得稳定支持。

活到 120 岁：要"三大纪律八项注意"

问：你说，每个人理论上可以活到一百岁以上，怎么实现？

答：你看到我那个碑吗？水晶碑，因为我 60 岁那天，有朋友交给我一个任务，要我"折返跑"，从 60 岁往回跑，我硬着头皮领了这个任务，做了这个碑。碑下面这几个洞，象征生命精华的保存，实际上是把细胞、数据保存在基因库里面。

问：这样就能活到 120 岁？

答：对。我叫"一项严控、三大纪律、八项注意"，一是严控传染性疾病，三大纪律，是指远离出生缺陷，远离肿瘤和心脑血管疾病。八大注意，一是注意"能量平衡"，管住嘴，迈开腿；二是注意"营养平衡"，不能偏食，从均衡营养到精准营养；三是注意"激素平衡"，及时矫正激素失调；四是注意保持和提高"免疫力"；五是注意维护耳聪目明；六是注意保持头脑清晰，积极预防神经退行性病变、老年痴呆；七是注意预防骨关节肌肉退行性病变；八是注意维持好身体微生态系统，最重要的是肠道微生态。

图 4-11　华大基因董事长汪建在锻炼

"希望建设基因组学国家实验室"

问：由华大基因负责运营的国家基因库已投入试运行，它将发挥怎样的作用？

答：国家基因库是"三库两平台"：湿库、干库、活库和"读""写"平台。我用 4 个"亿万"来形容它的历史使命。第一个历史使命是把亿万年大千世界生命进化的精华再保存亿万年，把亿万人的生命之精华保存亿万年，两个"亿万保存"。生命之精华实际上就是精子卵子、干细胞和胚胎，这是"湿库"的主要部分。

图 4-12　国家基因库

达尔文说人是猴子变的，人和猴子到底有多少区别？猴子跟灵长类动物和哺乳动物有多大区别？两栖动物跟鱼类、水生生物有多大区别？国家基因库的第二项任务，也就是"读"，把这些多样性的生物数字化，把两个"亿万"都读成大数据。读"不光是解读基因，也包括解读蛋白质和小分子等，叫跨组学结合，"读"完后形成大数据，再存起来，就是"干库"。

第三个"亿万"的关键词是"写"，也就是基因编辑平台，我们"写"的团队也就是生物合成团队一百多人，现在一个星期可以合成一个新细菌。

最后一个，不论"读"完还是"写"完的东西都要用，就要做一个"活库"，希望有上百甚至上千平方公里的实验土地，让新的物种在那里绽放出生命的精彩。

我们希望在"三库两平台"基础上建设基因组学国家实验室，真正使中国在这个领域领跑世界。

"下一个浪潮来了，很少有人注意它"

问：是不是一个新的时代来了，很多人不知道？

答：下一个浪潮确实来了，很少有人注意它，但它确实已经来了，这就是生命经济时代。生命经济必将引领人类走向一个全新时代。

在这个时代，过去我们是扛"洋枪"走自己的路，打自己家林子里的鸟。这种模式不是不可以走，但是这一定不是大国的风范，不是引领的风范，不是创新的风范。现在我们有了自己的"枪",有了耗费数十亿才拿下的、有自主产权的高通量测序仪,有了从人到经济作物再到鸟类等许多动物的海量序列数据,有了这样一支身经百战、百折不挠的生命科学队伍,有了国家基因库这样的重大基础设施,我们在这个领域已经和世界并跑甚至领跑,这个持续发展、引领发展的战略良机,国家真的不能丢失,这种机遇,可是国家倡导的引领型发展的历史性机遇。

工业时代,家家有"工业之花"汽车,人人享受交通便利;信息时代,处处有网络和智能手机,人人享受信息便利;生命经济时代,到处都应该有测序服务,人人享受健康便利。通往未来的大门已经打开,我们准备好了吗?我们不应该准备好吗?

迈进精准医学时代，还需跨过多道坎
——精准医学焦点问题透视

通过基因检测等技术找"准"病因，给病人找到最适合的药品和疗法，从而节约费用，提升疗效——精准医学，正将医疗健康事业带入一个全新的时代。

然而笔者近日在调研时发现，我国要真正迈入精准医学时代，还需要越过三道坎。

检测不准，就谈不上精准

精准医学的最关键一步：精准评估风险、精准诊断病情。

"病人已经显露出的症状如同水面上的冰山，据此要认识整个冰山，往往难于精准，必须充分运用基因组、分子影像等各种技术。"中国工程院院士、北大医学部主任詹启敏说，精准医学包括对健康风险的精确预测、对疾病的精确诊断和分类、对药物的精确应用、对疗效的精确评估、对预后的精确预测等。

"没有精准检测，哪里有精准医疗？"国家卫计委临床检验中心副主任李金明说，"目前，我国做基因检测的独立医学检验所已超过200家，相当一部分实验室所做的检测结果存在准确性问题。一些三甲医院临床实验室的基因检测水平也不尽如人意。"

美国发布精准医学计划的目的之一是有效防控癌症。当前，我国精准医学应用最多的也是在癌症治疗领域。然而，2015年12月底，国家卫计委临床检验中心发布2015全国肿瘤诊断与治疗高通量测序室间评估报告：对我国72家医疗机构临床实验室的肿瘤基因突变高通量测序检测进行评估，实验室检测的基因数从

4个至377个不等。100%正确的实验室仅占总实验室数的16.7%，22.2%的实验室成绩为零分，检测结果准确性存在较大问题。

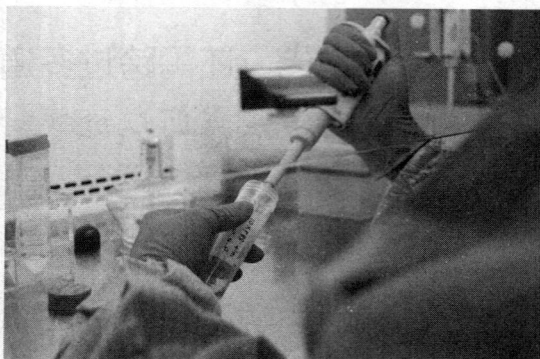

图4-13　一家基因实验室内，工作人员正在操作——生命的密码就是从这里开始的

精准医学检测实验室为保证检测质量，应该集中设置，统一管理，但笔者采访发现，我国的精准医学检测，除检验科外，大部分分布在病理科、妇产科、药剂科、肿瘤科、放疗科、胸外科、呼吸科、心血管科等多科室。

"只要某个科的主任有想法，就自己搞个小实验室，名为科研，实际开展临床收费检测，这一类实验室往往缺乏质量和规范化意识，目前相当一部分实验室没有通过临床基因扩增检验实验室的审核验收。"李金明说。

詹启敏、李金明等专家表示，发展精准医学，第一步针对基因检测实验室，需建立相关规范，技术标准不达标的要淘汰。其次，自主掌握核心关键技术，研发一批国产新型防治药物、疫苗、器械和设备。

缺少"底版"，数据分析难精准

海量的数据，极其复杂的"生命天书"……利用高通量测序技术源源不断产生的生物信息，亟待解读和研究。

中科院精准基因组医学重点实验室教授曾长青说，我国精准医学研究面临的问题是：数据贫，拥有表型数据的全基因组数据匮乏，没有像样的数据库；体系弱，大数据的充分利用和分析能力低下；缺乏中国人群基因组参考序列；转化缺乏基础和机制。

针对精准医学面临的存储、计算、解读等问题，中科院计算所洛阳分所建立了"晶云"平台，可在 24 小时内完成全基因组测序数据分析并生成临床分析报告。

"测序是精准医疗的引擎，但不是光测序就完了，最关键是要把测序数据和临床数据结合，挖出有价值的'相关性'。"中科院计算所研究员赵屹说，数据解读的痛点在于缺乏解读人才，遗传咨询师没有形成职业，专业培训老师更是缺乏，"我们的平台整合了超过 1 万例患者和健康人的遗传图谱、30 万种基因疾病关系、1000 多种基因—靶向药物知识，借助大数据挖掘算法，可快速准确实现从测序数据到临床分析报告的转化。"

要精准首先要有"底版"，这是很多人的共识。

中国医师协会副会长、北大人民医院外科肿瘤研究室主任王杉说，精准医学的障碍主要是积累不够，我国绝大多数人没有完整的个人医疗档案，也就是说没有"底版"，很难和基因测序的结果比对。另外，没有强制性的医疗信息化国家标准，医院间的数据和信息不能互联共享。

"数据共享、生物样本共享已成为精准医学发展的瓶颈。"詹启敏说，谁拥有生物样本资源，谁就掌握医学科技主动权，谁就能占据医学竞争制高点，这需要高校、研究所、企业、政府主管部门一起合作，共同推动我国精准医学的研究和发展。

"精准医学的发展需要大规模的基因库、电子病历库的建立以及大数据分析手段，并将基础医学的发现转变为临床诊治。"北京朝阳医院副院长童朝晖说。

中国工程院院士、中日友好医院院长王辰认为，应立足

图 4-14　深圳国家基因库样本库

中国国情，积极开展基础研究、治疗方案优化研究，建立中国人疾病谱基因库，将我国拥有的巨大的患者资源优势转化为促进临床诊疗技术进步的战略资源。

长期从事生物信息学研究的罗奇斌博士开设了"基因空间"微信公众号，从事传播、培训等工作。他说，一直以为最难的事情可能是技术，后来在实践中却发现最难的是给大家做"科普"，我国目前的技术与国际几乎无差距，但是在对基因数据价值的应用上却存在知识盲点。"希望能有更好的环境、更多的政策推动产学研一体化，让数据的价值能真正发挥作用。"

医生、患者对精准医学了解不够，临床推广难

精准医学，最终是要让患者受益，体现在医生给患者开出的每张化验单里、每个量身定制的处方上。然而，当前，患者对精准医学仍比较陌生，因其临床应用刚刚开始。

笔者在中日友好医院看到，有110多种药物可实现精准用药，医生在开这些药时电脑会自动提示，建议告诉患者进行基因检测。

王辰说，如果全面开展精准医学的临床应用，有可能基本避免别嘌醇、卡马西平、巯嘌呤、华法林等药物所致的死亡等严重不良事件，减少药品的无效使用。

不过，当前在医院进行基因检测的费用，大多没有进入医保范围，因此即使医生建议患者做基因检测，被拒绝的比例也较高。

实施精准医学计划，医院将成为主战场，医生是临床决策的主体。精准医学为医生决策提供更为精准的手段和依据，同时，精准医学也对临床医学人才提出更高要求。

深圳华大基因股份有限公司执行总裁尹烨认为，目前，懂基因检测的医生比例非常低，特别是在三级以下的医院。

专家呼吁，要对临床医生进行再教育，让他们更熟练、准确地掌握精准医学知识。

王辰说，当前美国已修改华法林说明书，要求医生在使用华法林前，先实施

基因检测，以预判药物疗效、预估药物风险、决定药物剂量。目前药物基因组学知识库收录的 199 种个体化药物中，美国食品药品管理局已将 171 种药物相关基因信息标注在说明书上，而我国目前只有一种药品"卡马西平"明确需要用基因信息指导使用。

詹启敏、王辰等专家认为，我国的精准医学事业需要尽快与国际接轨，从个体化药物知识的传播与普及相关技术手段的应用和推广，从管理制度的建立和执行到临床诊疗标准的建立与完善，我们都面临着一系列挑战。

国内外精准医学相关研究主要集中在肿瘤和罕见遗传病领域，这固然与这类疾病的发生与患者遗传背景、基因突变关系较为密切等因素有关，但也凸显其他领域研究的明显不足。

中组部首批"千人计划"入选者、南方医科大学博士生导师徐希平认为，精准医学在心脑血管疾病领域也大有用武之地，尤其在心脑血管疾病现已成为我国居民主要死因之一、其防控多需要持续终生的大背景下，精准医学的重要性不言而喻。

北京大学第三医院院长乔杰呼吁，我国应进一步加大在精准医学等前沿科技研究方面的投入。

"精准医学涉及临床应用，医疗卫生部门不批准、医改不报销，很难推进下去。"徐希平希望我国加大对精准医学的政策和资金支持，将上游的基础研究、中游的产品开发以及下游的产品审批、监管、医保等打通。

中国加快研制国产化精准医学设备

笔者在调研中了解到，有关部委、企业和院所已在基因测序仪、质谱仪、分子影像等精准医学核心设备上做出部署、展开攻关，加强仪器设备的自主研发，以期填补核心设备国产化的空白，掌握上游自主权。

技术工具的进步尤其是 21 世纪高通量测序仪的问世，极大加速了人类对"生命天书"的破译和解读。而自 20 世纪 90 年代人类基因组计划实施以来，我国基因测序仪基本依赖进口。

图 4-15　2017 年 7 月 13 日，工作人员在深圳国家基因库操作基因测序仪测序

（新华社记者毛思倩摄）

"基因测序产业的上游——测序设备及配套生物试剂的技术壁垒较高，目前基本被国外企业垄断，国内市场依赖进口，核心技术受制于人。"国家卫计委临床检验中心副主任李金明说。

数十台高通量测序仪分两排摆放，气势壮观……2016 年 5 月 27 日，作为全球最大的基因组学研发机构，华大基因发布具有自主知识产权的测序系统应用整体解决方案。

"全球测序技术领域首次大批量列装'中国造'，标志着中国在高端测序技术的源头创新和上下游协同发展的突破。"华大基因股份有限公司执行总裁尹烨说。

华大基因是中国最早参与人类基因组计划的团队，曾经大规模采购国外高通量测序仪。

"后来我们发现必须造自己的仪器。"华大基因董事长汪建说，近年来，在耗巨资并购美国一家测序仪公司并对其技术进行消化吸收再创新后，具有自主知识产权的桌面高通量测序仪不仅问世，而且已量产，"仪器目前正在有关部门走审批程序，一旦批准，就可大规模投入应用。"

中科院计算技术研究所赵屹研究员认为，国产测序仪虽然取得了一些技术上的突破，但亟待商业化。他同时指出："在一代、二代测序仪受制于人的情况下，中国有机会研发布局三代、四代测序仪。"

科学家正积极进军第三代测序技术。近日，深圳瀚海基因研发的单分子靶向测序技术获得新突破，其成果发表在国际学术期刊《科学报告》上，这一直接测序的方法属于第三代测序技术，预示着未来基因测序领域可能到来的飞跃式变化：轻轻一按，医生就可以完成一个靶向基因的测序工作，从而有望为基因测序带来更广阔的发展前景。

"在测序技术领域我们已掌握一部分核心能力，但仍处于引进吸收和集成创新阶段，实现原始创新还需要更多的技术积累。"研制出实用性基因测序系统的北京中科紫鑫科技有限责任公司常务副总经理、首席科学家任鲁风说。

飞行时间质谱也在精准医学领域得到广泛应用。在科技部等部门支持下，北京毅新博创生物科技有限公司近年研制出了具有自主知识产权的临床质谱，通过国家食品药品监督管理总局认证，应用于病原菌快速鉴定、基因检测等领域。

"我们的质谱技术已达到国际水平，希望公立医院优先采购国产质谱。"企业创始人马庆伟呼吁。

分子影像是精准医学的重要组成部分。在有关部委和地方支持下，上海联影医疗科技有限公司创立仅 5 年，已推出 20 多款核磁共振设备、PET/CT 等医学影像诊断设备，性能指标均达世界领先水平。

从 2016 年起，联影与华大基因合作在贵州打造全国首批"县域精准医疗中心"，为县级医院配备全线影像诊断设备及基因检测设备，带动各乡镇医院进行基因与影像检查相结合的疾病预防与诊断。

"'影像+基因'精准医学技术平台的打造，是世界范围内的崭新话题，是还未被系统化尝试的领域。随着该模式在全国甚至世界范围内复制，中国人将重新定义'精准医疗'的内涵。"上海联影董事长薛敏说。

受访企业负责人均呼吁，在精准医学领域，相关仪器设备仍是发达国家处于优势，希冀国家加快国产化设备的应用和推广步伐。

"我国高度重视这些仪器的自主研发，在其他科技专项中有涉及，'精准医学'专项也设置了生命组学设备研发。今后还要增加对该类仪器研发的资助。"科技部社会发展司有关人士表示。

在中国，遗传性心血管病正告别"束手无策"

2016 年 6 月，36 岁的兆弘在中国医学科学院阜外医院接受心脏移植手术。此时，距离他确诊肥厚型心肌病已整整 19 年。

"从中学开始，我就干不了农活、搬不动箱子，爬楼爬到二三层就气喘吁吁，但血压并不高。"兆弘说，直到来北京念大学才在医院通过彩超确诊。这些年他安装心脏起搏器、接受射频消融术等治疗，直至近年出现房颤——肥厚型心肌病的晚期症状。

在中国，像兆弘这样的肥厚型心肌病患者约有 200 万。据阜外医院调查，我国单基因遗传性心血管疾病患者在 400 万以上，患者面临猝死、心力衰竭等风险。

"未来，已来！伴随基因测序技术的突飞猛进，基因组正引领心血管疾病进入精准治疗的时代。"长期从事分子心脏病学研究和临床的阜外医院原副院长惠汝太教授呼吁，应加强医生和公众教育，加快推广包括基因检测在内的精准医疗，改变目前许多遗传性心血管病"有治无诊"的尴尬局面。

"中国探索"：肥厚型心肌病诊疗从不治之症到可以控制

20 世纪 50 年代，肥厚型心肌病发现之初，常与离奇的临床事件有关：15 岁的健康少年在学校操场

图 4-16　阜外心血管医院原副院长惠汝太

追逐嬉戏时突然身亡；一人骑着自行车在雷电交加的天气中倒地身亡，却未发现任何电击伤或暴风雨造成的损伤。

随着医学进步，以肥厚型心肌病为代表的一系列遗传性心血管疾病才被逐渐认知：这些疾病有明显家族遗传倾向，临床表现多变、病情发展各异，难以进行早期诊断和猝死等危险性评估，更不要说有效治疗和提前预防。

惠汝太的肥厚型心肌病研究始于 1997 年，当时他从美国国立卫生研究院回到阜外医院组建分子心脏病研究室。

那年一次门诊，一对确诊肥厚型心肌病的甘肃姐妹让惠汝太心如刀绞。姐姐 15 岁，妹妹 13 岁，门诊后不久，妹妹在一次上体育课时猝死。

"我想阻止不幸再降临到姐姐身上，当时的办法只有装除颤仪，但一台除颤仪要 15 万元。"惠汝太到美国开会时找到世界心血管病分子遗传学研究的奠基人、肥厚型心肌病治疗的泰斗马伦教授，请求他捐一台。

"经过一系列流程，马伦告诉我可以捐一台了，我立即打电话给女孩的妈妈，但电话那端说姐姐也不在了。"不久前举行的首届"中国肥厚型心肌病病友会"上，回忆起这一幕，惠汝太有些哽咽，全场一片寂静。

"面对肥厚型心肌病，我们不能束手无策。"深受触动的惠汝太带领宋雷等医生投身到肥厚型心肌病研究中。他们走访了中国 10 个省份，在全球第一个调查出中国肥厚型心肌病患病率，测算出中国肥厚型心肌病患者超过 200 万，被马伦教授誉为全球该领域研究 45 年来的"路标"性工作。

此后，该团队又取得一系列进展：最早报道肥厚型心肌病中国人基因突变谱，发现新的肥厚型心肌病致病基因，明确心肌病基因突变引起致死性心律失常的机制；建立了中国最大、国际领先的遗传性心血管病标本和临床资料库。

随着研究深入，心肌切除术等外科治疗技术也日渐成熟。

阜外医院外科主任医师王水云介绍，国内第一例肥厚型心肌病心肌切除术于 1992 年在阜外医院实施，到 2008 年总计不超过 100 例。从 2009 年起，外科手术成为治疗肥厚型梗阻性心肌病的主要手段，迄今已实施近千例手术，总体死亡率在 1% 以下，达到国际先进水平。

"我最初被确诊为肥厚型心肌病时,医生都说这是不治之症,全家人抱头痛哭。现在医疗已有很大突破,只要及时治疗,患者能和正常人寿命相当。通过基因检测,今后还可以让没出现症状的孩子尽早确诊、加强干预。"兆弘说。

遗传性心血管病:亟待从"诊断"源头抓起

不仅肥厚型心肌病,借助基因检测等手段,越来越多的遗传性心血管病得到了精准诊疗。

在河北遵化,有这样一个被梦魇笼罩的家庭。家中4代人,从第一代到第三代,多人在劳作时猝死。

"我妈妈和我的 4 个哥哥姐姐猝死时都不满 35 岁,我外甥去世时也不到 35 岁。别人都觉得我们家中了邪,家中男孩娶不着老婆,女孩嫁不出去,怎么办啊?"第二代唯一健在的女儿黄女士前往阜外医院就诊时,这样告诉内科副主任兼高血压中心副主任宋雷教授。

宋雷和同事们前往遵化,给这个家族的4代20多人做基因检测,结果发现,一种遗传性猝死型心肌病在这个家族代代传递,家中第三代、第四代有多人携带致病基因突变,其中有人已发病,有的还没有发病。

"通过基因诊断,可在病人发病前早预防、早治疗,比如安装心脏起搏器可有效预防猝死,避免家族性规律性猝死的恐惧,挽救生命。"宋雷说,找到生育期的致病基因突变携带者,还可通过选择性生育切断疾病遗传路径,阻止有缺陷新生儿的出生,结束家族噩梦。

图 4-17 阜外医院内科副主任兼高血压中心副主任宋雷教授

据介绍，目前在已知遗传性疾病中，有 2000 多种直接或间接累及心血管系统。已知近 300 种基因的单个突变即可直接导致心血管疾病，叫单基因遗传性心血管病，是遗传性心血管病的主要形式，包括遗传性心肌病、遗传性心率失常、单基因致病性高血压等。

惠汝太、宋雷团队的全国流行病学调查发现，我国单基因遗传性心血管疾病患者总数在 400 万以上，患者多为心脏性猝死、年轻早发心力衰竭的高风险人群，青壮年发病，危害严重。

"由于缺乏早期诊断手段，多数患者在生育时并不知情，使得危险通过基因在家族中多按 50%的遗传概率传递，呈家族性聚集发病。"宋雷说。

事实上，美国女排运动员海曼 31 岁时在比赛中猝死、我国某著名游泳奥运冠军国际大赛时突发意识丧失，"幕后元凶"都是单基因遗传心血管疾病。

"单基因心血管疾病目前普遍处于'有治无诊'的尴尬境地。如可早期确诊，早诊就能早治。"宋雷说，别说患者不知道所以然，就连许多大医院的医生对遗传性心血管病都知之甚少，这类疾病的防治，亟待从宣教入手，从"诊断"这个源头抓起。

大势所趋：将基因检测规范融入单基因遗传性心血管疾病临床诊治

对于单基因遗传性心血管疾病，基因检测是诊断金标准。

宋雷说，近期对单基因遗传性心血管病的精准医疗目标是四个方面：基因诊断、分子分型、基因水平危险分层、预警和遗传阻断。

宋雷算过这样一笔账：以 2012 年全国产妇生育数 1544 万人为例估算，按中国人的肥厚型心肌病发病率，全国每年新增近 2.5 万个埋藏了子女在青少年期间发生不幸风险的家庭。

阜外团队正在与北医三院乔杰团队合作，帮助单基因遗传性心血管病患者进行临床植入前遗传学诊断，有望在下一代阻断遗传疾病，避免悲剧在家族重演。

国内外目前都在实践和规范基因检测在临床诊断及治疗中的使用。将基因检测规范融入单基因心血管疾病的临床诊治，已是大势所趋、势在必行。

2015 年，经中华医学会心血管病学分会批准，精准心血管病学学组成立，目标是 3～5 年内建立覆盖全国至少 1/2 人口的"精准心血管病研究网络"。

2016 年年初，精准心血管病学学组在青岛挂牌成立第一个临床合作示范基地，尝试建立从社区卫生服务中心到三甲医院的精准心血管病三级诊疗体系。

惠汝太说，精准医学前途光明，但我国目前绝大多数临床医师就读医学院时没有接受基因组等分子医学教育，今后亟须在医学院加强教育，加强对在岗医生的精准医学培训。

目前，精准医学仍处于起步阶段。

"面对浩如星海的人类基因密码，我们所知的内容仅是沧海一粟。"宋雷表示，相信随着科学的进步，更多的"未知"会成为"已知"，为患者带来更加个体化的预防、诊断、治疗方案，使整个医疗体系达到精准医学标准。

遗传咨询师：这个高冷的职业你了解多少

"在 PLA2G6 基因发现 c.1634A>G 杂合核苷酸变异。该基因是幼儿神经轴索性营养不良 1 型的致病基因，建议根据临床表现进一步判断变异是否有临床意义……"相信大部分人看完这段话都会犯晕。没错，这就是一份"不会说人话"的基因检测报告。

要将这份基因检测报告翻译成病人能看懂、医生能参照的诊疗指导意见，离不开遗传咨询师。

遗传咨询师干点啥？行业成熟度如何？发展前景怎样？

解码"天书"，须自带"十八般武艺"

浙江大学医学院第一附属医院遗传与基因组医学中心，姚女士来找遗传咨询师祁鸣主任做"基因门诊"。她妈妈 50 多岁时罹患乳腺癌，为此她一直担心自己也会患癌。

临床上认为，一个人 50 岁前患癌，遗传的因素较大；60 岁后患癌，后天非遗传的因素较大；而如果 50～60 岁患癌，则处于"灰色区间"，需进一步诊断。姚女士妈妈正好是在"灰色区间"患癌，祁鸣建议她先做个基因检测。

"人类已知的乳腺癌致病遗传基因有 21 个，检测结果显示，姚女士的 MLH1 基因存在突变，根据临床经验，该突变导致结直肠癌可能性更大。"祁鸣说。

在祁鸣建议下，姚女士又做了一次肠镜，果然，查到有癌变可能的息肉。后来，经手术摘除，姚女士罹患结直肠癌和乳腺癌的风险均被控制在低于普通人群的水平。

这就是遗传咨询的典型案例，事实上，遗传咨询的范畴远比这广泛。

人体的生长发育，好比建"高楼大厦"，需要一张精密"图纸"做指引。这份图纸就是基因图谱。一个人生病逃不过三种原因：一是"图纸"画错了，遗传出现问题；二是"图纸"没问题，但造的时候"偷工减料"或因受到干扰，导致胎儿发育有缺陷；三是"图纸"很好，但因没按"生命手册"好好使用，引发后天疾病。每个人的"生命手册"并不完全相同，适合大多数人的某种营养、药物或生活方式，很可能不适合你。

"遗传咨询师的主要任务，就是帮助客户认知并读懂自己的'生命手册'，评估疾病发生风险、识别疾病发生原因、推荐检测方法、采取预防措施、选择治疗方案、疏导患者心理等。"祁鸣说。

在中国，遗传咨询师是一个极其高冷的职业！要想成为"生命天书"的破译者，必须自带"十八般武艺"：掌握临床医学、生化遗传学、分子遗传学、发育生物学等各领域专业知识，积累丰富临床经验，具有优秀的沟通能力……

遗传咨询师："'缺失'是体系性的"

遗传咨询师的出现可追溯至 20 世纪 70 年代，但这个行当真正走俏，并开始出现人才大量紧缺，还要从基因产业飞速发展说起。

"人类基因组计划"完成后，基因测序技术和成本驶入"超摩尔定律"快车道，2003 年前，仅一个人的测序就要 30 亿美元，2010 年后测序技术的迅猛发展将价格拉低至 1000 美元左右，美国有的企业甚至逆天推出 99 美元遗传基因扫描"冰点价"。

国内的发展情况基本与全球同步，以华大基因、博奥生物为代表的千余家基因检测与服务公司纷纷在各自细分领域跑马圈地，测序价格越来越亲民。

基因测序的概念"火了"，但基因消费市场却远未坐上"火箭"。因为需要做基因检测的人不知道这东西有啥用，做了基因检测的人看不懂报告说的啥，读懂了报告的人不知道该咋治。

对于这三大"硬伤"，基因检测公司束手无策，否则就不会有检测报告角落里那行永恒的小字："本检测结果仅对检测标本负责，结果的解释和疾病的诊断请咨询专业医师"。临床医生也难以完全胜任，坊间传言"即使是省级以上的大医院，真正懂遗传咨询的临床医生也不到5%"。

遗传咨询师如此重要，我国现在有多少人从事这份工作呢？

中科院院士贺林说，在基因测序转向临床应用的过程中，遗传咨询是必不可少的一环。但长期以来，我国没有独立的遗传咨询学科或科室，遗传咨询工作主要在具有产前诊断资质的医院开展，由普通临床医生兼任，没有专业的遗传咨询师。

尽管中国遗传学会和华大基因等企业都在培训遗传咨询师，但目前，我国还没有一个真正由官方认可并登记注册的持证遗传咨询师。祁鸣说："国家未出台相关政策及指导性文件，有关部门未将其批准为新兴临床职业，相应培训体系和官方认证机构也未构建起来，这种'缺失'是体系性的。建设遗传咨询师体系，亟待政策点燃'一把火'。"

建设健康中国：遗传咨询"短板"亟待补上

1986年，美国开始组建专业的医学遗传学队伍，加快将遗传学科研成果向临床转化，包括建立遗传咨询行业规范、制定执业认证体系、成立官方认证机构、设立遗传咨询硕士学位并列入24项临床专业之一等。

中国遗传诊断技术同发达国家难分伯仲，但遗传咨询师的队伍建设存在明显差距。笔者调研发现，目前医院、基因检测公司或第三方临检机构所开展的遗传咨询服务，大都以"科研"名义为患者服务。

祁鸣表示，科学研究与临床应用有天壤之别。"科学研究100次实验，只要3次成功，就值得庆贺。但临床100次诊断，必须无限接近100%准确率，1次差错都可能对生命造成无可挽回的重大损害。遗传咨询管理水平要从科研提升到临床，还需'质'的飞跃。"

阜外医院内科副主任兼高血压中心副主任宋雷教授说："对某些基因变异导致的疾病，遗传基因检测是重要确诊和助诊手段。目前，社会上检测平台很多，但缺乏检测解读。"

"某种程度上解读更重要,遗传咨询可填补这一缺憾,将临床与遗传知识综合。所以遗传咨询师最好从临床医生中培养,这需要全局性政策和制度的配合。另外,如果没有规范的培训和监管机构,遗传咨询很容易出现错误,误导患者、影响诊治,给这个新兴行业造成严重负面影响。"宋雷说。

我国基因组学研究已迈入世界第一方阵,基因产业发展乘风而起。专家认为,精准医学是人类医学史上一场深刻变革,更是中国实施创新驱动发展战略、实现健康中国目标的重大机遇,遗传咨询的"短板"亟待补上。

"遗传咨询关系千家万户幸福安康,涉及每个人切身利益。"贺林说,打造健康中国,当务之急是组建专业的遗传咨询师队伍,建立规范的行业标准和应用,进一步推动我国临床诊疗水平向高端跃升。

"这是经济账，更是政治账"

——怎样来算"精准医学"这笔账

"无创产前检测现在的市场价格一般在 2000 多元，有的地方已经降到 1000 多元，但即使价格在 3000 元左右，从总体上算经济账，都值！要知道，用卫生经济学方法计算，一个'唐娃娃'的直接和间接经济负担达上百万元之巨！"

国家卫计委临床检验中心副主任李金明建议尽快在全国广泛开展假阳性率低、漏检可能性极小的染色体非整倍体高通量测序无创产前检测，替代目前全国常规开展的假阳性率和漏检率均较高的传统筛查方法。

图 4-18　国家卫计委临检中心副主任李金明教授与学生在一起

无创产前检测，只是精准医学发展的一个缩影。

精准医学，能给人们、给社会带来怎样的一笔"账"？对中国又究竟意味着什么？笔者在调研中和科学家、企业负责人、临床专家、经济学家共"算"这笔账。

"把'唐娃娃'这个病根除掉"

运用基因测序筛查唐氏综合征，已成精准医学的突破口。

全面二孩政策放开前，我国每年新增"唐娃娃"2.3 万～2.5 万例。全面二孩政策放开后，高龄孕产妇家庭明显增多，孕产期合并症、并发症以及出生缺陷的发生风险进一步增加，唐氏综合征发生率可能会更高。

李金明说，传统血清学唐筛存在较大漏检风险，假阳性率高；羊水穿刺虽准确率高，但穿刺伤口可能引起宫内感染，造成一定概率的流产风险。而无创产前基因检测是一项安全、准确、非侵入性的新型胎儿染色体疾病检测技术，具有远高于血清学唐筛的准确性，对降低新生儿出生缺陷率具有重大意义。

2010 年 12 月起，华大基因开始接收全球第一例临床样本进行无创产前基因检测，到 2016 年 3 月完成 100 万例，发现唐氏综合征等染色体异常胎儿 1.4 万多个。按每例染色体异常患者平均会为社会带来 100 万元额外经济支出计算，这项无创产前筛查相当于为社会挽救潜在经济损失上百亿元。

2011 年 12 月，联合国大会将 3 月 21 日定为世界唐氏综合征日。2016 年 3 月 21 日，34 名来自各地的权威妇产科专家在深圳签名建立"中国出生缺陷防控精准医学联盟"，旨在推动新技术临床转化与应用，实现以精准防控降低出生缺陷。

"大家签字，就是要把'唐娃娃'这个病根除掉，从中国历史上抹掉。"华大基因董事长汪建呼吁将无创产前基因检测项目变成一个实实在在的民生项目，将中国的出生缺陷率降到世界最低。

"完全可以更好地做好出生缺陷防控工作"

"唐娃娃"只是一个病例。精准医学在遗传性耳聋、地中海贫血等诸多遗传疾病领域都正在逐步得到应用。

2009 年，中国工程院院士程京带领团队研制出遗传性耳聋基因检测芯片，迄今对全国近 140 万新生儿进行了遗传性耳聋基因筛查，发现 4.4%新生儿携带耳聋基因突变，其中，3489 人携带药物性耳聋基因。

"通过基因筛查，'一针致聋'的悲剧可以提前得到干预和避免。"程京说，"政府工作报告提出，未来五年，我国人均预期寿命要提高一岁。出生缺陷是精准医学首先要抓的，如果新生儿很多有出生缺陷，那么这'一岁'要提高上去很难。"

卫生部《中国出生缺陷防治报告（2012）》显示，我国是出生缺陷高发国家，每年约有 90 万名新生儿带有出生缺陷。

"有人曾估算过，一个出生缺陷的孩子经济负担是 100 万元，对家庭是毁灭打击，对社会是沉重负担。"北京大学第三医院院长乔杰说，出生缺陷预防迫切需要社会重视和关注，传统医学技术在新生儿出生缺陷防控方面存在诸多局限，精准医学在新生儿出生缺陷防控方面的作用愈发重要。

工欲善其事，必先利其器。2015 年，华大基因研制出具有自主产权的高通量测序仪，掌握了通向精准医学时代的钥匙。"我们有了自己的'枪'，也有了自己的大数据库，如果国家足够重视，我们完全可以更好地做好出生缺陷防控工作。这是经济账，更是政治账。"汪建说。

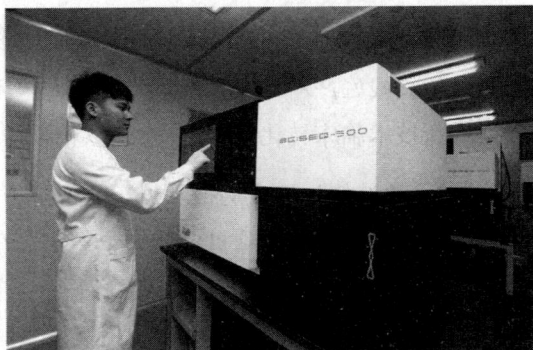

图 4-19　华大基因工作人员操作测序仪

"如果全面开展精准治疗，将减少 20%无效支出"

不仅出生缺陷，心脑血管疾病、糖尿病、肿瘤等慢性病也是精准医学可以发挥作用的重要领域。

一个经典的案例，就是抗凝药华法林。2006 年，美国一项对个体化用药的综合评估显示,对 200 万名患者,若用基因检测指导华法林用药,可有效避免出血事件 85400 例、有效避免□风事件 17100 例,除去基因检测的基础花销,总计可净节省开支约 11 亿美元。

《中国慢性病防治工作规划(2012—2015 年)》的数据显示,由慢性病导致的疾病负担占总疾病负担的近 70%,导致的死亡人数占全国 85%。

中日友好医院院长王辰院士和研究团队也算了一下"账":"由于精准治疗相关药物涉及了几乎所有常见慢病,因此,以 2013 年医保的药费支付为基线核算,如果全面开展精准治疗,将减少 20% 无效支出,每年可为国家节约至少 500 亿元的支出。"

精准医学,关键在早防早治。

以肿瘤诊治为例,业界人士估算,如果能实现早防早治,治疗成本将是中晚期患者的 1/8,终末期病人的 1/100。因为基因和蛋白的改变,远远发生在临床病理出现之前。

高血压,是我国第一大慢性病,患者中单基因遗传性高血压约占 10%。

"这类患者一旦借助基因检测技术明确病因,大部分可有效控制或治愈。"专门从事心脑血管遗传病基因检测的百世诺(北京)医疗科技有限公司创始人刘哲博士说,高血压患者年人均直接医疗费用 2801 元,而确诊的单基因高血压患者只要"对症下药",年人均直接医疗费用只需 300 元左右就可有效控制高血压。

"2015 年,我国居民平均寿命达 75.83 岁,假设平均确诊年龄为 36 岁,平均受益年限可达 40 年,单基因高血压患者人均将节省直接公共卫生支出 10 万元。"他说。

"临床实践一再提出要求,我们迫切需要更加精准的治疗。"北大医学部主任詹启敏院士说。

"这是一笔更大的账!"

不久前,哈工大(深圳)经管学院和华大基因倡议成立精准医疗产业和政策联盟，表示将合作开展生命科学的经济学研究，助推精准医疗产业健康发展。

"我们更应该算一下精准医学带动相关产业发展的'宏观经济账'。"不久前刚从美国归国工作的哈工大（深圳）经管学院执行院长、美国乔治华盛顿大学兼职教授黄成说，"这个行业将带动信息产业、大数据、云计算、生物制药等战略性新兴产业的发展，为这些产业提供一个强劲引擎。这是一笔更大的账！"

黄成进一步强调，精准医学是基因革命，也是信息革命。中国在这个领域已经培育出好几百家公司，形成了产业集群，这是中国抢占生命科学、信息技术全球制高点的一个不容错过的机遇。

"DNA 的发现引发了生命科学的数字化革命，将彻底改变传统医学的发展路径，颠覆现有的卫生经济学模式。"哈工大（深圳）筹建办党委书记、经济学博士唐杰说，"数字革命已经成为一切新兴产业快速发展的基础，加快精准医学产业的发展将极大推动我国数字革命的深化。我们必须下决心以亿级人口大数据为基础，推动精准医学产业发展取得突破，使我国在数字革命时代成为世界科技创新的领先者。"

"精准医学可助推中国医学'弯道超车'"
——与北京大学副校长、医学部主任詹启敏院士面对面

"精准医学是我国医学发展的历史机遇，是医学科技发展的必然，对目前临床疾病诊断方式、疾病的分类类型、临床诊疗路径、规范指南标准，都将产生革命性的影响。"

东单三条九号。百年协和医学院所在地。暮春，窗外，丁香花开，香溢四方；窗内，是见证中国医学百年发展史的协和医学院第一会议室。2016 年 4 月的一天，中国精准医学计划专家组组长詹启敏院士在这里接受了专访。

曾在美国获得终身教职的詹启敏，是分子肿瘤学家，因为相信"回来能有更大的平台，做更大的事"，于 21 世纪初回国，在中国医学科学院、北京协和医学院一待就是 10 多年，担任中国医学科学院、中国协和医科大学副院校长。2016 年 4 月，他被正式任命为北京大学医学部主任，2017 年 7 月，被任命为北京大学副校长。

"过去 10 多年，除了自己的课题研究，我还一直在医学科技国家战略层面做一些工作，这在美国是不敢想象的。"曾历任 863 计划医药生物技术专家组组长、卫计委科技行业专项专家委员会主任、973 肿瘤研究项目首席科学家等职务的詹启敏坚信，中国在临床资源上存在绝对优势，利用国家的组织优势、技术力量发展精准医学，将实现中国医学的"弯道超车"。

中国人健康面临巨大挑战

问：目前，我国重大疾病防控任务面临怎样的挑战？

答：说精准医学之前，得先明白建设"健康中国"的艰巨性。第一是人口老

龄化的问题会带来一系列问题，包括心脑血管、恶性肿瘤等；第二是环境污染日趋严重；第三是食品和药品安全。

疾病方面，首当其冲是恶性肿瘤。最新数据显示，中国恶性肿瘤患者已达 430 万，年死亡人数为 260 万。心脑血管疾病年死亡人数 350 万，现有高血压患者 2.7 亿人。糖尿病患者超过 1 亿，还有 1.5 亿人处于糖尿病前期。慢性肾病 1.1 亿人，风湿病致残率非常高，估计约 1 亿人。老年性疾病，如老年痴呆 600 万人，每年增长 30 万人；乙肝病毒携带者有 8000 万。还有突发性传染病，比如非典，现在有一个共识，全球是一个"地球村"，传染概率就是一个"机舱之隔"。

"目前临床疾病治疗的现状就像一座冰山"

问：为什么要发展精准医学？

答：目前临床疾病治疗的现状就像一座冰山，人们看到的只是海面上的部分，治疗的也是海面上的部分。以肿瘤治疗为例，现在采用的手术、放疗、化疗、生物治疗、中医药等方法，都是针对海面上的部分。我们对海面之下"冰山"的了解还远远不够。发达国家早期诊断在 50%以上，北欧国家早期诊断可达 80%，而中国不到 20%。中国多数癌症诊断都是中晚期，治疗非常被动和盲目。实际上，"海面"下的情况包括遗传背景、变异、免疫和内分泌改变、细胞分子改变等，最后导致组织器官病变。

现在临床疾病的诊断和疾病的分类，是根据病人的主诉、临床症状、生理生化指标、影像学改变，其基础是组织和器官的病理生理改变，但实际上，在这些组织和器官改变的"下面"，更深层次的是大量复杂的分子生物学改变，对这些分子改变的了解将推动临床疾病的分子分型。

现代医学发展至今有上百年，从一个听诊器到血常规、尿常规、大便常规，从 X 光诊断到彩超、核磁，再到现在基因组、蛋白质组、代谢组、免疫组等组学技术的发展、大数据分析工具的出现，精准医学时代正在到来。换句话说，以前关于病人的信息很少，现在得益于基因组测序、生物医学分析工具、大数据分析工具和技术的出现，我们才可能实现精准医学。精准医学是人类医学史上一场深刻变革，是生物经济时代的新引擎，更是中国实施科技创新驱动发展、实现健康中国国家战略的重大机遇。

精准医学和中医的辩证施治理念相通

问：精准医学是否是一种全新的理念？

答：精准医学和我们的医学老祖宗提出的辩证施治理念，如同病异治、异病同治，是相通的。因为中医其实也是一个系统疗法，主要关注各种复杂因素之间的相互关系，包括不同的器官之间的相互影响，基于这些认识来防病、治病。中医多是经验的积累，而精准医学至少涉及三个方面：一是人类基因组测序技术的革新；二是生物医学分析技术的进步，包括分子影像、导航、大数据；三是生物芯片和蛋白质技术的发展、微创技术等。我们把精准医学作为一个完整科学向前推进，最后形成精准治疗，可以增加疗效、降低费用。

公众的要求越来越高了，希望不生病，晚生病，生小病，生了病要看好病，看不好有时候还会找医生的麻烦。精准医学是临床发展的需求，更多也是公众对于健康的需求，这里面包含了对风险的精准预测、疾病的精准诊断、疾病的精准分类、药物的精准应用、疗效的精准评估、预后的精准预测。

中国残疾人艺术团表演的"千手观音"，站在前面的第一个女孩，她并非天生耳聋，两岁时生病了，一针致聋，她有耳聋基因，所以现在正在开展耳聋基因的筛查。

精准医学：精确、高效、安全、经济

问：能否以某种病为例，谈谈精准医学的应用？

答：现代的医学诊断模式，一般是症状体征+辅助检查+影像学资料，具有相同或相似症状指标的患者将使用同样的治疗方案，但病人的结局不一样。比如，肿瘤在临床治疗上真正有效率是25%，也就是说75%的病人是部分有效或根本无效。我们的目标就是通过精准医学把这75%的人挑出来。

人类基因组全序列图谱的绘制完成，使人们首次有可能从基因水平洞悉癌细胞、癌基因与正常细胞、正常基因的不同，进一步了解癌细胞转移机理，这些认识为针对性的疗法提供了可能，有助于癌症的早期诊断，并帮助确定不同患者的不同治疗方案。

精准医疗目前最好的抓手是肿瘤。肿瘤精准医学是一种基于肿瘤病人"定制"的医疗模式，即"对症下药"；针对每个肿瘤病人个体特征而定制和实施医疗决策。癌症精准医学诊断检查，不仅限于基因和蛋白检测，包括遗传、分子及细胞学信息，还包括生活方式、环境信息等在内的大数据综合分析，旨在实现精确诊断。此外，癌症精准医学治疗不仅限于靶向治疗，包括手术、放疗、化疗及生物治疗（靶向治疗、免疫治疗）等各种治疗方式综合运用的精准治疗。

肿瘤精准医学的总体思路是将肿瘤防控"预防、诊断和治疗"三个环节与精准医学"精确、高效、安全、经济"结合到一起，实现三合适：合适的病人，合适的时间，合适的治疗。

实现"弯道超车"：重点是中国需求大和空白的领域

问：美国等国已率先提出"精准医疗"战略，中国的精准医疗有什么优势？

答：中国在精准医学方面还是有弯道超车的机会。其他国家做得好的地方，我们可以共享成果，但我们的重点是中国需求大和空白的领域。我们选择研究对象有这么几个标准：第一，是严重危害中国人民健康的疾病，因为中国疾病谱和国外的疾病谱不太一样。第二，有中国特色的疾病要重点研究，不管是常见病还是罕见病。

"一些疾病是有中国特色的"

问：国外一些医疗技术很发达，我们能否共享他们的成果？

答：我国癌症的发病具有中国特色。西方的高发病为胃癌、前列腺癌、乳腺癌，当然也有肝癌等。我国除了肺癌以外主要都是在消化道，如肝癌、胃癌、食管癌、结直肠癌。发病趋势上消化道癌症居高不下，肺癌、结直肠癌等迅速上升。我国有 4 种肿瘤的死亡位于世界第一位，包括肺癌、胃癌、肝癌和食管癌。攻克这些癌症是中国医学界的历史责任。有些癌症如肺癌，可以跟国外的成果共享，但其他中国特色的癌症，我们自己不做，共享的机会都没有，我们必须自主创新。

新的疾病分类和治疗指南规范的制定，取决于科技创新竞争力

问：以后疾病分型可以按照基因分型？

答：以血液病为例。我是1977级的大学生，当年求学时，白血病分类较简单，主要是急性白血病和慢性白血病、成人白血病和幼儿白血病，再就是淋巴细胞白血病。但现在可以分出几十种来，而且将来还可能会有更加细分的亚型，这个分类就会对白血病的治疗和临床转归有精准的把握。

新的疾病分类和治疗指南规范的制定，是由美国人、英国人还是中国人完成？这要看谁的科技创新竞争力强。所以这是一个机会。一些疾病是有中国特色的，也就是这些疾病的诊疗标准应该由中国主导。众所周知，一流国家制定标准，二流国家发展技术，三流国家根据别人的规范和技术来搞制造。中国曾经是制造大国，现在的中国如果要向医学强国发展，就要往制定标准的方向努力。

中国临床资源比较丰富，开展科学项目有组织上的优势，能够集中力量办大事，像制造"两弹一星"一样，将中国的疾病资源和优势资源整合起来，这样中国就有可能实现弯道超车。

创制出肿瘤、心脑血管疾病、糖尿病、罕见病的精准治疗方案

问：我国的精准医学将如何实施，有没有"路线图"和"时间表"？

答：现在大家都在谈"精准医学"，实际上，我们从"十一五"和"十二五"就有了相应布局。

在我国，精准医学的总体目标是要以为人民群众提供更精准、高效的医疗健康服务为目标，建立国际一流的精准医学研究平台和保障体系；自主掌握核心关键技术；研发一批国产新型防治药物、疫苗、器械和设备；形成一批我国定制、国际认可的疾病诊疗指南、临床路径和干预措施；显著提升重大疾病防治水平，

带动生物医药、医疗器械和健康服务等产业发展，加快推进深化医药卫生体制改革和医疗模式变革，推动建设"健康中国"。

在总体目标基础上，中国精准医疗的阶段目标，分为五年目标和十五年目标。

五年目标：我国精准医学研究和临床水平位于国际前沿，部分具有中国特色疾病诊疗水平引领国际发展；针对某种肿瘤、心脑血管疾病、糖尿病、罕见病分别创制出 8～10 种精准治疗方案，并在全国推广实施。

十五年目标：我国精准医学整体实现创新突破和临床应用，带动相关企业发展；重点研究疾病的诊疗标准和指南；在精准医学主要研究单位和试点地区，我国重要肿瘤早诊率由目前的 20%提高到 40%以上；遏制新生儿出生缺陷率上升趋势，将发生率由 5.6%降低到 3.0%以下；主要心血管病的病死率和致残率降低 10%。

精准医学的最终目标是以最小化的医源性损害、最低化的医疗资源耗费去获得最大化的病患效益，其发展前景不可限量。

"吃进去的东西，在体内第一个'见面'的就是微生物"

问：最近肠道菌群很热，您怎么看它和精准医学的关系？

答：每个人的微生物种群都是不一样的，我们所有吃进去的东西，在体内第一个"见面"的就是微生物，肠道菌群的差异会导致临床治疗的敏感性不一样，疗效也不一样。甚至有人家搞精神病学研究，微生物的状态可以影响到你一天的精神状态，早上起来莫名其妙的郁闷，也许就是你的肠道微生物紊乱了。

"健康大数据是地球上最大的数据库"

问：发展精准医学，有哪些需要格外重视的环节？

答：第一个是生物样本库，谁拥有生物样本资源，谁就掌握医学科技主动权，谁就能占据医学竞争制高点。样品库要有标准，还有信息安全、伦理和法规问题。中国生物临床资源在全世界是最丰富的，因为我们的人群比较多，病种比较全，但是我们的共享是比较差的，现在很多样品库在医院，中国医院基本上是一个"江湖"，医院和医院的资源形成一个竞争态势，资源共享和互通有无做得比较差。

第二个是大数据。现在的健康概念，是从出生第一天起一直到生命终结，从健康、亚健康、疾病前期、疾病治疗和康复期、生病终结期，整个生命过程都产生动态数据，都要收集健康大数据，健康大数据是地球上最大的数据库。目前还没有一个健康大数据库。目前比较成熟的是组学，基因组最成熟，蛋白质组也赶上了，还有免疫组、肠道微生物、分子影像用到了临床上。

第三个是精准医学要为医生决策提供手段和依据。精准医学的主战场是社区和医院，社区关注人群、关注预防，也就是说关口前移、重心下移。医院则是临床决策的主体，大数据再好，也是提供参考依据，要由医生做临床决策。

第四个是精准医学需要大数据和大样本的支撑。

第五个是需要产学研政的合力。

"拥抱精准医学的时刻到了"

——十问王辰院士

"精准医学示范体系，要尽早建立起来！"

"精准医学有很多方面，但是最能落地的，就是药物基因组。"

……

在医学界，当过卫计委科教司副司长的中日医院院长王辰院士倡导药物基因组是出了名的——在他的倡议下，不仅中日医院成立了精准医学多学科联合门诊，更在 2015 年年底联合 20 余家国内三甲医院和机构共同成立了中国精准医学临床研究与应用联盟。短短几个月，这个联盟已经修订并发布了《精准医学临床研究与应用质量管理专家共识》，114 种个体化药物的精准用药指南也已编译完成。

由于白天忙，2016 年夏日的一个晚上，我们应约来到中日医院，就精准医学和王辰院士面对面请教，从晚上 9 点一直谈到 11 点……

人是多元多次方程

问：究竟什么是精准医学？

答：精准医学由来已久，不是美国总统奥巴马喊了以后才有的，但他喊了才格外引人注目。

在古代，人类对疾病的规律没有掌握，但是主观上对疾病有一定揣测，属于神灵主义。后来通过观察，对疾病有了粗浅认识，这是经验医学阶段。最近两三百年，用实验、实证方法，例如细菌学实验、病理学实验，有些基于人体，有些基于动物，发现了一定规律，对疾病进行诊断和治疗，这属于循证医学阶段。

但是，人很复杂，不是一元一次方程，而是多元多次方程，有很多不确定的因素。在循证医学阶段，对病人个体的差异很难深入探究。多数循证医学的研究来自于严格控制的小范围人群，因此其医学证据难以涵盖真实世界的所有个体。于是，对人群都用一个药，但很多疾病的控制不满意，比如哮喘控制率不到30%，一些药物不良反应难以避免，如甲氨蝶呤、别嘌呤醇片等。比如，癫痫患者吃卡马西平，就有一小部分人有药物不良反应，过去认为是偶发现象，但后来发现，实际上是每个人的基因不一样。

希望精准医学可以引领一个医学新时代

问：所以，精准是人们的一个梦想？

答：当然。随着1990年人类基因组计划启动，国际医学界从个体间基因差异出发，研究疾病发生发展机制以及药物疗效相关性，积累了大量研究数据。在此基础上，美国于2011年首次提出了"精准医学"概念。2015年1月，美国总统奥巴马在国情咨文中提出"精准医学计划"，希望精准医学可以引领一个医学新时代。

目前在国内，精准医学概念被泛化了，甚至连手术精准一点都叫"精准医学"了，不能什么都往里面装。

最能落地的，就是精准药物治疗

问：那么，究竟什么是"精准医学"？在生物技术和医学科技发展如此迅猛的今天，如何让它真正落地？

答：精准医学是指在大样本研究获得疾病分子机制的知识体系基础上，以生物医学特别是组学数据为依据，根据患者的基因型、表型、环境和生活方式等个体特征，应用现代遗传学、分子影像学、生物信息学和临床医学等方法，制定个体化精准预防、精准诊断和精准治疗方案。

精准医学中与临床关系最密切、最能落地的应用，是基于基因组信息的个本化药物治疗，也就是精准药物治疗，即根据个体基因型及其差异，预先确定其对某种药物的疗效差异、不良反应风险及合理剂量等，从而制定个体化方案。通俗地讲，就是药物当用、不当用、用多大量，都可以通过基因组调节。精准药物治疗是对传统标准化治疗临床路径的完善和补充，也是 21 世纪医学发展的主要方向。

精准医学帮助我们理解和发现传统循证医学所不能涵盖的个体化差异，并推动临床医学向疗效最大化、损害最小化、资源配置最优化的方向发展。

精准医学时代，必须"海陆空"联合作战

问：基因和精准医学究竟是什么关系？

答：基因组学是精准医学的核心。基因和疾病的关系，这方面国外做的多。人群不一样，基因不一样。中国应该发现一些新的同疾病相关的基因靶点。我们在这些方面很弱，需要加强。

另外，中国要抓紧建立严格意义上的大队列，对大队列和基因的相互关系进行分析，在疾病治疗上尤其是肿瘤上找到一些新的可能的基因位点和靶点。

如果说过去的医学是铁路警察各管一段，现在精准医学时代，就必须"海陆空"三军联合作战，从药物研发、设备研发到卫生政策、社会行动，互动、联合，携手提供解决问题的全套解决方案。就像过去拉二胡、吹管，是隔着屋子的，现在则是同在一个屋子，奏响的是动人心弦的交响曲。

200 万人花 300 美元做基因检测：可减少 10 万例严重不良反应

问：能具体说说什么是疗效最大化、损害最小化、资源配置最优化吗？

答：近年来，欧美各国医疗模式已发生深刻变革，以精准药物治疗为代表的各种新型诊疗标准不断被临床采用，在极大提高安全性和有效性的同时，显著降低了医疗费用支出。

以抗凝药华法林为例，美国每年新增用药患者 200 万人，若为每位患者实施

300 美元的华法林相关基因检测，并据此制定个体化治疗方案，则每年可减少 10 万例华法林相关的严重不良反应，可节约 11.3 亿美元的医疗费用开支。美国食品药品管理局根据这些研究，已经修改了华法林说明书，并要求医生在使用华法林前，应首先对病人实施基因检测，以预判药物疗效、预估药物风险、决定药物剂量。

由于可以在提高安全性和有效性的同时降低医疗费用，因此药物相关基因检测已被纳入欧美各医疗保险公司的医保支付项目。

如全面开展精准药物治疗，可能减少医保无效支付 50% 以上

问：美国实施精准医学计划的一个出发点就是为了减少医疗费用支出，对中国来说，这会是一笔怎样的投入产出账？

答：2006 年卫生部疾病预防控制局发布的《中国慢性病报告》就已指出，慢性非传染性疾病已成为我国城乡居民死亡的主要原因，城市和农村的慢病归因死亡率分别为 85.3% 和 79.5%。我国 2000 年死于心血管疾病、肿瘤、慢性阻塞性肺部疾患、糖尿病者，分别占总死亡人数的 19.3%、34.0%、17.6% 和 1.2%，而慢病防治支出占我国医疗费用的 80%。

2013 年中国卫生总支出为 31868 亿元，医保基金支出比重超过 30%，其中医保支付药费超过 5000 亿元，预计约有 1000 亿元药费为无效支出。由于精准药物治疗涉及几乎所有慢病，因此如果全面开展精准药物治疗，有可能将医保无效支付减少 50% 以上，从而每年为国家节约至少 500 亿元支出。

个体化药物说明书：国外已有 204 个，中国仅 1 个标明需进行基因检测

问：您强调药物基因组，那么中国有多少靶向药物？说明书上明确要求做基因检测的多吗？

答：目前，由美国国立卫生研究院资助、斯坦福大学遗传学系建立的 PharmGKB 数据库实现了个体化药物及其药物基因组学证据的实时更新。这个数据库包括了各个国家批准的个体化药物说明书内容，还包括国立卫生研究院、临

床药物基因组学实用联盟、荷兰皇家药师协会药物基因组学工作组等机构推出的个体化药物剂量调整指南。

截至 2016 年 4 月,美国、欧盟、加拿大和日本等国家的药品管理机构已经在 204 个个体化药物说明书中,标明了与疗效或不良反应有关的靶点基因或代谢酶基因。在这 204 个药物中,有 115 种已经在中国上市,但其中除了 10 个靶向治疗药外,仅卡马西平一种药物的说明书中标明了需要对 HLA-B*1502 进行基因检测,与其他国家存在很大差异。

国内已能开展 200 多种药物相关基因检测及精准治疗

问:我们这么落后吗?

答:事实上,我国个体化精准治疗的启动并不落后。我们的团队早在 2004 年就已经开始药物基因组学研究,2012 年起建立了我国的个体化药物治疗体系,制定治疗指南并对部分人群开展个体化精准治疗,2015 年年底已在全国 100 余家三甲医院建立了精准医学基因检测实验室,能开展 200 多种药物相关基因检测及精准治疗。

2015 年 12 月,我们中日医院牵头、全国 21 家大型综合性医院联合发起,正式成立了中国精准医学临床研究与应用联盟,其宗旨是在"规范、协同、整合、共赢"精神指导下,构建规范的技术、培训、服务和管理平台或路径,指导全国开展多病种队列建设,积极开展精准医学临床研究与应用体系构建。

中国精准医学处于一个什么样的阶段?总体上很初步。我们能看到很多基因,但是这个基因有什么表达?有邪恶基因吗?有善良基因吗?也许有,但要以后才能看出来。精准医学领域,还有太多工作要做。

"精准医学事业需要尽快与国际接轨"

问:精准医学的临床研究与应用,当务之急是什么?

答:我国的精准医学事业需要尽快与国际接轨,因此我们面临个体化药物知识的传播与普及、相关技术手段的应用和推广、管理制度的建立和执行、临床诊疗标准的建立与完善等一系列挑战。

正是在这一背景下，我们制定了《中国精准药物治疗手册》，基于 PharmGKB 数据库，对已在我国上市的 115 种药物进行编写。由于其中有 4 个药物基因信息近期被美国 FDA 移除，因此实际只有 111 种药物。

同时，为帮助读者了解 204 种个体化药物的全貌，我们特地在《手册》的附录中加入了 204 种药物的概况表。其中所引用的与药物代谢、疗效及不良反应有关的基因位点，与临床治疗有较大相关性。

"应当充分利用人类医学科学积累的研究成果"

问：您为什么如此执着这件事？

答：虽然我们国家和发达国家相比仍然存在一定差距，但我们应当充分利用人类医学科学积累的研究成果，结合我国临床资源优势，加快发展精准医学基础和临床研究进程，为疾病的预防、诊断和治疗提供新的策略和方法，为中国人群健康谋求更多福祉。

精准医学是医学发展的必然趋势。我们经过了循证医学阶段，后来又推动转化医学，现在，拥抱精准医学的时刻到了。

采访结束时，已是深夜 11 点，王辰和记者握手告别，转身走向楼里另一个会议室，还有一场会议在等着他……

工作人员说，王院长经常这样……

导言　抓紧培育"世界级创新企业"

站在新的历史起点上，中国吹响了建设世界科技强国的号角。

世界科技强国，需要世界级创新企业：掌握核心技术，占有世界市场相当份额。

按照这个标准，如果说深圳有华为、大疆、华大基因、比亚迪4家，那么，北京目前找到一家，就是总部位于北京亦庄的京东方集团。

注意，是"京东方"，不是"京东"！

推进供给侧结构性改革，是当前和今后一个时期经济发展和经济工作的主线。过去几年，就是这家生产薄膜晶体管液晶显示器的京东方，被习近平总书记称赞为"供给侧改革的成功案例"。

这是一组亮丽的数字——2017年上半年，京东方智能手机液晶显示屏、平板电脑显示屏、笔记本电脑显示屏出货量均位列全球第一，显示器显示屏、电视显示屏出货量居全球第二。三个"全球第一"！两个"全球第二"！

中共中央、国务院《关于营造企业家健康成长环境弘扬优秀企业家精神更好发挥企业家作用的意见》指出，支持企业家追求卓越，培育发展壮大更多具有国际影响力的领军企业。

"目前，我们是'挑战者'，京东方的技术与世界同步。今后，我们要做半导体显示技术的'领先者'，甚至成为'领导者'。"京东方科技集团董事长王东升话语中充满自信。

——这是一家怎样的企业？

——这位被称为"寡人"的企业家，究竟是一个怎样的人？回想起过去种种，这位6旬长者缘何哽咽？

——从"一无所有"到"供给全球",从最初亏损多年到近年来快速发展,京东方走过来一段怎样的非凡历程?

——展望未来,他缘何判断第四次工业革命的"触发点是人工智能和基因技术"?他何以敢于梦想"为中国人健康寿命提升15年做贡献"?

一系列疑问,将在文中得到揭示。

具体答案之外,一个重要启示是:当今中国,亟须加快培育一批就有核心技术、能够占领世界市场份额的世界级创新企业。这,是国家竞争力的重要源泉,是建设"领先"国家,领跑型国家的必由之路。

三个"全球第一"的背后

——一块屏的供给侧改革之路

"创新作为企业发展和市场制胜的关键，核心技术不是别人赐予的，不能只是跟着别人走，而必须自强奋斗、敢于突破。"2016 年 1 月 6 日，习近平总书记来到重庆京东方光电科技有限公司考察，对这家企业以多项自主创新形成比较明显的技术优势和品牌效应给予充分肯定。

12 天后，即 2016 年 1 月 18 日，习近平总书记在省部级主要领导干部学习贯彻党的十八届五中全会精神专题研讨班上指出："元旦过后，我到重庆看了一家公司，他们生产的薄膜晶体管液晶显示器就是供给侧改革的成功案例。"

被习近平总书记称作"供给侧改革的成功案例"的这块屏，到底经历了怎样的供给侧改革之路？记者多次探访，深度解码京东方。

世界屏：每四台平板就有一块京东方屏

无处不在的屏幕，已经成为当下人们日常生活中不可或缺的一部分。

然而，多数人不清楚的是，作为全球消费电子产品的最大生产基地和消费市场，20 多年前中国大陆竟然没有一块国产的液晶面板，体量庞大的电视机、电脑等产业不得不高价从国外进口液晶面板。

20 世纪 90 年代，中国大陆电视机产业发展很快，国产品牌长期占据着国内市场前五名。2003 年前后，彩色液晶显示屏开始取代传统的彩色显像管。然而我国当时并没有生产液晶显示屏的能力，多年积累起来的电视机产业一夜间面临着崩溃的危机。

终端技术发生变化，整个产业链形态也发生了变化。

"即使在 2005 年，到国美、大中这些商场里去看，液晶电视基本都是国外品牌。因为我们自己做不出液晶显示屏，没办法去跟外国品牌竞争。电视机销量好时，人家的液晶屏不卖给我们，电视机销量差的时候，他们才把屏幕高价卖给我们。"京东方集团高级副总裁张宇回忆说。

当年中国大陆没有自主生产线，国家出面去邀请海外的企业来大陆投资建厂，从 2003 年前后一直谈到 2008 年，没有人愿意帮助大陆建设生产线。

2003 年，京东方投资的第五代 TFT-LCD 生产线在北京开工建设，成为中国大陆首条自主建设的液晶面板生产线，2005 年成功投产，中国大陆自此告别没有自主液晶屏的时代。到 2009 年，京东方在合肥投资建设的第 6 代 TFT-LCD 生产线，进一步打破长期以来海外对大尺寸液晶屏的垄断。

图 5-1　BOE（京东方）第 5 代 TFT-LCD 生产线内景

"2005 年年初的时候，国内台式电脑的显示器还要 3000 多块钱，到 2005 年年底时降到 1000 多块钱，就是因为当年 5 月我们的第 5 代线开始投产。"张宇说，三个月就达到 86% 的"黄金良品率"，这是跻身世界一流的公认标准。

据国际权威机构统计，2016 年中国大陆地区显示面板出货面积达到 7700 多万平方米，超越中国台湾地区跃居全球第二。2017 年这一数字预计达 9300 万平方米，将成为全球最大生产基地。

全球液晶面板材料最重要的供应商康宁玻璃科技事业集团总裁季可彬认为，未来，显示面板行业的投资绝大部分将来自中国，中国在今后很多年里将会保持其平板显示面板生产的领导地位。

这是一组亮丽的数字——2017 年上半年，京东方智能手机液晶显示屏、平板电脑显示屏、笔记本电脑显示屏出货量均位列全球第一，显示器显示屏、电视显示屏出货量居全球第二。

2017 年上半年，京东方营收 446 亿元，同比增长超过 68.65%，归属上市公司股东的净利润 43 亿元。

如今，全球每四台平板电脑就有一块京东方生产的屏，全球每五部智能手机就有一部使用京东方的屏……

2005 年以前，平板显示产业有两个方向，一个是液晶显示，一个是等离子显示。"我们建 8.5 代线时，就非常清楚未来显示产业的发展方向，全球业内和科技界选择了液晶显示。"北京经济技术开发区管委会主任梁胜说，"对于供给侧改革而言，政府支持是前提，需要政府科学决策，敢于担当。"

领头屏：带动上下游企业 103 家

液晶面板产业是一个资本和技术密集型产业，投入大、回报周期长。进入这一行业后，京东方经历了长期又痛苦的亏损过程。

京东方集团董事长王东升说，供给侧改革持续推进的动力唯有"创新"。即便在最困难的时候，我们也没有放弃对科技研发的投入，每年都保证把营收的 7%左右投入研发。当时很多人说我们"疯了"，但是我们觉得不搞研发创新才是"疯了"。

2017 年上半年，京东方累计可使用专利已经超 5.5 万件。2016 年美国专利授权量统计报告显示，京东方和华为成为仅有的两家入围全球前 50 名的中国大陆企业。

中科院院士欧阳钟灿认为，当前以京东方为代表的中国大陆面板企业在 TFTLCD 领域已进入全球产业第一梯队，作为下一代显示技术的 AMOLED（有源矩阵有机发光二极体）技术和 8K 超高清显示技术研发也不断突破，处于全球领先水平。

图 5-2　BOE（京东方）8K 超高清拼接显示产品亮相
Digital Signage Japan（DSJ）2017 展会

据介绍，8K 超高清显示技术达到了人类肉眼分辨的极限，是新一代全球产业竞争的关键技术。京东方 8K 超高清显示屏研发团队负责人黄应龙说，研发 8K 技术的难度超出想象，第一批显示屏做出来的时候，仅有一块屏的 1/16 亮了。

"那段时间，工程师们每天工作 15 个小时以上，连续进行 300 多个小时极为艰难的调试和改进，最后终于让整块屏都亮了起来！"黄立龙说。

2013 年 11 月 16 日，京东方 98 英寸 8K 超高清显示屏亮相深圳高交会，首展便被日本 NHK 看中，订单随即而来。

图 5-3　BOE（京东方）98 英寸 8K 超高清显示屏亮相展会

"技术行不一定赢，但技术不行一定会输。而技术行不行，关键在创新。在最困难的时候，我们所有总监以上级别的领导层降薪 30%，把钱用来给一线技术业务骨干加薪，为的就是留住人才。"王东升说。

汤森路透《2016 全球创新报告》显示，京东方已经成为半导体领域全球第二大创新公司，世界知识产权组织发布 2016 年全球国际专利申请情况，京东方以 1673 件位列全球第八。

"经过 10 多年的积累，我们已经完成从半导体显示领域的'进入者'到'追赶者'的转变。目前，我们是'挑战者'，下一代半导体显示 OLED（有机发光二极管）技术，京东方的技术与世界同步。今后，我们要做半导体显示技术的'领先者'，甚至成为'领导者'。"王东升曾经这样表示。

如今，京东方提出未来还将向千亿规模增长。底气何来？

"底气就来源于科技创新。我们进入液晶面板行业时就制定了'进入者—追赶者—挑战者—领先者—领导者'的发展战略，进入者阶段实施'扎根战略'，从零开始，并购、消化、吸收、再创新，把技术的根扎在中国，追赶者阶段实施'钢剑'战略，挑战者阶段实施'铁剑'战略，2018 年开始实施'木剑'战略，我们除了进一步加强显示领域的全球领先优势外，还要在智慧系统和智慧健康服务领域，实现质的飞跃；2023 年到 2027 年实施'无剑'战略，在上述三个领域全面实现全球领先，成就受人尊敬的伟大企业。"王东升说。

一块屏，带动一个产业。

在京东方所在的北京经济技术开发区，一个以京东方 8.5 代线为核心的数字电视产业园，吸引了诸多世界 500 强企业就近配套，带动上下游企业 103 家，年产值近千亿元人民币，一个为数不多的石英砂进去、电视整机出来的全球高端制造中心形成……

图 5-4　京东方第 8.5 代 TFT-LCD 生产线

未来屏：有可能颠覆现有的制造业模式

全球唯一的 10K 超高清显示屏，超过人类肉眼分辨极限；防偷窥的电脑显示器，必须带上特制眼镜才能看到屏幕显示内容；透明冰箱门，可直接当作触控面板用来上网……京东方集团一楼展厅里，陈列着数十种神奇的液晶显示产品。还有看不着的：自主研发的超硬屏宽视角技术成为全球业内重要技术标准。

图 5-5　BOE（京东方）82 英寸 10K 超高清显示屏亮相 2015 年深圳高交会

2017 年 5 月，京东方宣布中国首条 6 代柔性 AMOLED 生产线正式投产，采用了世界上最先进的蒸镀工艺，这种可弯曲的柔性液晶屏具有广泛的用途，将引发更为深远的变革。

王东升说，人类正进入物联网时代，显示屏已将触控输入、指纹识别这些功能集成在一起，成为信息交互的"智慧端口"，京东方的定位是要做一个为信息交互和人类健康提供智慧端口产品和专业服务的物联网公司，为时代变革提供"新供给"。

据国际权威机构数据显示，预计 2020 年全球智能穿戴设备面板需求量将增长至 1.06 亿片，其中采用 AMOLED 技术的面板占比达 30%，并保持着 18.2% 的年复合增长率。

记者看到，京东方研发的 5.5 英寸 WQHD 柔性 OLED 显示屏，可轻松实现"S"

形弯折；7.56 英寸 QHD 柔性 AMOLED 显示屏，可实现半径 5mm 的对折折叠，酷炫至极。

最近两年，作为半导体显示面板巨头的京东方，开始跨界创新，实施"DSH"战略，D 是显示和传感器件，S 是智慧系统，H 是健康服务。

跨界创新也是推动供给侧改革的重要方式。王东升说，比如，京东方在做细胞工程技术研究，把显示器件环境控制技术应用到人工角膜培养中，显著提升培养稳定性和质量，达到可商业化的标准。原本大家认为不搭界的两个领域，一跨界就将原来解决不了的问题解决了。

图 5-6　BOE（京东方）4.35 英寸柔性腕带显示产品

图 5-7　BOE（京东方）5.5 英寸 WQHD 柔性 OLED 显示屏亮相 SID 2017

图 5-8　BOE（京东方）7.56 英寸 QHD 柔性 AMOLED 显示屏亮相 SID 2017

"在国家图书馆，我们还利用超高清技术对古籍、书画等进行电子化，超高清技术可最大程度保存和再现文物原貌。"张宇说，显示屏不再仅仅是一个简单的显示工具，开始深入社会生产生活的方方面面，影响每一个人的行为方式，引发未来世界更深层次的变革。

"创新、转型、发展是我们的关键词。我相信，作为一家新型物联网企业，未来 5 年,我们有可能会颠覆现有的制造业模式,颠覆现有的一些产品和技术,把制造和消费直接连通。"王东升说。

从当初富有前瞻性地进军液晶面板领域,一亏多年仍然痴心不改,到如今"海啸般的崛起"为世界领先企业,出版《光变——一个企业及其工业史》一书的北京大学教授路风一语道破背后奥秘:"京东方的领导者在同时期里有始终未变的两个信条:第一,坚持把高技术工业作为主业,而且一定要掌握技术;第二,必须依靠自己的力量从市场竞争中寻求企业的未来。"

也许,这就是一块屏引发的供给侧改革背后的"密码"。

"没有疲软的市场，只有疲软的产品"

——京东方科技集团董事长王东升对话录

从 20 世纪 90 年代末带领企业一头扎进资金投入高、回报周期长、技术难度大的液晶显示产业，到今天打造物联网时代"智慧端口"（Intelligent Interface）的多元化跨界转型，王东升始终像一位孤独的探索者，思索着产业与时代变革的过去和未来，引领京东方从 24 年前一家改制求生的国营老厂，成长为今天全球半导体显示产业巨头，完成了从"悲剧"到"神话"的飞升……

图 5-9　BOE（京东方）科技集团股份有限公司总部大楼

这，究竟是一家怎样的企业？它是怎样走出一条供给侧之路的？这，是一个怎样的企业掌门人？为什么有人说王东升是"寡人"？他手上为什么会有一道疤？

带着一系列问题，记者和京东方科技集团董事长王东升面对面，倾听他讲述京东方崛起之秘，展望未来图景。

图 5-10　京东方科技集团董事长王东升

"创新企业发展的好时候来了"

问：2016 年 1 月，习近平总书记到重庆京东方光电科技有限公司考察，对你们以多项自主创新形成比较明显的技术优势和品牌效应给予充分肯定，提出"创新作为企业发展和市场制胜的关键，核心技术不是别人赐予的，不能只是跟着别人走，而必须自强奋斗、勇于突破"，后来又称你们为"供给侧改革的成功案例"，您怎么看总书记的认可？

王东升：那天总书记到我们重庆公司视察，现在回想起来我还非常激动！总书记的鼓励和认可，既是对我们多年来坚持自主创新的肯定，更是对我们进一步赶超世界的鞭策。创新引领发展，是根植于京东方企业文化中的基因，我们要做就要做最好，要在全球竞争中获胜，成为受人尊敬的伟大企业。我们会为此坚持不懈地奋斗。总书记的鼓励不仅是对我们，也是对所有中国企业同仁坚持自主创新的期许。创新企业发展的好时候来了！

"真正好的产品是不可能卖不出去的"

问：您如何理解供给侧改革？

王东升：通过技术、产品和应用创新，提供更高层次新供给，拓展更高层次新需求，这是我理解的供给侧改革。我们多年来坚持一个观点：没有疲软的市场，只有疲软的产品。市场疲软从根本上来说，是因为你提供的产品是"疲软的"、缺乏竞争力的；真正好的产品是不可能卖不出去的。

供给侧改革：促进中国产业界在全球更好赶超

问：您认为供给侧改革将给中国产业发展带来怎样的变化？

王东升：京东方在半导体显示领域已形成了全球领先的基础，并且通过跨界创新，我们在若干物联网细分市场和健康医疗领域也有了相当的技术积累，随着供给侧改革的推进，国家新理念、新政策的深化落实，我们在全球的竞争优势将发挥出来。我国有市场需求和工程技术人才的规模优势，众多产品内需市场已经是全球第一。同时，我们拥有大量工程技术人才。

京东方每年从大学招收工程技术类毕业生约 5000 人，大部分是硕博士，这在其他国家很难做到。还有，国家产业发展规划和政策越来越具有针对性和引领性，这种产业规划和政策的供给，也是我国特有优势。比如说，"中国制造2025"，这里面有很多有内涵的东西，可以创造出很多新需求。总之，供给侧改革将促进中国产业界运用自身优势在全球竞争中更好实现赶超。

第三次工业革命："人智力的延伸"

问：您如何理解过去的三次工业革命？

王东升：第一次工业革命，触发点是蒸汽机，极大提高了人类生产规模和效率，一些新交通工具应运而生，人与人交往就多了，人对自身认知也随之提升，医学进步了，寿命也得到提高。第二次工业革命，触发点是电力，电力的应用大大促进了工业化和城市化，带动了电话、电报、电讯产业，人类认知水平、健康状况普遍提高。第三次工业革命的触发点是计算机，把我们带到了互联网时代，人们可以随时随地交流沟通，获取和分享各种信息。如果说第一、二次工业革命是人体力的延伸，那么第三次工业革命则是人智力的延伸。

第四次工业革命："硅基和碳基生命科技的革命"

问：您认为未来第四次工业革命会是什么样子？

王东升：不是未来，现在已经开始了。触发点是人工智能和基因技术。人工智能技术进步以及向各行各业融合渗透，将极大促进物联网、数据检测分析、机器人、材料等产业发展。人工智能系统具有生命特点，其实体构成以硅为核心基础，比如芯片，我们可以称为"硅基生命"。

基因技术也是另一个触发点技术因素。人工智能和基因技术快速融合发展，将大大影响和促进生命科技产业进步。人类健康相关新诊疗方法、新药物，以及信息医学、再生医学、精准医学、移动医学等将蓬勃发展。这是与"碳基生命"相关的产业。

我们可以说，第四次工业革命是关于"硅基和碳基生命的科技革命"，这是人与自身相关的产业。我们已经能创造出某些方面比自身更聪明的人工生命；我们需要处理人类自身与人工生命的关系；我们自身健康寿命会大大延长，推动自身的进化。这是机会，更是我们要面对的挑战。

"快速补强一些原先薄弱的战略性产业"

问：从全球科技产业发展来看，中国面临怎样的形势？

王东升：简单地说，是机遇和挑战并存。

从机遇看，通过多年发展，我国科技产业有了长足进步，创新能力不断提升，如能抓住第四次工业革命机遇，就可以快速补强一些原先薄弱的战略性产业，如集成电路、材料、装备等，同时通过弯道超车，在一些前瞻性产业领域有所作为，促进我国产业结构优化升级。

从挑战来看，我们要客观认识到，无论是基础性产业，还是一些前瞻性领域，我们与美欧日韩都存在较大差距，特别是美国。美国的科学家、学者、智库体系相当完整，科学研究、技术开发和产业化整体能力很强。我们需要发挥好自己的优势，同时虚心学习，开放合作。

"最重要的是建立高效的公司治理机制"

问：中国应该如何强化自己的竞争力？

王东升：应进一步坚持创新驱动发展，营造创新创业社会文化氛围，弘扬企业家精神，重视培养人才，不断完善相关政策，加快企业混合所有制改革和市场化、专业化、国际化体制机制建设。无论国有私有，最重要的是建立高效的公司治理机制、企业制度。这将是我们未来巨大的制度性红利。

"两者看似关系不大，其实很有关系"

问：作为液晶面板产业巨头，京东方选择进入健康服务产业是出于什么样的考虑？

王东升：第四次工业革命的一个趋势是，半导体技术这一基础电子信息技术正在向健康医疗领域快速渗透，推动生命科技革命性进步。两者看似关系不大，其实很有关系。比如人造角膜研发，以前是医学院教授在做，有病人需要，每次在实验室里做一两个，时间长，质量不好控制。如今把半导体生产的环境工程等相关技术跟它结合，相关问题就解决了。比如液晶面板坏点修复，是由人通过远程操控线上机器人修复的，精度微米级。诸如这一类技术，可以应用到一些微创手术中。西方最早医药也是从植物药开始，后来应用了化学知识和化工技术生产出西药。这些都是跨界创新的例子。

"无创测试仪可以检测 14 个指标"

问：健康服务产业现在进展怎么样？

王东升：我们跟国际伙伴合作开发机器人医学助理，还有无创血液监测产品，比如无创多参数检测仪，现在很多社区医院没有血液检测设备，要送到三甲医院。我们无创测试仪可以检测 14 个指标，机器人医学助理会给您自动提供包括异常解读、健康风险预警和建议等个性化健康管理报告。这款产品已通过美国 FDA、中国 CFDA 和欧洲 CE 认证。还有一款无创血糖检测仪，也通过了 CFDA 认证，是专门针对糖尿病人的，减少病人扎针取血痛苦。再生医学实验室今年下半年也将在北京建成，我们将与相关医院合作，争取年内完成心膜产品临床转化，可以帮助面临心衰危险的患者。

"为中国人健康寿命提升 15 年做贡献"

问：您心中，京东方健康服务产业的未来蓝图是什么样子？

王东升：分三步走：第一步预计花十年时间，为中国人健康寿命提升 15 年做贡献，据相关资料，目前中国人平均寿命约 78 岁，但健康寿命只有 65 岁左右，我们立志为中国人健康寿命提升到 80 岁以上做贡献。随着移动医学、精准医学的进步，这一目标是可以做到的。第二步是帮助人们实现"过百岁无疾而终"的梦想，这一目标也是有可能实现的。现在的问题是技术和信息碎片化，工程管工程的，医学管医学的，没有整合起来。第三步是更伟大的理想，用 30~50 年时间，通过生命科技进步，为人类健康寿命超 150 岁做贡献，推动人类自身进化。

这虽然比较遥远，但已经有人在做了。这些说起来容易，做起来很难。我们必须以感恩、敬畏和超越之心，踏踏实实工作。

"我们已进入'无人区'，前方茫茫，压力更大"

问：现在中国大陆在全球液晶面板行业处于一个什么样的水平？

王东升：从出货数量上看，今年中国大陆可能会成为全球第一，如考虑国内正在建设中的几条生产线。2020 年左右，按出货面积计算，也将可能成为第一。

目前看数量已意义不大，关键要看创新能力。京东方小尺寸液晶面板出货量早就全球第一了，今年上半年大尺寸出货量也接近第一。技术创新方面，我们连续三年专利申请数量和首发新产品的覆盖率都是全球业内第一，而且大部分都是国际专利。2016 年，IFI 公布的美国授权专利数 TOP50 里，京东方和华为是仅有的两家中国大陆企业。我们已进入"无人区"，前方茫茫，压力更大，唯有战战兢兢，奋勇向前，持续保持全球领先，才能活下来。

"一个大国需要有一批受人尊敬的伟大企业"

问：您提出京东方要成为"受人尊敬的伟大企业"，能解释一下当中的含义吗？

王东升：作为一家受人尊敬的伟大企业，是诚信、规范、透明、负责任的企业；是不论技术如何迭代，都能引领潮流的企业；是不论市场景气与否，都能稳定增长的企业。京东方成立时我们就说要为中国现代化和人类文明进步做贡献，再后来演变成"要做地球上受人尊敬的伟大企业"。

作为一个大国需要有一批受人尊敬的伟大企业。一家受人尊敬的伟大企业应能参与全球竞争，与全球伙伴合作共赢、持续发展。打造伟大企业关键要素包括企业制度、文化和团队，要根据参与全球竞争并能获胜的要求，不断完善和优化企业体制机制；打造受人尊敬的伟大企业，需要有理想、有担当的一代代企业家，在参与全球竞争中承担社会责任，服务国家需要，推动国家战略新兴产业发展。

"底气来源于技术创新"

问：京东方提出收入未来仍将大幅增长，这个底气来自哪儿？

王东升：底气来源于技术创新。我们进入液晶显示行业时就制定了"进入者—追赶者—挑战者—领先者—领导者"五个阶段的发展战略，将创新引领发展的理念和价值观贯彻始终。

进入者阶段实施"扎根战略"，我们从零开始，并购、消化、吸收、再创新，把技术的根扎在中国，这个阶段把自己的技术、制造、营销、供应链和专业管理体系建立起来了。

追赶者阶段实施"钢剑"战略，挑战者阶段实施"铁剑"战略。从 2013 年"铁剑"战略开始，企业年复合增长平均 20% 以上。

2018 年到 2022 年，我们将实施"木剑"战略，进一步提升显示技术竞争力，持续保持全球领先，同时加快向传感器件、智慧系统和健康医疗事业的发展，快速形成领先优势，完成软硬融合、应用整合和服务化发展转型，实现营收利润持续稳定增长。

再通过 2023 年到 2027 年"无剑"战略的实施，进一步增强基础实力和创新能力，巩固和提升全球领先地位，我们就有机会成就受人尊敬的伟大企业。

做物联网时代的"智慧端口"

问：对未来物联网时代，您是如何理解和规划的？

王东升：我们业务定位是"为信息交互和人类健康提供智慧端口产品和专业服务的物联网公司"。以前我们只做显示屏，后来把触控功能整合到显示屏里面，不仅可以显示，还可以输入，现在做的是触控显示一体化的产品。我们还在开发把指纹功能整合到显示屏的技术，今后也会考虑把摄像头或许更多东西放到屏里。

我们不仅是提供显示器件产品的公司，而更像是物联网系统的智慧端口公司。信息终端显示触控一体化产品是端口，血糖仪是端口，还有其他等，其特点是可展示、输入、抓取、交互，安全、自动和智能，我们称为智慧端口。

物联网时代，中国一定有机会走在世界第一

问：您怎么看未来"智慧端口"与其他产业的关系？

王东升：有人说，在 ICT 领域，华为做的是通道，BAT 做的是平台，你们京东方做的是端口。这种说法也许不一定准确，但也有一定道理。端口和管道要强，平台应用要多。现在我们已经有了好基础，在物联网时代，中国一定有机会走在世界第一。

2016 年京东方全球创新伙伴大会上，我们提出了"开放两端，芯屏器和"的理念。我们愿意把技术和应用端全面开放，与全球特别是国内伙伴开放合作，共

同把芯片、显示屏、各种功能器具和设备、软件有机地整合和创新，共建物联网时代新的价值创造系统和新生态。

"回顾历史越深，可以把未来看得越远"

问：您经常提到"未来"这个词，该如何去看未来？

王东升：也许职业的习惯，我思考问题，一般会从未来一百年、五十年推导未来三十年、二十年，再从三十年、二十年推导十年、五年，从十年、五年再来推导今年、明年两年。

在看未来时我们还要回头看，回看一百年。回顾历史越深，可以把未来看得越远，这样就不至于犯大错误。我们投资很大，现在我主要在想，怎么把显示领域千亿级投资积累的四大技术——显示、传感、人工智能和大数据技术，通过跨界创新，更多运用到新的领域里，用到物联网体系里，用到健康服务里面。这样，边际投入就少了，发挥效益就大了。

最担心："搞出来一个什么黑科技，把我们颠覆了"

问：作为全球产业的领先者，您有没有担心过"黑天鹅"的出现？

王东升：我现在最担心的是会不会在地球哪个角落、哪个车库里面的年轻人，突然奇思妙想，搞出来一个什么黑科技，一个更简便的技术方法，把我们颠覆了。

有些技术可能不是原创的，是各种老技术的整合，但也可能会搞出简便的东西，对产业产生颠覆性影响。还有某种新材料、新工艺的发明。所以我们在美国设立创新中心，一批博士的任务就是看哪些新的东西会出来，新材料、新器件、新应用，都有人负责看。不单直接看，还通过基金投资看创新项目。

现在不单看美欧，也看以色列等其他相关地区，尽可能在大的方面避免被革命性的技术颠覆。

"能赚钱的机会很多，但还是要志存高远"

问：京东方曾经历了近十年的亏损时期，为什么一直坚持下来？

王东升：企业要赚钱是肯定的，不是说能赚钱的就是好企业。中国能赚钱的机会很多，但还是要志存高远。半导体这个行业投资很大，风险很大，核心技术都在外国手中，问题是中国不能没有这个东西。

北京电子管厂是 20 世纪 50 年代建立起来的，我们的老师是中国大陆最早一批专家，那是多年积累的有限的人力资源。当初他们无私地教给我们很多东西，中国需要这个产业，我们就应该咬牙去搞。当时要是去搞房地产，是能发大财，但问题是国家培养了一批工业人才不容易，如果连我们都去做房地产了，还有谁来做制造业？

"不创新投入，我们才更是疯了"

问：有学者说您是一位"寡人"，您怎么看待这个称呼？

王东升：确实我的内心很孤独。为什么？因为我们进这个产业的时候中国没有人做，中国这方面的产业发展是先从整机组装开始的，投资不大，技术含量也不高。我们选择做液晶面板，风险是非常大的，没有多少人支持，所以说我孤独。"寡人"就孤独嘛！

企业在最困难的时候，还要大量研发投入，有的年头研发经费比例占到13%～15%。人家说我们疯了，可是我们当时想，不创新投入，我们才更是疯了。生产线缺乏主心骨，就会变成废铁了。竞争就是要给自己设立一个也许在别人看来根本不可能达到的目标，你才有动力化不可能为可能。

"一定要自强自立，创新驱动"

问：您对未来还有什么期待？

王东升：我手上有一道疤，这是怎么来的呢？我们搞液晶面板要用大量的年轻人，但老员工也得工作解决生计啊，所以我们曾想做一个汽车空调项目。当时约一家外国企业社长见面，其中有个人在酒桌上讲了很多难听的话，非常瞧不起中国人。我一直强忍着，气到把手里的酒杯捏碎了，后来才发现血流出来了。

在国际合作中，真的有时候会感受到屈辱，那你必须要忍啊。现在中国强大起来了，年轻一代可能不了解，以前真的是不尊敬你的，但你还要向他们学啊！那时我们心里就想，终有一天我要超过你！

没有前面的脚印就没有后面的脚印，其实人就是这么忍辱负重走过来的，通过改革开放发展起来的中国人，都是一代一代这么忍辱负重地走过来的，相信很多企业家都经历了这个过程。

我最大的希望是，下一代能够坚持不懈地把这种精神传承下去，一定要自强自立，创新驱动！习近平总书记说"不忘初心"，这就是我们的初心。

用创新和坚持成为延伸的人体"器官"

京东方,很多人并不熟悉。

而它生产的各种尺寸、各种载体的液晶屏产品,却几乎已经成为延伸的人体"器官",时刻离不开。

近年来,这家企业的产品占据世界市场多项第一,更值得一提的是,它还成为两家入围美国专利授权量全球前 50 名的中国大陆企业之一,另一家是华为。

"没有疲软的市场,只有疲软的产品"。解剖这样的案例,分析它跌宕的成长历程,就是要告诉人们:只有瞄准市场需求,瞄准科技前沿,不畏艰险,努力攻克核心技术,才能真正走出一条提高供给质量、促进社会生产力水平实现整体跃升的路子。

放眼世界,一个国家发展从根本上要靠供给侧推动。正如王东升分析预测的四次工业革命历程那样,从蒸汽机到电力,从信息技术尤其是互联网技术再到人工智能加基因技术,一次次科技和产业革命,带来一次次生产力提升,创造着难以想象的供给能力。

当然,难以想象的供给能力背后,是难以想象的艰辛和付出。

事非经过不知难。"在国际竞争中,你要赢得别人尊敬,自己首先要强大。只有你比他强,人家才能对你好。"在谈到国际合作中的教训时,年近六旬的京东方董事长王东升竟有些哽咽。

他的哽咽,蕴含着多少个日日夜夜的奋斗和拼搏;他的哽咽,更折射出一个真理:当今时代,社会化大生产的突出特点,就是供给侧一旦实现了成功的颠覆式创新,市场就会以波澜壮阔的交易生成进行回应。

科技创新是第一动力，不仅会带来科技本身的飞跃，更会为经济发展注入强劲动力。

正是这样，各级党委、政府要牢固树立创新发展理念，推动新技术、新产业、新业态蓬勃发展，为经济持续发展提供源源不断的内生动力；要培育一批敢于创新、勇于冒险的创新型企业家；无论是企业家还是科研人员，更要加强学习，掌握世界科技发展大势，敢于挑战国际科技前沿。

用创新和坚持，我们能把"中国屏"变成"世界屏"，改变过去"缺芯少屏"的状况；用创新和坚持，更能帮助中国企业迈向中高端，帮助中国"点亮"世界。

"要赢得别人尊重，自己首先要强大"

——带着"倔强劲儿"奔向"百年老店"

"在国际竞争中，你要赢得别人尊敬，自己首先要强大。只有你比他强，人家才能对你好，这是我们在国际合作中得出的教训。"当京东方董事长王东升说出上述这句话时，竟然有些哽咽。

北京亦庄，一栋宽敞明亮的办公大楼里，王东升向记者回顾企业创业之初的步履维艰，畅谈我国在液晶显示领域从无到有、从小到大的历程，讲述国际竞争中的辛酸苦辣。

与记者期待听到的京东方领先全球的企业业绩不同，王东升总愿意回忆他带领京东方筚路蓝缕、一路走来的艰辛往事。

"对不起，刚才有点失态。"片刻，王东升露出了往常的微笑。已届六旬的王东升双鬓已然斑白。这个平日里低调、谦逊、温和的南方人，讲起话来不温不火，但一旦提起显示产业，王东升总是滔滔不绝，似乎有着说不完的话。原计划 2 个小时的专访延长到了 5 个小时。他时而讲起企业层出不穷的创新产品，时而分析全球产业形势的风云变幻，甚至忘记了午饭时间……没有人忍心打断他。

话语中、姿态里，记者感受到一颗科技强国、产业报国的赤子之心。

1992 年，王东升开始担任北京电子管厂厂长，次年创办京东方。一个曾经奠定了共和国电子产业基础的辉煌企业，面对市场化浪潮和技术替代的双重冲击下濒临倒闭。

用京东方员工的话说，正是由于董事长一班人长期在崎岖的道路上艰难探索，在竞争中饱受误解和诘难，才炼就了他今天的矢志不渝和忧患意识。

从 1993 年至今，24 年时间，京东方完成了显示产业领域从跟跑者到并跑者、再到领跑者的转变。但王东升却并没有因此而坐享其成、停滞不前，他和京东方始终在思考产业的未来，一直在追寻创新的脚步。

"国际合作中，有时候会感受到屈辱，但你必须要忍，还要向他们学。"王东升说，"专利技术不单是竞争力，还是进入市场的门票。那时我的心里就想，一定要把创新搞上去，终有一天我会超过你。"

在王东升平和的语调中，记者感受到了他身上的那股"倔强劲儿"。王东升刚刚创办京东方之初，国内的半导体显示产业领域还是一穷二白。正是因为王东升的"执念"，才有了今天的京东方。

学财务出身的王东升，自学电脑编程、接触人工智能，为了学习更多的前沿技术，当年二十几岁的他甚至在厂里的机房睡了两年。年轻时的王东升就显示出了与众不同的坚韧与执着。

最早，京东方从做电子管器件开始。而今天，京东方半导体显示产业多个显示屏应用领域的全球市场占有率名列前茅。

"我们进入这个产业的时候，国内还没有人做。"王东升说，"大家都明白半导体显示这个行业的发展非常艰难。如果没有使命感和责任感，没有点儿担当是不会进入这个领域的。"

如今，京东方的企业定位由"半导体显示技术、产品与服务提供商"，转变为"为信息交互和人类健康提供智慧端口产品和专业服务的物联网公司"。

除了显示和传感器件，京东方还广泛涉猎智慧系统和智慧健康服务。在京东方新总部大楼的展示厅里，王东升绘声绘色地向记者介绍着企业琳琅满目的产品，脸上，依然是习惯的微笑。

笑容背后，是更加的自信："在竞争中才能成就百年老店。只要我们志向高远，坚持下去一定会成功。"

| 第六章 |
"独角兽"何以在北京出没

导言　"独角兽之城"的领跑力、"领飞力"

在许多国人眼中，"创新创业之都"是市场氛围浓郁的特区深圳，而北京，似乎还有一定距离。

数字无言，让人惊讶：按照成立年限、估值尤其是有私人资本投入等几条标准评出来的《2016中国独角兽企业发展报告》显示，2016年，中国独角兽企业数量达到131家，其中65家在北京。

北京是"创新创业之都"，更是"独角兽之城"。

其背后，究竟是怎样的成因？

虽然房价居高不下、生活成本高，但是人才、技术资源在北京的高度聚集，使资本也在这里迅速聚集。北京已形成人才、技术、资本"新三驾马车"，为独角兽企业的诞生提供了肥沃土壤，它们，不但会"跑"，还会"飞"……

——"创业不就是选最难的事情干吗？"这是摩拜单车创始人胡玮炜的心声。

——快手掌门人宿华的梦想是"希望做世界的一面镜子"。

——"超级独角兽"企业滴滴出行创始人程维判断："互联网下半场其实是人工智能的天下。"

——"不创新就没有未来""今天就应大规模投入核心技术的研发"……雷军虽然自认为小米是一个"手机+消费电子+电商+新零售"的公司，是一家大数据公司，是一个"新物种"，却始终保持对"创新"的清晰认识，甚至不惜重金挺进芯片领域……

"独角兽之城"的领跑力，甚至"领飞力"，源于这里的创新创业生态，使新技术、新业态在这里能够迅速成长。

"独角兽之城"的领跑力，甚至"领飞力"，源于这里的创业者、创业家乃至企业家精神：自信、执着、焦虑。

——因为站在技术前沿，看到未来，他们充满自信；

——因为对梦想矢志不渝的追求，他们才那么坚定和执着；

——因为技术快速迭代和市场竞争残酷，他们无不深深焦虑，丝毫不敢懈怠……

就像红、黄、蓝三原色构成五彩斑斓的大千世界一样，正是自信、执着和焦虑这三种独角兽企业创始人身上共同具备的精神气质，催生了一个八仙过海、各显神通的"独角兽"世界。

正因为如此，在中关村工作 13 年的中关村管委会原主任、现任中关村银行董事长的郭洪要"向每一位创业者致敬"："中关村的创业者不少极具企业家精神。他们实际上是创业家，是一群有使命有梦想的人，怀揣着改变世界的梦想，敢于冒险，敢于创新，敢于突破，敢于去做前人没有做过的事情。为了社会进步，他们承受了常人甚至一般企业负责人难以承受的压力。"

前方高能！千年古都，何以"独角兽"出没

　　小米、滴滴出行、美团点评、摩拜单车……科技部火炬中心联合长城企业战略研究所发布的《2016 中国独角兽企业发展报告》（以下简称《报告》）显示，2016年，中国独角兽企业数量达到 131 家，其中 65 家在北京。

　　北京，这座千年古都，何以"独角兽"出没，成为一座"独角兽之城"？这意味着什么？2017 年夏，记者历时 3 个多月，深入小米、滴滴出行等独角兽企业调查，一探究竟。

"独角兽"扎堆成中国创新"新印象"

　　投资界将估值在 10 亿美元以上、创办时间相对较短的公司称为"独角兽企业"。

　　2016 年 4 月 22 日，第一辆摩拜单车在上海徐汇区成功投放。之后，共享单车迅速风靡诸多大中城市。2017 年 6 月，这家成立两年多的公司完成新一轮 6 亿多美元的融资。目前其日订单量达 2500 万，在全国投放了 600 万辆共享单车。

　　"我们是一家科技公司，也是一家智能制造公司，用技术整合的方式去解决社会痛点问题。"摩拜单车创始人胡玮炜说："我们在不停地探索技术的边界。"

　　小米科技成立不过 7 年，但估值早已达 450亿美元，是业内备受瞩目的超级独角兽。这家用

图 6-1　摩拜单车创始人胡玮炜

互联网精神做制造业的公司，集硬件、电商、大数据、人工智能等于一身。

业内有人戏称，小米就是一条"鲇鱼"，一搅和就激活了整个行业。而小米公司创始人兼 CEO 雷军表示：小米的奋斗目标是，用 15～20 年时间推动整个中国制造业进步，改变大家对国货的印象。

图 6-2　2016 年 10 月，小米 MIX 发布会，雷军坚持把工程师文化作为小米的核心文化

在北京这片创新热土上，像摩拜、小米这样高速成长起来的独角兽企业共有 65 家，其中仅 2012 年及之后成立的就有 35 家。这是创新驱动发展的必然成果，也是北京良好创新创业生态环境的印证。

中关村管委会原主任、中关村银行董事长郭洪指出，从全球看，独角兽企业已成为引领技术革命和产业变革的代表性群体。它们"不光会跑、还会飞"，由技术创新、商业模式创新、市场和资本 4 个轮子共同驱动，体现了独特性、创新性和颠覆性。

而人人贷、融 360、春雨医生等 10 多家互联网金融、互联网教育、大健康领域的企业成为独角兽，引人关注。

"医疗、教育、金融等领域都是中国改革的难点。一系列新技术尤其是互联网成为经济发展驱动力，推动了这些领域的变革。"长城企业战略研究所所长王

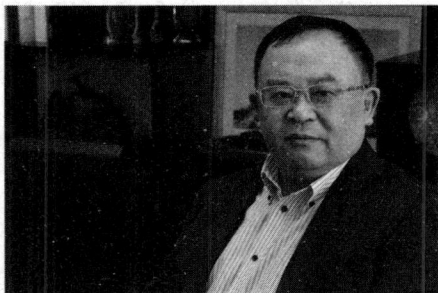

图 6-3　长城企业战略研究所所长王德禄

德禄说。

上海社会科学院互联网研究中心首席研究员李易说，独角兽企业是新技术的变革因子，很大程度上起到了"旗帜""标杆"的作用，代表了未来趋势。

筑造"独角兽之城"的三要素

大数据、人工智能等技术创新催生了滴滴出行，人脸识别等人工智能技术让旷视科技迅速成长，O2O 模式下美团点评脱颖而出……中关村已成为不同于硅谷的全球孕育原创产业的又一极。

《报告》认为，由大数据驱动的分享经济、平台经济和智能经济，将成为独角兽企业集中爆发的领域。王德禄说，将来很长一段时间北京有望继续走在前列，在这 3 个领域诞生更多的独角兽企业。其原因如下。

——有一批洞见能力强、具有企业家精神的创业家。

报告显示，65 家中关村独角兽企业中，个人创业企业共有 50 家，其中连续创业者创办的企业 22 家，初次创业者创办的企业 28 家。

创新驱动，首先是人才驱动。独角兽扎堆中关村的背后，是一大批勇于创新、敢于冒险的创新型企业家的涌现。

"独角兽在北京扎堆，一个重要因素是不少创业者极具企业家精神。"郭洪说，他们有使命感、责任感，敢于冒险、创新和突破。

王德禄认为，新时期的创业者对未来产业变革的洞见能力很强，且敢于引领产业变革，有伟大的使命感、有改变世界的梦想，"中关村聚集了一大批这样的创业者。"

滴滴出行创始人程维说，中国综合实力提升，竞争愈发激烈，这"逼"着所有创业者毫无懈怠、拼命创新。

——良好的创新创业生态。

2017 年 7 月 12 日，国务院常务会议通过《关于强化实施创新驱动发展战略进一步推进大众创业万众创新深入发展的意见》，提出进一步营造融合、协同、共享的"双创"生态环境。在中关村，这样的"双创"生态已初步形成。

清华大学副教授戎珂说，好的创新生态主要由两部分组成，一是稳定的价值链，二是嵌入社交网络的资源池，两者相互促进。在中关村，价值链越来越完整，资源也运转得很好。

快手创始人兼 CEO 宿华感叹："如果不是在中关村，我和合伙人也碰不到一块儿，我也不会有精力学习'机器学习'技术，接触不到那么多优秀的产品研发人员、工程师。"

人才、技术资源的高度聚集，使资本也在北京迅速聚集。如今，北京已形成人才、技术、资本"新三驾马车"，为独角兽企业诞生提供肥沃土壤。

2017 年 6 月 12 日，北京中关村创业大街度过 3 岁生日。3 年来这里累计孵化团队 1900 个，获得融资 743 个，融资成功率 39%，融资超过 1 亿元的企业 40 多家，独角兽企业 2 家。

"在创业大街，政府部门、中关村管委会等起到了服务市场、服务创新创业的作用。加上孵化器、天使投资、创业服务平台等创业生态的构建，使这里成为企业快速成长的沃土。"中关村管委会有关负责人说。

图 6-4 快手创始人兼 CEO 宿华

目前，中关村上市公司总数 308 家，其中境内 211 家，境外 97 家，总市值达 5.2 万亿元，连续 3 年保持 50%以上增长。市值超百亿元的企业 132 家。

"受惠于良好的创新创业生态，新模式、新技术、新业态在北京迅速萌芽、发展。"王德禄说，"北上深杭"已成为创新资源良性循环的典范。

——前沿技术的引领。

《报告》显示，独角兽企业主要诞生在人工智能、大数据、云服务等领域。业内人士认为，得益于中关村丰富的科教资源和强大的产学研平台，一大批前沿技

术在这里诞生，催生了一批独角兽企业。

2017 年 6 月 8 日，北京科博会上，由达闼科技开发的云端智能导盲机器人引人注目，其可把云端"大脑"、移动通信、云计算和传感器等结合，通过"头盔"传递信号，为视障人士提供物体识别、避障等服务。而在北京独角兽企业中，像达闼科技这样的企业并不少见。

中关村为什么能在人工智能时代走在前面？其中一个因素，是得益于这里聚集的众多大型跨国企业。郭洪说，300 多家跨国公司研发中心聚集了大量顶尖人才，一旦有人出走创业，在北京就能迅速组建世界级的团队。

2017 年 2 月，小米发布自主研发中高端芯片"澎湃 S1"，并同时发售搭载该芯片的智能手机。研发这款芯片的是小米独资子公司松果电子。其 CEO 朱凌说，北京太像硅谷了，不管是人才、科研资源、创投环境，还是创业精神。这也是为什么小米选择扎根于此的原因。

创新样本，释放经济增长新动能

在中关村国家自主创新示范区，2016 年就新增了 25 家独角兽企业，新动能尤为可观。

专家认为，新经济现象不仅带来了新需求、拉动新就业，也加快推进了传统产业的转型升级。与以往经济"虚""实"分离的状况不同，技术创新带动了这两者的贯穿融合。郭洪说，在中关村，"虚实"结合得非常紧密。

北京清河五彩城"小米之家"线下店里，各种智能产品琳琅满目。小米 2014 年年初开始打造自身的生态链，涵盖充电宝、平衡车、手环、智能家居等领域，最近又开始线上线下相结合，打造新零售……3 年来，小米已孵化 77 家企业，2016 年销售额过亿的有 16 家，并产生 4 家独角兽企业。

"虚实结合主要源于新经济业态的平台性、开放性和共享性。"郭洪认为：独角兽代表的不是自己，而是一个生态群，比如小米、京东、阿里巴巴等平台型企业积极布局构建企业生态，成为独角兽企业的重要来源。《报告》显示，31 家独角兽企业是由平台型企业孵化或投资产生，其估值占独角兽总体估值的 44.7%。

图6-5　小米之家实践了雷军提出的"新零售",开一家火一家,
坪效达到全球零售店第二名

腾讯研究院高级研究员孙怡指出,在分享经济发展风潮下,传统的实体经济企业也正基于自身优势积极拥抱分享经济,使多元化跨界成为潮流。同时,以独角兽企业为代表的一批国内创新企业正瞄准海外市场。

"越来越多的海外归国人才在中关村创业,这里已经聚集了一批成功进行国际化的独角兽企业和潜在独角兽企业。"王德禄说。

创新创业气氛活跃,民营科技企业与跨国企业、央企同台竞技,市场机制在这里充分发挥了作用。王德禄认为,中关村成为独角兽企业辐射区域乃至全国的重要出发点。

也有冷静的声音。李易说,基于估值而定义的独角兽企业,未来发展还有很大不确定性,是否真能成为经济发展的新动能,还需要时间来验证。

自信　执着　焦虑
——独角兽企业创始人精神"三特质"

因为站在技术前沿，看到未来，他们充满自信。

因为对梦想矢志不渝的追求，他们才那么坚定和执着。

因为技术快速迭代和市场竞争残酷，他们无不深深焦虑，丝毫不敢懈怠……

记者走近一个个独角兽企业创始人后发现：就像红、黄、蓝三原色构成五彩斑斓的大千世界一样，正是自信、执着和焦虑这三种独角兽企业创始人身上共同具备的精神气质，催生了一个八仙过海、各显神通的"独角兽"世界。

自信：洞见未来，创新引领

"我们改变了手机行业。5 年前手机行业是什么样子？""小米的目标是用15～20 年时间推动整个中国制造业进步，改变大家对国货的印象"……话语之间，小米科技创始人雷军的自信溢于言表。

这种自信，不仅来源于企业的商业模式创新，同样来源于技术实力：小米2016 年全球申请发明专利 7071 项，获得授权的发明专利达 3000 项左右，且一半是国际专利。雷军说："可能再过三五年，大家会发现小米是专利上的巨头。"

挺立全球技术前沿，使这位连续创业者得出这样的判断："在中国，尤其移动互联网领域的创新是世界领先的。再过一二十年，中国在各大核心技术上都是世界领先的。"

自信，也源于独角兽企业创始人对未来的洞见能力。滴滴出行创始人程维认为全球将很快进入无人驾驶时代，共享汽车、智能汽车等革命将到来……

图 6-6　创业早期的雷军，手里拿着第一代小米手机

成长仅 5 年时间，每天服务超过 2000 万笔交易，投资全球前五大在线出行平台，成为全球最大的交通出行平台，滴滴出行从创业之初就不满足于中国市场，而是将"引领全球"作为目标。

"大家觉得中国互联网公司一旦做成什么事，一定是借鉴国外的模式和经验，这是骨子里的不自信。"在程维看来，当前中国互联网公司的综合实力和美国公司的差距越来越小，一些领域甚至旗鼓相当。中国现在很多创新不再是复制美国模式，而且中国企业凭借技术、运营效率和团队精神将更有底气和能力率先走出去，去打"客场"比赛。

图 6-7　滴滴出行创始人程维

北京长城企业战略研究所所长王德禄认为，之所以出现独角兽企业，创业者具有洞见能力这一点至关重要。相比过去，新时期的创业者更有洞察产业变革方向的敏锐度，且敢于引领产业和变革。

执着：携梦前行，义无反顾

快手是一家以展示用户短视频为主的平台型企业，一直把记录和分享作为自身使命，仅 5 年时间就达到每天活跃用户 6000 万的量级。

从过去的 GIF 动图到短视频，从 VR、AR 到未来的全息影像资料，快手创始人宿华的梦想就是"希望做世界的一面镜子"。

为了这个梦想，开始创业时，他们创始团队与 4 家公司挤在一个 140 平方米的三居室民宅里，一干就是 6 年；当下，快手正在研发用于记录的"鼻梁上的设备"。

"虽然做硬件是我们完全不具备的能力，但只要可以帮助我们更好地记录，再难我们也做。"宿华说，"记录是永恒的需求。我会用当下最好的技术把记录做到极致。"

自主研发芯片，被许多企业视为畏途。是"推动整个中国制造业进步"的梦想，让小米从 2014 年起就义无反顾走上了研发芯片之路，投入超 10 亿元资金，仅用 28 个月就自主研发出了"澎湃 S1"芯片，批量用于手机。

"今天手机公司已经进入了最惨烈的淘汰阶段，最终只有掌握核心技术，才能在未来'笑傲江湖'。"雷军说。

焦虑：怕跟不上时代、抓不住机遇

创业维艰。即便已达到 10 亿美元甚至 100 亿美元的估值，"独角兽"企业的创始人们仍时时刻刻与时间赛跑，也时刻处于"焦虑"之中。

历时 7 年成长为估值已达 450 亿美元的小米丝毫不敢放慢脚步，因为不管是技术创新还是企业运营，永远都有难题需要攻克。

雷军表示，企业不仅要谈创新，还有很多实际操作问题需要解决。比如保证质量和产品交付。小米成长到现今的体量，就需要去应对供应链全球化可能带来的产能不足等问题。"我每天都要关心汇率、政治、天文地理等情况。如果小米成长为上千亿级别的公司，那操心的事更多，我每天都会睡不着觉。"

"过去会因为部分内容不满足一些人的审美而遭受攻击。"宿华说，我们会尽最大努力去管理好平台和内容，但也希望看到社会进一步的包容。

一边是全球范围内各行业窗口期越来越短，留给企业的创新时间越来越少；一边是监管对网约车发展提出挑战。程维说，希望能给创新企业多一点时间，"让子弹多飞一会儿"。

中关村管委会原主任、现任中关村银行董事长郭洪认为，北京独角兽企业集中爆发，背后的深刻原因在于大家对未来不确定性充满着集体焦虑。"未来是什么？大家有怕跟不上时代的焦虑、怕抓不住机遇的遗憾。"

他们：实际上是创业家

"'独角兽'企业扎堆中关村，集中体现了不少中关村的创业者极具企业家精神。他们实际上是创业家，是一群有使命有梦想的人，怀揣着改变世界的梦想，敢于冒险，敢于创新，敢于突破，敢于去做前人没有做过的事情。"郭洪一句话道出独角兽企业创始人队伍的精神特质。

2016年5月印发的《国家创新驱动发展战略纲要》指出，要发挥企业家在创新创业中的重要作用，大力倡导企业家精神，树立创新光荣、创新致富的社会导向，依法保护企业家的创新收益和财产权，培养造就一大批勇于创新、敢于冒险的创新型企业家。

在王德禄看来，"独角兽"创始人身上都有着强烈的使命感，这是企业家精神里最难能可贵的。"创业要面临多方面挑战，只有具有使命感，他们才能在艰苦的环境中'杀出'一条血路，否则这个行业就'死'掉了。没有使命感，'改变产业、改变世界'这件事就不可能做成。"

"为了社会进步，他们承受了常人甚至一般企业负责人难以承受的压力，我们要向每一位创业者致敬。"郭洪说。

中国独角兽企业发展"三问"

独角兽企业，是近十年来全球经济的新现象。

科技部火炬中心和长城企业战略研究所发布的《2016 中国独角兽企业发展报告》，揭示了独角兽企业在我国的发展现状：独角兽企业呈爆发增长趋势，2016年数量较前一年增长近一倍，达 131 家。

中国独角兽企业集中分布在哪些行业、地方？缘何众多独角兽企业由平台型企业拆分孵化而来？未来独角兽企业将主要在哪些领域集中爆发？

"独角兽"集中在四大领域

独角兽企业是指成立 10 年以内、估值超过 10 亿美元、获得过私募投资且尚未上市的企业。

当前，世界正在进入以信息产业为主导的新经济发展时期。作为"爆发式成长"的代表，独角兽企业被认为是新经济时代科技创新的集中体现。

在大众创业、万众创新的浪潮中，独角兽企业已成为推动经济中高速增长、迈向中高端水平的重要引擎。2015 年，我国独角兽企业有 70 家，而到了 2016 年，这一数字已达 131 家，技术驱动型企业占绝大多数。其中，国家级高新区诞生 104家，成为孕育独角兽企业的巨大摇篮。

《2016 中国独角兽企业发展报告》显示，我国独角兽企业广泛分布于 18 个行业领域，131 家企业平均估值 37.2 亿美元，其中 7 家"超级独角兽"企业占总估值的 49.3%。数据显示，我国独角兽企业成长迅速。在这份榜单中，2014 年后创立的独角兽企业，占比超过 1/3。这些企业创新能力强、成长周期短、成长跨度大。

从行业分布看，电子商务、互联网金融、智能硬件和交通出行这四大行业，成为独角兽企业集中爆发领域，数量占比超过 56%。

从地域来看，我国目前已有 16 个城市出现了独角兽企业，其中北京、上海、深圳、杭州是独角兽企业主要集聚区域，均拥有超过 10 家企业。其中北京市的独角兽企业共有 65 家，占据半壁江山。

"'独角兽'在中关村集中爆发，大背景是恰逢技术和产业变革浪潮，小背景是中关村的良好生态，中关村有许多跨国企业，还有 300 多家上市公司。"中关村管委会原主任、中关村银行董事长郭洪说，"几百家跨国公司研发中心聚集的都是顶尖高手，一出来创业，就能组建世界级团队。"

这一观点，在独角兽企业那里得到了印证。快手公司 CEO 宿华认为，公司产品和技术优势的建立，与选择在北京这一地点创业有很大关系。

"如果不在北京，我和合伙人碰不到一起。如果不在北京，我也不会有机会学习'机器学习'，接触不到那么多优秀的产品人员、工程师和各行业的人才。"北京的人才聚集效应，让宿华感受颇深。

平台型巨头成"独角兽"榜单"赢家"

这份榜单中，平台型企业业务拆分孵化是中国独角兽企业的重要来源。此次共有 31 家上榜独角兽企业由平台型企业业务拆分孵化，占全部"独角兽"估值的 44.7%。其中，阿里巴巴、腾讯、京东、乐视、奇虎 360 和中国平安等 6 家平台型企业孵化的"独角兽"均达 2 家以上。

该报告认为，平台型企业业务分拆成的"独角兽"企业主要分布于"北上杭深"，依托平台企业强大的资金聚集、资源整合和系统性管理能力，这些孵化的独角兽企业展现出显著的爆发式成长特征。

平台型企业中，阿里巴巴系的独角兽企业包括美团点评、乐视体育、36 氪、饿了么等 14 家独角兽企业，总估值占全部独角兽企业的 40%；腾讯系的独角兽企业有美团点评、人人贷、今日头条等 16 家企业，总估值占 1/4；百度系的独角兽企业 6 家，包括百度外卖、爱奇艺等；小米战略投资的独角兽企业有 ofo 共享单车、蔚来汽车等 5 家；京东系独角兽包括京东金融、新达达等 5 家企业。

长城企业战略研究所所长王德禄说，独角兽企业已经成为平台型企业生态链上的重要组成。从全球来看，大企业围绕产业链上下游，通过业务拆分、投资、收购等形式培育"独角兽"和潜在独角兽企业，已经是独角兽企业发展的重要趋势。

"独角兽"将在分享经济等领域集中爆发

由大数据驱动的分享经济、平台经济和智能经济，将成为"独角兽"集中爆发的领域。

——分享经济通过挖掘闲置资源的经济价值，改善人类生活方式，催生出新的商业模式，在出行分享、空间分享、美食分享、金融分享和服务分享等垂直细分领域已经聚集了大量的潜在"独角兽"企业。

——平台经济日益成为颠覆传统经济模式、引领未来商业模式的驱动力，聚集了大量的潜在独角兽企业。

——随着大数据应用、虚拟现实、智能硬件等领域的重大技术突破，智能经济领域已经产生了大量独角兽企业，还聚集了一大批潜在独角兽企业。

专家认为，未来具有良好创新生态的区域将出现更多爆发式增长现象。以北京中关村、上海张江、武汉光谷、成都高新区等为代表的具有世界水平的高新区，将依托其聚集的创新、人才、市场文化等资源形成良好生态，成为未来独角兽企业的主要诞生区域。

王德禄说，独角兽企业与"双创"和"互联网+"战略直接接轨，它呈现出爆发性增长和跨界的特点，是传统经济所没有的。

专家建议：重视独角兽企业的培养和研究

"在经济新常态和转型升级下，独角兽企业将成为经济重要的增长点，各级政府应该重视'独角兽'在经济中的作用。"北京长城企业战略研究所所长王德禄说。

根据 2017 年 3 月科技部火炬中心联合长城企业战略研究所发布的《2016 中国独角兽企业发展报告》，2016 年中国独角兽企业已达 131 家，而 2015 年这个数字仅为 70 家。此次上榜的 131 家独角兽企业均为 2006 年之后成立，其中 2014 年以后成立的企业占比超过 1/3。

专家们指出，"独角兽"大量出现，源于新经济发展提供的良好环境，使企业能在短时间内抓住机会、整合资源，爆炸式成长为"独角兽"。以共享单车行业为例，摩拜、ofo 等数十家企业不仅拉动自行车制造、出行大数据等相关产业，更促进了全社会出行方式的转变。

"社会上对独角兽企业有各种说法，但是无论怎么样，正是独角兽企业引领了国家乃至全球的创新发展方向。"中关村管委会原主任、中关村银行董事长郭洪说。

尽管如此，独角兽企业的发展仍需社会关注和支持。一方面，独角兽企业本质上仍处于创业阶段，具有较大不确定性；另一方面，推动独角兽企业成长，有利于良好创业生态的培养，更是促进经济转型的重要方式。

王德禄认为，对独角兽企业的培育需要新型的组织方式，可选择以政府为主导，搭建领军企业、政府、投资或服务机构等创新主体的开放式协同对接平台。一方面通过研究工作，跟踪建立独角兽企业数据库，挖掘潜在优质的独角兽企业，吸引社会资源扶持企业成长；另一方面研究制定相关鼓励政策。

"政府应当围绕支柱产业和战略性新兴产业发展方向不断延伸产业链条，造就一批具有开拓精神和竞争能力的科技型企业家，努力做大做强企业群体。"王德禄建议，针对独角兽企业，应该提供"一企一策"的量身定制服务，出台适宜当地"独角兽"的专项政策。

"现在很多地方对独角兽企业还不够重视。"专家们认为，建设创新型国家乃至世界科技强国，要进一步为培育独角兽企业营造环境。要把独角兽企业发展与中国改革、全球化等密切结合起来，使它们不仅成为创新驱动发展的"样本"，更成为经济增长的强劲动能。

"比如，可以推动更多独角兽企业走出去，在'一带一路'建设中发挥作用。我去过一些沿线国家，它们也有强烈的需求。"王德禄说。

清华大学社会科学学院经济学所副教授戎珂说，全社会要更宽容地看待创新，给予创新以推力，从环境上鼓励，让创新更自由一些。

业内专家建议，可进一步加强对独角兽企业引进高端人才开放绿色通道，鼓励企业在分享经济、智能经济等方面探索新业态和新模式，支持独角兽企业和政府公共服务相关的创新型产业进入政府采购目录，支持独角兽企业建立国家企业技术中心，鼓励独角兽企业国际化拓展等。

让企业家有用武之地
——"独角兽之城"的启示

"独角兽"是前几年由美国天使投资人提出的理念。

北京，这座千年古都，成为"独角兽之城"、创新创业之都，给人很多启示。

走进一个个独角兽企业，走近一位位独角兽企业创始人，我们更加深切地感受到"独角兽之城"背后那份"人"的力量。

这些创业者，都是洞察者、梦想者，敏感洞察痛点，敢于梦想未来。小米科技创始人雷军说："小米的目标是用 15~20 年时间推动整个中国制造业进步，改变大家对国货的印象"；滴滴出行创始人程维最初就是想让打车不再难、让出行更美好，"希望可以通过互联网连通所有的交通工具，提高整个城市出行的效率"；摩拜单车创始人胡玮炜就是想"回归到事情的本质，就是怎么样让出行、生活更好"；快手创始人兼 CEO 宿华的梦想，是"把每个个体的小世界记录下来""希望做世界的一面镜子"。

正如冷静观察的专家所说，新时期的创业者洞见能力很强，且敢于引领产业变革，有使命感、有改变世界的梦想。中关村就聚集了一大批这样的创业者。

为了实现梦想，这些创业者身上都凝聚着一种不怕输的精神。正因为如此，在中关村工作 13 年的中关村管委会原主任、中关村银行董事长郭洪深有感触地"向每一位创业者致敬"。他说："我来中关村 13 年，没有看到一个因为创业失败想不开的。因为他们都是有使命、有情怀的，大不了再来嘛。"

"大不了再来嘛"，一句话折射出这样一个事实：正是凭借一种不怕输的精神，在北京这块土地上，一个个创业者迈出勇敢的一步，其中一些成为勇于创新、敢于冒险的创新型企业家。

新模式、新技术、新业态，在这里迅速萌芽、发展——北京短短几年内成为"独角兽之城"的历程启示人们：企业家是经济活动的重要主体，必须大力倡导企业家精神，树立创新光荣、创新致富的社会导向，培养造就一大批勇于创新、敢于冒险的创新型企业家。

中共中央、国务院 2016 年 5 月印发的《国家创新驱动发展战略纲要》指出"创新型企业家群体亟须发展壮大"；中央全面深化改革领导小组第三十四次会议审议通过了《关于进一步激发和保护企业家精神的意见》。

郭洪认为，一个地方环境好不好，不是看创业企业"死亡"多少，而是看有没有机制让优质资源和要素能迅速和高效流动到竞争能力最强、创新能力最强的企业。

在北京，政府起到了服务市场、服务创新创业的作用。加之孵化器、天使投资、创业服务平台等创业生态的构建，使这里成为企业快速成长的沃土。

当今时代，新一轮科技革命正在席卷全球，科技革命带来产业革命，谁能把握这轮科技革命，谁就能开启通往未来的大门，对一个企业如此，对一个国家也是如此。

著名硅谷投资人彼得·蒂尔在《从 0 到 1：开启商业与未来的秘密》一书中指出："大部分人认为世界的未来由全球化决定，但事实是——科技更有影响力"；雷军说，不创新就没有未来；程维说，这个时代肯定要被创新引领着，创新的节奏越来越快，时代的变化越来越快；宿华说，大家应该去创新，更多地去找到未被满足的需求。

创新光荣，创新致富。高度重视企业家尤其是创新型企业家，让企业家真正有用武之地，这块土地上就必然成长起更多真正有技术、有实力的独角兽企业，我们国家才能赢得未来。这就是"独角兽之城"给人们的启示。

成长有烦恼　思考无疆界
——与雷军深度对话

科技部火炬中心和长城战略咨询研究所发布的《2016年中国独角兽企业发展报告》显示，我国"独角兽"企业已超过130家，其中半数位于北京。而作为一家估值超过450亿美元的"超级独角兽"，小米近年来备受瞩目。

小米是一家怎样的企业？缘何7年间快速崛起？小米声称崇尚互联网思维，却又为何开始做"线下"的门店？……带着一系列问题，2017年夏天，记者与小米科技董事长雷军深度对话。

"小米其实是一个新物种"

记者：如何定义小米这家公司？

雷军：我最难解释的是"小米是家什么公司"。小米是家"手机+消费电子+电商+新零售"公司，也是家大数据公司。小米的互联网收入接近100亿元人民币，还在做互联网金融。所以我觉得小米其实是一个新物种。实际上，我们没有准确的定义，是根据用户需要展开的、用互联网精神做制造业而产生的一种新业态。我们既做互联网，也做硬件，还做电商、新零售、大数据、云计算、人工智能，还研发芯片、相机、屏幕。我认为，互联网对我们最大的帮助是，思考无疆界。

"成长的烦恼，也是幸福的烦恼"

记者：常有网友吐槽小米新款手机难买，怎么解决这个"成长的烦恼"？

雷军：公司不缺创新，但创新做完后还要保证产品质量和交付。这就是我们的问题。既是成长的烦恼，也是幸福的烦恼。大规模工业、制造业比互联网复杂。我认为，硬件公司达到30亿～50亿元人民币的规模后，交付就是个大问题。

我每天都要关心各地的汇率、政治、天文地理等情况，汇率每周有周报，如果产生重大变动要实时通知。对于传统制造业也是如此，这主要跟规模有关。如果只是几亿元规模，国内市场就可以完全消化，那影响不大。但如果规模有上千亿元，那每天睡不着觉。

图6-8　创业早期，雷军在小米办公室分小米粥。喝小米粥已成为小米公司的一项传统

"线上线下各有特色"

记者：为何小米不坚持原来只通过电商销售的模式？

雷军：我在7年前认为，只有电商能完成超高的效率。当时的模式是"前店后厂一体化"，所有中间成本基本等于零，用户只要付个运费。所以我首先用电商完成销售，到现在电商都占了收入非常大的比例。

但是，增长到一定阶段后遇到了瓶颈，就是电子商务占社会消费品零售总额约在10%，手机行业网上销售不到20%。电子商务有优势，但也有缺点，它没办法体验，只能在网上看图片、下

图6-9　2017年4月19日，小米发布小米6手机，雷军说这是小米工艺的七年探索结晶

订单，过几天才能收到。在商店可以体验，觉得好马上可以付钱拿走。所以，线上、线下（销售）各有特点。

"用互联网效率干零售"

记者：如何看传统零售店面临的问题？什么是"新零售"？

雷军：如果不改变商业效率，传统零售会萎缩得更厉害。原来的零售店很粗放，房租、人工很便宜；现在房租、人工上涨，原来的低效率就搞不定了。所以我们一直在想，能不能用"互联网+"的思想做传统零售业。2016 年 2 月我们开始试点：在北京清河五彩城 10 万平方米的商场地下一层开设一个 200 平方米的小米之家零售店，去年经营了 10 个月，销售额就占五彩城零售业总额的1/14，而面积才占 1/500。我们到现在已开了 100 个店。

图 6-10　小米之家实践了雷军提出的"新零售"，开一家火一家，坪效达到全球零售店第二名

图 6-11　2017 年 7 月，小米公司完成补课雷军在手机部大会上宣布单季出货量超过 2300 万台

新零售就是互联网效率干零售，用互联网技术手段、方法论和人才来改善传统零售业。能帮助传统零售业提高效率、改善用户体验。实践的结果是，可以用电商的成本完成传统零售。但这中间也有很多改革，要完全自营而不是找各级代理、加盟、挂牌子，层层加价，整个都是小米的统一流程，进行统一管控，保持了很高的性价比。

"今天就应大规模投入核心技术的研发"

记者：为何小米要下定决心自己做芯片？

雷军：其实，今天的手机公司已进入最惨烈的淘汰阶段，最终只有掌握核心技术的公司才能存活下来。为了把手机做好，对所有元器件都要有自主研发能力。小米不仅做芯片，也在做屏幕、相机等核心元器件的技术研发，其实苹果、三星也是这么做的。小米如果想 5 年、10 年后笑傲江湖，今天就应该大规模投入核心技术的研发，要掌握这些技术，其中芯片是最难的一个。我们取得的成绩，算是首战告捷，但今天谈成功还太早。

图 6-12　2017 年 4 月，小米创始人团队重走创业路

"创新都是先易后难"

记者：如何看待科技创新？

雷军：大家老说，我国技术上的创新、应用层的创新离美国还有差距。我觉得大家说的是实话，但创新都是先易后难，一步一步来。在中国，尤其移动互联网领域的创新是世界领先的。大家老在看差距，没有看到成长，没有看到创新的速度。我觉得再过个一二十年，中国在各大核心技术上都是世界领先的。

"不创新就没有未来"

记者：现在我们为什么会对国产品牌不自信？

雷军：这是个发展的过程。以前中国制造业生产规模大、东西便宜但不够好。但这些年来，整个手机行业进步速度非常快。技术突破需要时间，从发展角度来看中国的手机工业，进步速度很快。

创业公司不创新就没有未来，所以我经常讲"创新是小公司干的"。大公司有饭碗，它能不创新就不创新；创业公司没饭碗，要跟大公司竞争、抢饭碗，什么难就干什么。从全球看，往往颠覆性创新都是小公司的，大公司都强调小改革。美国的大公司怎么解决颠覆性创新问题呢？直接收购小公司，像 CISCO 每年买下接近 100 家小公司，Facebook 直接买下 VR 公司，所以大公司的大创新绝大部分是买来的。

"我们的目标是推动中国制造业进步"

记者：正在规划小米多长时间的发展愿景？

雷军：小米的目标，是用 15～20 年时间推动整个中国制造业进步，改变大家对国货的印象。我们奋斗的目标，就要像 20 世纪 70 年代索尼对日本的影响，80 年代三星对韩国的影响。其实，索尼影响了日本整个制造业。

记者：看好未来哪些领域的机会？

雷军：未来 10 年，中国各行各业都有很大的机会。就我个人而言，互联网如何与农业高效结合一直是个重要问题，所以我特别看好"互联网+农村"这个大方向，也适应了现在的国策。我认为，在政策上应该加大互联网应用的支持力度，因为市场行为的效率非常高，比如共享单车。我认为未来 10 年，"互联网+"不管到农村、金融系统，还是到城市出行等新领域，想象空间很大，机会很大。

"我们站在一个行业改革的起点上"
——与滴滴出行创始人程维面对面

滴滴出行是全球最大的出行平台之一，也是一只"超级独角兽"。作为中国新一代创新型企业的代表之一，如何看待自身的快速成长？通往未来的道路上，这只"超级独角兽"有怎样的新战略？记者带着一系列问题，采访了滴滴出行创始人程维。

图 6-13　滴滴创始人程维

"过去五年的变化超过了之前的五十年"

问：当前，中国正大力发展新经济、寻找新动能，"独角兽"在其中能扮演怎样的角色？

答：工业时代我们的交通学习欧洲、日本的先进经验，互联网时代我们有机会弯道超车。过去 5 年发生的变化超过了之前的 50 年,如果你离开中国 5 年,去一个与世隔绝的地方再回来,你会发现你完全跟不上了。这些变化,更多是由市场和独角兽企业发起,自下而上,让人意想不到,是一种突破式创新。

"中国充满变化,中国在引领变化"

问:作为"超级独角兽",滴滴有哪些成长心得?

答:首先要感恩。滴滴成立才 5 年时间,员工平均年龄只有 27 岁。不是每个国家都有年轻企业批量产生、快速成长。如果我在欧洲、日本,可能只能去大企业打工,但在中国还是有机会通过创业改变一切。中国充满变化,中国在引领变化。只有变化,年轻企业才有机会,年轻人才有机会。

当然挑战也很大,需要不断创新,因为解决问题的难度在不断加大,中国一个城市比如北京每天就有一两百万笔交易,是整个纽约的 5 倍,所以需要创造性地解决问题,技术深度和技术要求远远超过全球其他地方。同时,滴滴也在积极发展国际化业务,滴滴在全世界前五大移动出行平台都有投资,滴滴希望把自身在中国的产品创新和技术积累的成果、经验输出到国外。

"通过互联网连通所有的交通工具"

问:如何看行业发展所处的阶段?

答:还是很早期。打车软件诞生也只有不到 5 年时间,专快车也只发展了 2 年时间,顺风车、共享单车和小巴还在酝酿更多创新,我们站在一个行业改革的起点上,我们很兴奋。滴滴的使命是让出行更美好,希望可以通过互联网连通所有的交通工具,提高整个城市的出行效率。下一个五到十年,我们将看到一场共享出行和智慧交通革命,这场产业革命现在只是开始。

智能驾驶技术:"未来会大规模普及"

问:未来会是怎样的交通出行方式?

答：中国很多城市汽车每年大量增加，但道路增加有限，不可避免走向拥堵。未来城市需要新的解决方案，在我们看来就是共享交通。今天滴滴这种"互联网+交通"的平台只是第一步，智能驾驶技术在未来十年一定会成熟，实现商业化、完善政策法规还需要时间，但在我们有生之年会大规模普及。滴滴希望变成汽车运营商，希望能够从最大的出行平台变成世界级的科技公司，推动未来五到十年交通和汽车产业的变革。

新业务："支持它而不是杀死它"

问：滴滴的子公司和投资的生态企业已经多达 20 家，会不会向更多方向延伸？

答：之前滴滴自己做业务比较多，所以外面看滴滴比较凶狠，一直在激烈竞争中不断融资，不断开辟新业务线。去年滴滴收购优步中国是一个里程碑，滴滴未来会更开放。基本原则是，如果有团队已经做得很好，我们就支持它，而不是杀死它；如果没有人做，滴滴就应该投入，进行创新。比如共享单车发展很快，滴滴就愿意尽所能帮助这个领域成长。

"中国主场的比赛结束了，接下来要去打客场"

问：国际化是否是当前中国互联网企业必然的方向？

答：中国互联网公司会率先走向国际化。就像工业时代后期"Made in China"走向世界一样，互联网时代中国也会的。有两个主要因素，一是综合实力，中国垂直领域互联网公司的综合实力和美国公司差距越来越小，很多地方旗鼓相当。二是时机，中国现在更多的创新不再是复制美国模式，比如共享单车，我相信美国一定有创业者会模仿我们的模式。国际化是滴滴的重点战略，中国主场的比赛结束了，接下来要去打客场。

"只有上半场拿到门票的才有机会进入下半场"

问：现在很多人说进入了互联网发展的下半场，您怎么看待这个发展趋势？

答：互联网上半场就是连接，就是连接所有的人和信息，当信息不对称被消除以后，产业链就会被重构，就会有巨大的平台出现。互联网下半场其实是人工智能的天下。在我看来只有上半场拿到门票的才有机会进入下半场，因为人工智能的核心并不是算法有多少独特性，或者说云计算能力的稀缺性，我认为真正的核心是数据。只有上半场的平台有机会拿到数据，所以滴滴很幸运，我觉得我们是上半场最后几个抓住车票机会的。上半场的门在缓缓关上，下半场的门在打开。

"我们的团队要勇敢坚决地走出去"

问：未来国际化有哪些挑战？

答：当然有很多挑战。还没有太多中国互联网公司有特别成功的经验，特别是这种O2O线下部分比较"重"的，我们也在摸索。但是我觉得，哪怕最终倒下也会获得一些有价值的经验，对未来中国公司国际化也是有帮助的。所以我们的团队要勇敢坚决地走出去，希望不仅仅是网约车，代驾、顺风车、小巴都可以走出去。

"互联网不是早期的开荒时代了"

问：70%的独角兽企业背后都有BAT的身影，您怎么看？

答：还是要认清现实，互联网已经不是早期的开荒时代了，那时只要自己做得好就行，互联网已经走入"春秋五霸""战国七雄"的时代。创业者要做BAT不擅长的事情，当然一般都是比较艰苦的事情。要抓住时机，善于合作。滴滴发展过程当中，阿里、腾讯、百度都帮了滴滴，所以如果能够有合适的策略，是可以借上力的。滴滴有今天因为背后有三个引擎，就跟火箭背后有三个喷射器一样，也许我们能跑得更快一点。

"有时候我们去当司机"

问：您和司机们有过互动吗？

答：我是一个很乐观的人，经常打车时司机给我讲一些开心的事情，我就会很欣慰。有时候我们要去当司机，去体会司机的艰辛。高管要求每个月不管用什么产品，要接大概五六个乘客，挣一百块钱。我不会开车，所以每次都是公司 CTO（首席技术官）、负责产品的 VP（副总裁）拉我们一起开车。跟乘客沟通过程中我都会很有成就感，他们讲到这几年共享出行对生活的改变，让我觉得很开心。

"让司机有职业尊严，帮助司机提高收入"

问：如何看待出行这个行业的从业者？

答：今天实际上滴滴服务得还不够好，发展太快了，还没来得及建设一个特别良好的司机生态。我觉得滴滴应该有义务去服务好司机，能够让司机为这份工作感到骄傲。所以我特别希望在未来几年时间里，能够让司机有职业尊严，帮助司机提高收入。这个领域应该逐步放开市场，让提供优质服务的人变成这个领域的中坚力量。

"希望做世界的一面镜子"
——对话快手掌门人宿华

从一个做 GIF 动图的小软件起家，快手用 7 年时间成为日活跃用户达到数千万的生活分享平台。2017 年夏天，记者走进快手，对话其创始人兼 CEO 宿华，倾听这位独角兽企业创始人背后的故事、创业的感受。

"把每个个体的小世界记录下来"

问：如何定位快手自身？这是一个怎样的平台？

答：快手已经发展到第 7 个年头，2011 年第一次上线，最早是一款 GIF 动图工具，初衷是帮助人们记录生活中有趣的人、有意思的事，记录生活的点点滴滴、喜怒哀乐，并开放地分享给所有人。到 2013 年、2014 年时将短视频作为生活记录和分享的主体形态确立下来，一直延续到今天。相对照片，影像能够承载更多信息和情感，是一种最佳的承载形态。

目前，快手累计已上传超过 21 亿条视频，都是用户拍摄涉及生活方方面面的原创视频。其实是把每个个体的小世界记录下来，成为整个世界、整个时代的记录。

图 6-14　快手掌门人宿华

"使命没有变，但我们达成使命的方法一直在进化"

问：经过转型，快手现在的产品形态跟最初创业时的设想一样吗？

答：我们创业的目标其实一直没有变，就是帮助每个人去记录和分享自己的生活，随着智能手机普及、网络速度提升，产品形态一直在进化。早年，智能手机不普及时，我们的用户是用手机拍摄，然后用数据线传到 PC 上，再在 PC 上分享给大家。后来，智能手机和 W-iFi 普及了，大家开始用手机拍、手机分享。随着这两年 3G、4G 的普及和资费下降，大家爬山、游玩、逛街等户外场景的视频出现了。去年网速大幅提升，让直播成了一种可能。未来，是不是有 VR（虚拟现实）、AR（增强现实）的方案作为生活分享的新形态？我们不限定发展方向，使命没有变，但我们达成使命的方法一直在和时代一起进化。

"大家看快手，主要是为了体验更多的生活状态"

问：快手凭什么吸引人？

答：大家看快手，主要是为了体验更多的生活状态。这个世界这么大，每个人生命又这么短暂，不可能穷尽所有生活的可能性，也不可能每个地方都到过。但在快手上，你能看到大千世界，就好像自己有了更多的生活体验一样。我不认为这是浪费时间，而是大家对短暂生命的补偿。

"我们是个记录平台，记录的是这个世界"

问：有人说，人工智能有时候会推送低质量的内容，您怎么看？

图 6-15　快手广告语"每个家乡都值得被记录"

答：我们是个记录平台，记录的是这个世界、时代，希望做这个世界的一面镜子。我们后台有近千人采用人工方式或机器辅助人工的方式审核，但总是会有少量的人捣乱、搞怪，发布一些违法、低俗、有悖道德的内容，我们希望平台公开分享出来的内容满足国家法律要求，也满足社会公序良俗的要求。

"独角兽对于我更多是一种责任"

问：怎么看待"独角兽"这个身份？

答："独角兽"是投资人对公司贴的一个标签，但它也代表一种认可。公司做到一定体量，不光要完成公司的使命、满足用户的需求、给员工带来成长空间，还要承担更多的社会责任。"独角兽"对于我更多是一种责任，也是一种认可，只是在我们工作中很少去提这个词，它对我们公司本身的工作没有太大影响。

"没有技术进步、国家相关基础设施的建设，我们是不可能做成的"

问：能否谈谈您的创业历程？

答：我从 2008 年开始创业。2013 年年底，我们在华清嘉园租了一个 140 平方米的三居室民宅，那里最多时有 4 个公司共同分享这 140 平方米。但我们觉得正在做的事情意义很大，并没有太在意办公环境。

当时主要的困难是市场环境，因为智能手机不普及、网速慢，大家只能记录、将视频存在手机里，都觉得这个平台用不起来。实现分享的目标，高度依赖网络环境，如果没有技术进步、国家相关基础设施的建设，我们是不可能做成的。

"北京是个很包容的城市，各类人才都有"

问：在您看来，快手的成功跟在北京创业有关系吗？

答：关系很大，要是不在北京，我和我的合伙人也碰不到一块儿。如果不在北京，我也不会有精力去学机器学习这个技术，接触不到那么多优秀的产品人员、工程师、各行各业的人才。

我觉得，核心还是人才的聚集。企业成功的因素很多，但找到人才是最核心的。快手员工有来自外企、国企，也有苹果店的店长，还有大学老师、海外留学生等，也有高中毕业生。

相对来讲，我们关心每个人的个性胜于关心他的背景。而恰恰北京是个很包容的城市，各类人才都有。而且北京的科技创新环境让我们开阔视野，知道世界上最

277

领先的事是哪些人在做、做成什么样子，北京已经很明显地形成了这样的氛围。

"用当下最好的技术把记录做到极致"

问：您对于快手未来形态和发展目标的构想是怎样的？

答：希望全国更多的人都能用快手来记录和分享。把这个世界记录下来，把每个人自己的小世界记录下来，并开放地分享。

人类的记录已从文字进化到影像时代。影像也一直在进化，从最早的静态照片到后来的视频，后来视频记录时间变长、分辨率变高，再往后是 AR、VR 这种视觉影像出现。等到 5G 普及时，可能还会出现全息影像资料。未来，视频消费设备会不会从现在的一块屏幕变成眼镜？视频采集会不会从手机变成鼻梁上的设备？我相信这些变化都会一点一点地发生。虽然时代会进化，但记录是永恒的需求。我会用当下最好的技术把记录做到极致。

"技术创新我们很乐意去做，哪怕很难"

问：您是否想过将快手进行多元化转型？

答：要看多元化是否对记录和分享这个核心定位有帮助。举个例子，我们今年就会做鼻梁上的设备。手机毕竟要用手拿着，而鼻梁上的设备可以解放双手，这样记录下来的影像资料过去是没有的。这样的技术创新我们很乐意去做，哪怕很难。

我们已成立团队进行研发，现在处于设计阶段，不久大家可以看到产品问世。这款产品看起来跟普通眼镜没有区别，普通人也可以戴上一整天，所见即所记录。这是个长远的打算，要站在 3 年以后来看现在这个东西应该做成什么样。做硬件很难，只要能把记录做到极致，再难我们也做。

"创业不就是选最难的事情干吗？"
——与摩拜单车创始人胡玮炜面对面

2017 年 6 月 16 日，共享单车企业摩拜对外宣布完成超过 6 亿美元的新一轮融资。从第一辆共享单车上线，到成为融资动辄数亿美元的"独角兽"企业，摩拜只用了两年多的时间。记者日前走进摩拜单车，对话创始人胡玮炜，畅谈这个年轻"独角兽"背后的故事。

图 6-16 摩拜单车创始人胡玮炜

"要相信科技的力量并勇于探索"

问：作为创业者，您对这个身份最大的感受是什么？

答：科技给生活带来了巨大变化，我有三点感受。第一，要相信科技的力量并勇于探索，探索技术的边界，去做出最好的产品，和科技创新做朋友。第二，做一件事情时要尽量回归到这件事情的本质，和时间做朋友，因为只有做经得起时间考验的事情，才是一件真正有价值的事情。第三，要做一件对社会有意义的事情，社会才会回馈真正最美好的东西。

这三点是摩拜一直坚持的，我们也因此获益颇多。2017 年 4 月是共享单车正式进入城市一周年，我们调取了第一辆投入运营的摩拜单车运营数据，数据显示这辆车无故障运营了 365 天，被 1975 个人骑行了 2021 次，奔跑了 4850 公里。像这样可靠的共享单车，摩拜在中国、新加坡、英国等 100 个城市有 500 多万辆，每天骑行超过 2500 万人次。之所以有这样的效果，与摩拜坚持用科技和创新打造产品的理念密不可分。

"当你有一个很好的想法时，要想办法执行到位"

问：在您看来，摩拜发展如此迅速的原因是什么？

答：这基于两方面原因，即公司执行力和创业大环境。第一，现在中国创新创业的整个氛围比较好，无论是环境还是舆论都非常支持创新创业。中国移动互联网创新发展已经是世界领先的，而制造业发展到这个阶段也已经进入了可以重新创新、创造的过程。第二，从个人角度来说，当你有一个很好的想法时，要想办法执行到位，要是执行不到位，那好的想法也是没有意义的。

"回归到事情的本质，就是怎么样让出行、生活更好"

问：为什么判断会出现"重新回到自行车网络发展"这样的变化？

答：20 世纪 80 年代北京整个交通出行中自行车占到 60%以上，而在过去发展四轮汽车的经历里自行车的出行比例降到 10%以下。其实欧洲也经历了这样的过程，先是发展汽车，然后自行车比例下降，后来自行车又重新回归，占到了 30%。所以，今天从价值观来说，大家都在回归到事情的本质，就是怎么样让出行、生活更好，大家更加注重生活质量的提升这个本质问题。比如，骑自行车出行生活是不是会更加美好、更加健康。从技术上，移动支付技术广泛的推广、自行车产业的完整性和技术能力，都为摩拜走到今天给了很大的支持。

我们也很欣喜地看到了一些数据，体现摩拜如何实现骑行改变城市。4 月清华同衡联合摩拜发布的《2017 年共享单车与城市发展白皮书》中显示，摩拜单车运营的一年里，摩拜用户骑行累积里程超过 25 万公里，节约了 54 万吨碳排放，相当于节省了 17 万吨小汽车一年的碳排放量。自行车的出行比例翻番，从 5.5% 上升到 11.2%。

"在政府层面需要出台一些统一的标准"

问：摩拜两年来的发展过程中有遇到哪些问题？

答：共享单车的发展对城市建设提出了要求，比如自行车道、自行车停放空间、汽车与自行车的距离等。我们是个全新的模式，会遇到很多空白点。虽然在法律层面没有问题，但真正解决问题的角度又有很多争议，需要政府用创新的态度去面对这样的事情。

共享单车这件事，政府大面上是支持的，有很强的社会效应。为此，在政府层面需要出台一些统一的标准，应该是中央层面的统一标准。因为互联网公司就是全球一个标准进行发展，如果每个城市都有自己的标准，上百个城市就是上百个标准，这对于我们是很复杂的。

问：摩拜单车如何跟全国各地的交通系统融合？

答：我们现在非常积极与政府合作，成立了城市开放数据的研究院，为城市建设规划提供更好的支持。摩拜单车有很强的社会效益，现在已经成为第三大城市出行交通工具，以成都为例，成都地铁每天有 200 多万出行人次，而摩拜每天的出行已达到 300 多万人次。未来，摩拜会做更多有利于提高整个城市公共管理效率的一些工作，让城市更绿色节能。

"押金数额是流动的，可以秒退"

问：如何回应社会反映的押金问题？

答：其实押金这件事，从用户角度来看是比较健康的，就像去图书馆看一本书要交押金，做很多事都需要交押金，而且用户是可以秒退的。只要退过一两次就会有信任，不会质疑这个事。

相关部门应推出并执行具体标准。对于用户押金，我们把押金放在招商银行账户里一分都没用，也不会用，由银行监管。至于押金规模，这是不确定的，因为押金数额是流动的，可以秒退。而押金放在那里实际也是一种资源浪费，这是个留白，希望政府能在这方面给予我们一些意见。

"是做精品还是做'垃圾'？"

问：怎么看北京、上海等地出台的关于共享单车管理的暂行办法？

答：北京、上海、天津、深圳等地都把安装车载定位系统纳入办法中，这是按摩拜一直坚持做的事情。上海自行车协会做了一个建议标准，要求自行车 3 年报废，共享单车到底是应该 3 年强制报废还是强制免维护？对企业来说，3 年强制报废容易做到，但免维护很难，这个门槛很高，但这又是带动我们制造业发展导向性的问题：是做精品还是做"垃圾"？

与此同时，对于共享单车，我们不把普通自行车纳入共享单车是有原因的。作为一个全新的细分品类，共享单车要满足很多特点，比如稳定性，不能完全靠补充新车来服务大家，或者不能因为没有补充新车，结果路上 70%～80%的车都是坏的。在人工管理上，一些共享单车企业是一个人管理 50 辆车，按在全国投放数百万辆车来算，需要几万人来管理自行车，这是我们想看到的吗？对此，我们有人工智能系统进行后台管理。

"我们比政府更担心过度投放"

问：摩拜如何进行车辆投放管理，数量会一直递增吗？

答：其实我们每天在每个城市都有数据追踪，根据城市的真实需求，科学合理地投放。说实话，我们比政府更担心过度投放，这对于公司来说是资源浪费，而且是很高的成本。但如果我们的车辆投放下去，增长非常健康，那我们会继续投。投放到某个临界点，看到它已经不增长了，那我们会停止投放。原则是不断提高效率，进行科学决策。

现在已经进入行业"下半场"了，大家可以看到未来会有很多变化，这个变化在于：精细化运营、技术驱动、智能化变得越来越重要。你不可能雇几万人来修车。

"创业还是要保持适当的焦虑"

问：摩拜单车发展这么快，会不会有些害怕？

答：我预期发展会很快，但没有想到这么快，有一部分不在预期范围。我认为，创业还是要保持适当的焦虑，如果什么都不怕、不焦虑，那就不是创业了。

对于未来的发展，未知和已知都有。对于一个创业公司来说，如果什么东西都很清楚了，不会是真的。很多东西都在动态变化。对于创业公司，很多人都说只能看到未来 3 个月和未来 10 年的事情，我们认为，如果是未来 3 个月要做的事情，就是要把共享单车做得更好、服务和体验做得更好，让更多人能享受到这个服务，让大家体会到智能物联网方法带来的便利。至于未来 10 年，交通会发生怎样的变化，就会变得很有意思了。举个很简单的例子，我们现在还在讲道路交通给自行车的空间不够。如果未来 10 年真的是无人驾驶，可能道路空间是过剩的。我想象，10 年后公共交通与各种交通打通、无缝连接等有着很多种可能性。

"信用机制越完整，发展共享经济会越顺畅"

问：如何看待共享单车等共享经济与社会诚信之间的关系？

答：我们非常希望诚信机制能够相互打通。共享经济的基础是信用机制，但是考核维度不一样，过去都是从金融数字的维度来考核，而摩拜的信用机制有多种纬度，有德、行的角度，用"脚"投票，而不是用"钱"来投票的。一个社会的信用机制越完整，发展共享经济会越顺畅。

未来将有很多可能性，比如信用分达到多少就免押金，这个有很多可能，可以探讨，但目前还没有到那一步。

问：摩拜在国际化方面具体策略是怎样的？

答：摩拜做海外市场非常稳扎稳打，因为我们认为，在海外不是把车扔到马路、学校就可以解决问题的，我们要去看当地到底需要什么样的产品，适合什么样的场景去运营。接下来的几个月，可以逐步看到我们在海外运行的成果。目前，摩拜海外运营的城市有新加坡和英国的曼彻斯特。

"最重要的是怎么去执行，将想法落地"

问：在您眼中，怎样的创业更能成功？

答：我觉得，得回到本质去解决问题，就是你为谁解决了什么问题。首先这个需求不能是你伪造或想象出来的，一定是要被满足的需求。我决定要做摩拜单车的时候，去看公共自行车的市场调研数据。但如果仅凭数据，不能完全衡量这个结果。如果能衡量出一个结果，说明别人早就干完了；如果衡量不出这个结果，说明这中间有些突破点是别人突破不了的，那就看你能不能突破了。再比如，2015年的时候，我们创业团队房租续不上，被停水停电，也没有动摇过，就想着要把这个产品做出来。

很多人都有好的想法，但最重要的是怎么去执行，将想法落地。我常常跟我的团队说，不是你的想法错了，而是你没有执行到位。创业很难，但创业不就是选最难的事情干吗？

"向每一位创业者致敬！"
——对话中关村管委会原主任、中关村
银行董事长郭洪

"独角兽"企业，何以在北京如此扎堆出没？北京成为一座"独角兽之城"，意味着什么？有什么意义？

带着一系列问题，记者对话长期关注"独角兽"现象、在中关村工作 13 年的中关村管委会原主任、现任中关村银行董事长的郭洪。

图 6-17　中关村管委会原主任、中关村银行董事长郭洪

"产生这么多独角兽，不是偶然的"

问：怎么理解"独角兽"企业在北京扎堆的现象？

答：为什么这些年能短时期成批出现这么多独角兽公司？实际上它背后反映

了时代的深刻变化，就是说技术革命和产业变革历史性的交互，爆发式催生新经济现象，传统产业也加快转型升级。

中关村产生这么多独角兽，不是偶然的，一方面得益于良好的创新创业生态，另一方面是中关村的创业者能始终瞄准全球前沿技术和未来新兴产业发展趋势，持续进行创新，立志于引领未来。

许多独角兽企业都是这几年出现的。滴滴出行的程维刚开始也没有想好干什么，结果被一个"打车怎么打不到"的想法触发，做出来一个超级独角兽企业。他为什么能做大？滴滴从来不是模式创新，而是靠技术创新支撑，它最厉害的是大数据、人工智能，要知道交通大数据最复杂，路况瞬息万变。

"独角兽"企业往往代表最前沿最领先的技术，引领潮流。它们不满足于只是跟随，因为独角兽有一个特点，就是它具有原创性、颠覆性。如果只是跟随别人走，在互联网跨界融合创新背景下，不会有太大的生存发展空间。

"概括起来讲是'四轮驱动'"

问：中关村这些独角兽有哪些特点？

答：中关村的这些独角兽，概括起来讲是"四轮驱动"，分别是技术创新驱动、商业模式驱动、资本驱动和市场驱动。

一是技术驱动，中关村的独角兽公司背后，都有强大的前沿技术做支撑，无论是在人工智能，还是在颠覆性原创新材料领域。二是商业模式驱动，过去长期不重视商业模式，反过来也不能把商业模式妖魔化，认为独角兽公司都是靠商业模式取胜。仔细研究，你会发现，这些独角兽公司是技术创新和模式创新的深度融合。三是资本驱动。独角兽公司为什么能融到这么多钱？股权投资基金投出的市值和股票市值不能混为一谈，股票市场瞬息万变，甚至有可能大起大落，但股权投资带有一定的长期性，投资人特别是机构投资人都是一批对行业、技术、市场有深刻洞见能力的投资家。他们如果愿意出更多的钱投资这家企业，代表他们认为这个企业是未来的方向和希望。四是市场驱动。中国市场特别大，这些前沿技术能不能走通首先看有没有得到良好的应用，并且在应用过程中不断试错，不断调整完善，从而带动技术创新和模式创新。

中关村实际探索出了一条政府、市场和社会三股力量对创新进行联合治理的模式，政府主要是一种制度供给和公共服务供给，社会组织，包括各种行业协会、技术创新战略联盟，则发挥了政府部门所不能替代的作用，形成一种协同创新的局面。

"四轮驱动"，加上"一双翅膀"

问：人的因素，在"独角兽"现象中作用大吗？

答：我常说独角兽企业有两个翅膀，就是围绕人来说的。一是创业者团队，这些独角兽公司的创业者很多是在领军企业甚至全球性领军企业里工作过，有多年工作经验，是骨干甚至是高管，他们对未来技术发展、产业发展趋势理解非常深刻，对市场痛点理解也非常精准，同时具有企业管理能力，更重要的是，他们能找到志同道合的合伙人一起创业。二是投资人团队，如果一个公司在初创阶段，A轮、B轮、C轮不同阶段都有不止一个甚至一群在全球范围内顶尖的投资团队进行投资，这个企业也是非常优秀的。所以说，中关村这些独角兽企业基本上是"四轮驱动"，加上"一双翅膀"，就跑得快，也会飞。

"在互联网应用创新方面，我国走到了全球前列"

问：同国外相比，我国独角兽企业创新水平怎么样？

答：应该说在我国，特别是在中关村，独角兽的集中爆发，表明我国国家创新能力和水平在逐步从跟随到并跑，在一些领域还引领。特别是在互联网应用创新方面，我国走到了全球前列。这得益于移动互联网时代，我们有七八亿移动互联网用户，这在全球范围内都是独一无二的，并且他们喜欢接触新鲜事物，喜欢尝试新的应用，极大刺激和推动了创业企业不断迭代、快速迭代，加快应用前沿技术，持续优化用户体验。

"硅谷只有一个，中关村也只有一个"

问：中关村能否从跟随到引领？

答：中关村就是中国的中关村、世界的中关村。硅谷只有一个，中关村也只有一个。中关村是创新中心，不是产业中心。很多原始创新都诞生在中关村。中关村最大的价值是创造力，创新，孵化，然后辐射到全国。

创新就要有信心、勇气，要敢于突破，敢于引领，而不是动不动做之前都要问硅谷怎么做，和美国对比。市场力量在中关村充分发挥了作用。这里创新创业活跃，民营科技企业与跨国企业研发中心、央企同台竞技。

"企业起起伏伏、生生死死是很正常的"

问：有的"独角兽"说没就没了，或者被并购了。应该怎么看独角兽的起起伏伏、生生死死？

答：企业起起伏伏、生生死死是很正常的，不是所有的独角兽公司最后都一定能取得商业上的成功。我们大可不必紧张，不用担心会造成社会资源极大的浪费。投资人投资时，是有充分思想准备的。全世界没有一个投资人会因为一个买卖是稳赚不赔再去做投资的，投资永远和风险紧密联系在一起。独角兽公司经营上出现困难甚至存在倒闭破产风险，对投资人来讲，最好做法就是整合。前两年中关村有一个并购现象，就是老大并购老二，像滴滴并购快的，美团并购大众点评，百度并购携程和去哪儿，58同城并购赶集，都是老大并购老二，老二原来也是独角兽。当年团购兴起时也是这样，百"团"大战、千"团"大战，最后剩下"美团"这个超级独角兽。过去在电商领域、今天在共享单车领域，都在重复这样的故事。

"独角兽"出现问题、出现波动很正常，因为它们本质上还是创业公司。拉卡拉董事长孙陶然写的《创业36条军规》要我作个序，我写的序最后一句话就是"向每一位创业者致敬！"向创业者致敬，哪怕他犯了错误。很多创业者并不完全是为了钱，格局很高，有使命感。其中很多年轻人会是未来的商业领袖。

"不转型不行了，新的时代来了"

问："独角兽"出没，对中国经济转型有什么作用？

答：一个国家的竞争力，很大程度体现在这个国家有没有具有国际竞争力的企业。当下，技术革命、产业变革历史性交汇，技术进步日新月异，新经济现象层出不穷，经济转型升级步伐越来越快。不转型不行了，新的时代来了，靠传统发展模式难以为继。

转型很大程度上要靠技术创新驱动。一个国家、一个地区、一个企业有没有前瞻性、预见性，能不能深刻把握时代特征、时代背景，非常关键。明明活在人工智能时代、大数据时代，还用蒸汽机时代或者电气时代的思维来看待出现的新事物，肯定会被淘汰。

"独角兽代表的不是他自己，代表的是一个生态群"

问：转型步伐加快，是个动力转化的过程，您觉得，靠独角兽，经济会获得新动能吗？

答：新经济现象一方面产生新需求，拉动新就业，另一方面促进新经济和传统产业融合，加快传统产业转型升级。新经济的发展为什么拉动新需求，创造新价值？突出体现在其代表了新方向，更重要在于它们往往是平台性、生态型经济，是开放共享的。一个独角兽代表的不是它自己，代表的是一个生态群。"小米"代表的是背后巨大的生态，带动的众多企业乃至产业。一个京东，哪光是京东呢？一个阿里巴巴，也不只是阿里巴巴啊！一个腾讯，只是腾讯吗？虽然它们自身规模已经不得了，它们更带动了巨大的生态。

为什么说独角兽代表经济动力？原因在于能一方面引领变革，一方面带动转型升级。"滴滴出行"就是从打车领域切入，形成一个巨大产业，带动性极强。它对两个传统产业产生巨大冲击，一个是出行，一个是汽车。

"在中关村没有虚实之争"

问：研究中关村独角兽，许多和互联网有关，会不会有点"虚"？

答：在中关村没有虚实之争，虚实结合非常紧密，制造业和服务业融合发展。小米是"虚"还是"实"？说它"虚"，它自己生产手机；说它"实"，它确实很多收入来自服务，来自产融结合。现在互联网公司不做车，都不好意思说自己做互联网。互联网公司不做金融，都不好意思说自己是互联网公司。

虚实结合的原因在于，传统生产生活方式发生了深刻变化，传统模式远远满足不了需要，必须结合。物流业发展早就打破传统产业区域布局界限，可能在一个地方设计、一个地方生产，第三个地方装配。新经济更是这样，决定成败的不是物流成本，是创新生态，是系统构建能力、资源链接能力。

"没有谁颠覆谁，最终都是融合"

问：很多"独角兽"都是"互联网+"，往往给一些领域带来冲击，您怎么看？

答：新经济现象也有两面性，一方面代表前进方向，另一方面对传统企业产生冲击，对监管提出新的挑战。如何因势利导，考验执政能力。

没有谁颠覆谁，最终都是融合。媒体是这样，无论是互联网还是移动互联网，当时都说传统媒体完了，现在也没完；电商一出来，有人说实体店完了，现在实体店强势回归；小米原来号称没有线下店，现在补短板，做新零售；互联网金融野蛮发展了一段时间，现在也老老实实回到金融本质，和传统金融机构合作，以多种形式融合，边界在不断突破。我们不能用两分法来看问题。电商有电商的不足之处，但绝不能说它一钱不值。

"投资人常讲资本泡沫，大可不必过度解读"

问：这种创新创业的生态，是怎样形成的？

答：生态不是一天形成的，要持之以恒培育。比如说天使投资人，就像自然生态里的腐殖质，腐殖层厚实，说明土地肥沃。天使投资人活跃，能帮助创业企业迅速成长。中关村有300多家上市公司，它们的创始人、高管、骨干变成天使投资人，有未来眼光，甚至出来创业。投资人常讲资本泡沫，大可不必过度解读。回顾互联网泡沫，投资人损失惨重，以为是一场闹剧、骗局。但是今天，还是那几家企业在美国领军。有个技术曲线，一项新技术革命浪潮来的时候，一两年会迅速推到极点，然后会迅速跌下来，再缓慢上升，都是这个规律，关键是促进了社会资源的高效优化配置。硅谷一年创办 10 万家企业，你知道哪家会冒出来？绝大部分可能都要死掉，但剩下的一两家可能就是全球老大。哪来的？都被收购整合了。

一个地方环境好不好，不是看创业企业"死亡"多少，而是看有没有机制让优质资源和要素能迅速和高效流动到竞争能力最强、创新能力最强的企业。我来中关村 13 年，没有看到一个因为创业失败想不开的，因为他们都是有使命、有情怀的，大不了再来嘛。这得益于资本市场的改革开放，天使、PE 等大量资本会迅速涌入。

"如果不能敏锐捕捉时代特征，那是可悲的事情"

问："独角兽"企业有没有资本"催化"起来的成分？

答：这些"独角兽"企业有个特点，会迅速把市场占有率、覆盖面扩大。同样一个浪潮来的时候，会有成百上千家创业企业，有跑得快的，也有跑得慢、跑不动的，资本就要进行选择，逐渐加大对"跑得快的"投资，"跑得快的"会更快，"跑得慢的"就缴械投降了，它也不会垮，为什么？投资人不会让它死掉，会把它整合。新一轮浪潮来时，又会有很多企业出现，跑了半年一年，又迅速整合。

现在变化太快。一个企业也好，一个国家也好，如果不能敏锐捕捉时代特征，那是可悲的事情。诺基亚技术能力不强？它至今仍在是手机技术专利最多的公司。但它为什么在智能手机时代相继被对手超越，就是因为它没有跟上时代的变化。

超级独角兽："都是在竞争极其惨烈的领域产生的"

问：从"独角兽"企业到"超级独角兽"企业，怎样才能实现这个跨越？

答："超级独角兽"，像滴滴、小米、美团，都是在竞争极其惨烈的领域产生的。像美团，"千团"大战后迅速洗牌形成少数巨头，然后整合。

有人说"超级独角兽"导致恶性竞争，看怎么定义恶性竞争？咱们看看美国波士顿法官的判例：传统出租车公司告 Uber 恶性竞争，法官判 Uber 胜诉，他说传统出租车行业是垄断，利用垄断地位不思进取，不需求技术进步，不提供更好的服务，消费者忍了很久，Uber 出来后开辟的不是传统市场，而是另外一个市场。这也许有助于大家判断到底什么是垄断，什么是恶性竞争？社会没有绝对的对和错，关键是整个社会的价值取向是否鼓励创新，是否要给百姓更美好的生活？这是根本。

"未来一定是实体电商的天下"

问：您觉得像小米这样的企业进入良性发展的通道了吗？

答：是的。经过几年的摸索，小米在技术创新和商业模式创新上，都取得了长足的进步。小米把芯片做出来，是很好的事，它的专利产生数量和速度在创业企业中是很惊人的，它是一家技术创新与商业模式创新结合的公司。

我看好小米的"新零售"。无论是实体，还是电商，最后一定是个融合趋势。不过未来一定是实体电商的天下，本地的服务渠道优势在里面，很多东西还是需要体验感。

"中关村的创业者不少极具企业家精神"

问：习近平总书记说"市场活力来自人，特别是来自企业家，来自企业家精神"，在中关村也是这样吗？

答："独角兽"扎堆中关村，集中体现了中关村的创业者不少极具企业家精神。他们实际上是创业家，是一群有使命有梦想的人，怀揣着改变世界的梦想，敢于冒险，敢于创新，敢于突破，敢于去做前人没有做过的事情。为了社会进步，他们承受了常人甚至一般企业负责人难以承受的压力，我们要向每位创业者致敬。

中关村有许许多多的跨国企业，还有 300 多家上市公司。为什么在人工智能时代中关村能走在前面？得益于北京一些研究院和企业在人工智能领域的大量投资，集聚了大量人才。几百家跨国公司研发中心聚集的都是顶尖高手，一出来创业，就能组建世界级团队。中关村前沿技术企业很多人都是从这些跨国企业出来的，这已成为一种现象。

"要突破过去习以为常的思维定式"

问：究竟怎样，才能让这些企业家更有用武之地？

答：他们在走前人没有走过的路，创业路上是孤独苦闷的，因为每走一步都会遇到各式各样的冲突和误解，这就需要全社会都要营造一种鼓励创新、宽容失败的社会氛围，更多的是支持他们、理解他们、包容他们。政府部门应更多适应这场变化，特别是要突破过去习以为常的思维定式，突破那些熟悉的监管理念和制度安排。

任何新生事物都有两面性，"独角兽"也不例外：它虽然代表了社会前进的方向，但不是不需要监管，而是恰好需要监管，不过不是过度监管。现在主要是适应新经济发展的新监管制度供给不足。

"制度政策供给不足成了改革关键点"

问：新东西对传统监管理念产生冲击，有什么体现？

答：现在面临的问题是改革纵深落地，新的监管制度有一些滞后，不能完全适应这种新经济转型升级的需求，成了一个瓶颈，制度政策供给不足成了改革关键点。新的现象层出不穷，每个独角兽对行业都产生了巨大的冲击和影响，如果不去沟通交流，只看到负面，一管就管死。传统的不行，新的冒出来后又驾驭不住。谁说不要监管？恰好是需要加强监管，但怎么去监管是关键。关键是适应新经济发展需求的新的制度共给比较缺乏，"互联网+""AI+"，如果思想观念不变，理念不变，新的监管制度安排没有，利益格局不突破，所有的"+"都为零，而且大家会选择性回避。好在经过多轮博弈，已经逐步建立了新经济新制度协调发展的机制。

"独角兽"企业更需要理解

问："独角兽"企业国际化发展如何？

答："独角兽"企业具有天然的国际化基因，特别新、特别前沿，国内企业好多还看不懂。很多"独角兽"是境外天使创投来投。它们都是技术驱动，往往市场都是国际化的，所以有天然渊源。越来越多的海外归国人才在中关村创业，有一批"独角兽"创业之初就对标国际性的企业。

"独角兽"企业更需要理解，它比较独特，也比较孤独，会面对很多质疑和困难。首先是理解，要懂他们。"独角兽"企业不一定最看重投资额最高的投资人，而是最懂它、能给它对接资源的。

社会舆论怎么看待"独角兽"现象？把它视为洪水猛兽，还是因势利导、正确引导？现在很多事情喜欢贴标签，喜欢给一类事物或一类群体标签化。一有点风吹草动，则怀着幸灾乐祸的心理看待它。

"我现在也是一种创业"

问：您不久前从中关村管委会主任岗位离开，就任中关村银行董事长，走上了新岗位，也是一种创业吧？

答：最近看了两遍电影《冈仁波齐》，体会最深的是两个词：信仰、淡定。有的人烧香还愿多是为了自己或者家人的世俗目的，藏区的人们用身体丈量朝圣路，是一种信仰。我对中关村的创业家表达敬意，很敬佩他们的的信仰。

我现在也是一种创业，中关村银行的定位就是"创业者的银行"，一定程度上讲，中关村银行的成立，就是通过投贷联动发现未来的独角兽，寻找未来的行业领袖，并且陪伴他们共同成长，要用投资人的眼光和模式设计银行的业务。

| 第七章 |

人工智能第三波浪潮"来袭"
——人工智能"大咖"谈

↳ 导言 人工智能大潮来袭，中国有无机会领跑

↳ AI 革命：中国加速跑

↳ 机器人领域十项最具成长性技术展望

↳ "我们处在这波浪潮的早期"——与英特尔中国研究院院长
宋继强的深度对话

↳ "智能+"将解放生产力 释放创造力——与地平线机器人技术
创始人余凯的深度对话

↳ "未来要靠技术驱动"——与京东集团副总裁肖军的深度对话

↳ 技术即标的 应月造生活——与臻云创投合伙人祝晓成的深度对话

↳ "智能+"是必然趋势 人是技术主宰——与中科院教授王飞跃
深度对话

导言 人工智能大潮来袭，中国有无机会领跑

画沙画的协作机器臂、个性化的教育机器人、自动跟随的平衡车机器人……

永久落户北京亦庄的世界机器人大会，再次引起人们对机器人乃至人工智能的关注，人们不禁追问：智能社会究竟离我们有多远？奇点，究竟会在何时到来？机器人，会替代人类吗？中国是否有机会领跑？

经和中国人工智能学会商量筛选，笔者走近5位站在人工智能研究、创业第一线的业内"大咖"——中国科学院自动化研究所复杂系统管理与控制国家重点实验室主任王飞跃、英特尔中国研究院院长宋继强、京东集团副总裁肖军、地平线机器人技术创始人兼首席执行官余凯、臻云创投合伙人祝晓成等人工智能领域的权威学者、企业创始人、投资人，围绕焦点热点话题展开讨论，同时为人工智能产业发展献言献策。

宋继强清醒地知道："我们处在这波浪潮的早期""具备自省智能，机器才能演化为超人工智能。"

余凯说："从'互联网+'到'智能+'是必然趋势。"

祝晓成认为："未来人工智能无处不在。"

肖军表示，京东"未来需要技术的驱动，通过人工智能技术来建立更科学的模型来支撑我们的商业。"

王飞跃则警告："中国是机器人大国，但还不是强国。"

2014年6月9日，习近平总书记在中国科学院第十七次院士大会、中国工程院第十二次院士大会上的讲话中用400余字的篇幅对机器人发展做出重要指示："我们不仅要把我国机器人水平提高上去，而且要尽可能多地占领市场。这样的新技术新领域还很多，我们要审时度势、全盘考虑、抓紧谋划、扎实推进。"

2017 年夏，我国首个人工智能国家规划——《新一代人工智能发展规划》重磅发布，从国家层面对人工智能进行系统布局。

对于中国来说，把握当代科技发展趋势，突破基础理论和硬件技术研究瓶颈，加速攻关人工智能核心技术，才有可能在未来智能社会的构建中掌握主动权。

"在个人电脑时代，我们已经错失了机遇；在人工智能时代，一定要掌握自己的核心基础技术。"余凯的话，是无数中国科技工作者的共同心声。

AI 革命：中国加速跑

水母机器人，变脸机器人，擦玻璃机器人，快递无人机，机器人"书法家"，外形酷似姚明、投篮命中率超高的双足站立机器人，会跳舞的陪护机器人、会"做"外科手术的达芬奇手术机器人、陪人"打羽毛球"机器人、用大脑控制轮椅行走的机器人……

2017 年 8 月 22 日至 27 日，2017 世界机器人大会在北京举行，各种酷炫聪明的机器人让人们眼花缭乱、目不暇接。一幅机器人产业迅猛发展、人工智能给人类生产生活带来巨大变化的图景在人们面前展开。

世界机器人大会，从一个侧面折射出一场正在加速到来的人工智能革命。在这场被中国人工智能学会理事长李德毅院士称为"奔跑的人工智能"的全球性竞赛中，中国正在加速。

互联网预言家凯文·凯利提出，人工智能将是未来 20 年最重要的技术。

未来学家雷·库兹韦尔更预言，2030 年，人类将成为混合式机器人，进入进化的新阶段。

站在新的历史节点，人们仿佛听见了智能社会引擎的轰鸣声……

人工智能第三次浪潮来临　我国抓住发展前沿科技主动权

——从"互联网+"到"智能+"，人工智能构建未来社会成主流态势。

1956 年夏季，一批有远见卓识的美国年轻科学家首次提出了"人工智能"这一术语。简单来说，"人工智能"就是能够像人一样进行感知、认知、决策和执行的智能程序或者系统，也可以在某些领域超越人类，服务人类的各项决策。

在当时，数字计算机刚刚进入全新的时代，人们发现它可以进行编程和逻辑运算，似乎可以解决各种各样的问题，人工智能进入了第一个"黄金时期"。

实际上，随着研发不断进行，人们发现计算机仅仅能够解决一些逻辑推理问题，再复杂的问题还是毫无办法，人工智能在 1970 年前后陷入了第一次低潮。

20 世纪 80 年代，一台普通的 PC 能够抵上 20 年前的一台大型机，人工智能出现了第二次"黄金时期"。但事实上，算法的优化与性能的提高还无法解决计算机的认知能力和自我学习能力不足等问题。自那以后，人工智能进入了第二次低谷。

如今，人工智能迎来了真正的"第三春"。此轮浪潮背后是大数据、互联网、云计算、脑科学、传感网交叉融合、互为支撑，而人工智能的未来是一件件前端智能设备互联互通，智能社会勾勒了全新的生活图景……

"1956 年，达特茅斯会议开启了人工智能的发展。经过 60 年准备，人工智能终于可以奔跑了。如果说它是一架天梯，这架天梯是由移动互联网、云计算、物联网、脑科学等搭建的。"李德毅院士说。

在可预期的未来，人工智能领域不仅仅会是单一的技术和产品，而是一个整合的"生态系统"。数字技术将结合神经研究等医学领域、自动化机械臂等工业领域，共同组成人工智能的底层技术。以人工智能为依托的机器人一方面会以"软件"形式融入社会，如自动翻译、图像识别等。另一方面也将通过集成"硬件"深入到百姓生活中，如特种机器人、医疗机器人等。

正是在这种"共识"的指引下，美国推出《国家机器人战略计划》，欧盟推出《地平线 2020 计划》，英国政府也投入 47 亿英镑用于推动机器人研究的发展，IBM、微软等人工智能巨头也都在尝试软件、硬件、应用场景的联通，着眼布局未来。

"思深方益远，谋定而后动。"人工智能作为引领未来的战略性技术，已经成为世界主要发达国家提升国家竞争力、维护国家安全的重要利器，各方纷纷加强谋划部署，力图在新一轮国际科技竞争中掌握主动权。

——"政产学研用"合力出拳，我国人工智能协同创新局面雏形初现

在新理论新技术以及经济社会强烈需求的共同驱动下，人工智能加速发展，

呈现出深度学习、跨界融合、人机协同、群智开放、自主操控的新特征。

构筑人工智能先发优势，把握新一轮科技革命战略主动。

党的十八大以来，以习近平同志为核心的党中央高度重视新一轮科技革命和产业革命，重视创新驱动发展战略的实施。2014 年 6 月 9 日，习近平总书记在中国科学院第十七次院士大会、中国工程院第十二次院士大会上的讲话中用 400 余字的篇幅对机器人发展做出重要指示："我们不仅要把我国机器人水平提高上去，而且要尽可能多地占领市场。这样的新技术新领域还很多，我们要审时度势、全盘考虑、抓紧谋划、扎实推进。"

随后，一系列动作陆续推出：国务院《关于积极推进"互联网+"行动的指导意见》中明确将人工智能列为 11 项重点推进领域之一；十八届五中全会把"十三五"规划编制作为主要议题，将智能制造视作产业转型的主要抓手……

2017 年，我国首个人工智能国家规划——《新一代人工智能发展规划》重磅发布，从国家层面对人工智能进行系统布局，反映出政府迫切期望推进人工智能产业健康有序发展的意愿。

"大数据驱动知识学习、跨媒体协同处理、人机协同增强智能、群体集成智能、自主智能系统"成为人工智能的发展重点，受脑科学成果启发的类脑智能蓄势待发，芯片化硬件化平台化趋势更加明显，人工智能发展进入新阶段。科技界称为"新一代人工智能"。

以人工智能技术为依托的机器人也已成为快速成长的新兴产业，是提振实体经济的重要突破口和各主要国家战略布局的焦点。我国机器人发展面临重大历史机遇，《中国制造 2025》明确将机器人作为重点发展领域。

工业和信息化部陆续出台《机器人产业发展规划（2016—2020 年）》等政策，着力推动机器人产业快速健康可持续发展，打造面向全球的机器人技术和产业生态体系，在市场潜力、开放合作、智能化等方面具备良好发展契机。

工业和信息化部副部长辛国斌介绍，机器人研发和产业化应用是衡量一个国家科技创新、高端制造发展水平的重要标志。推动机器人产业发展要"明目醒脑"，进一步明确机器人发展的定位和方向。要"强身健体"，进一步提升机器人发展的能力和水平；要"固本培元"，进一步完善机器人发展的基础和环境。

顶层设计是行业发展的"指挥棒""护航员""强心针"。在北京中关村，人工智能领域逐步形成了"龙头引领、创新蔚然成风"的发展生态。中关村国家自主创新示范区聚集了千家人工智能机构，形成了覆盖基础层、技术层、应用层的全产业链产业集群。

2016 年，示范区人工智能企业实现总收入 4112.5 亿元，同比增长 29%。中关村龙头企业以海量优质数据为基础，建立算法平台、通用技术平台和应用平台。以百度为例，百度通过"Apollo"计划开放自动驾驶平台，发布深度学习开源平台 Paddlepaddle，以及全球领先的语音识别及人脸识别等技术。中关村人工智能企业在计算机视觉、深度学习、智能芯片、语音识别等领域也涌现了商汤科技、中科寒武纪等创新型公司。

目前，全球人工智能领域的专利数量集中在美国、中国和日本，这三国的专利量占全球的七成左右。又百度一家公司，在人工智能领域公开的专利申请超过2000 项、申请的国内外智能语音专利已超过 600 项。《乌镇指数：全球人工智能发展报告 2016》显示，中国人工智能专利申请数累计达到 15745 项，列世界第二；人工智能领域投资达 146 笔，列世界第三。

根据美国白宫的人工智能报告，在深度学习方面，美国的期刊论文数量与增速均落后于中国。我国的"深度神经网络"相关论文已超过美国，位于世界第一。其中，2015 年，中国有 350 篇相关论文发表，增长态势迅猛。从 2010年到 2014 年，我国深度学习的期刊论文数量增长率达 186%，远远高于同期美国的增速（26%）。

智能社会正步步临近，我们准备好了吗？

在新一轮科技革命和产业变革的背景下，全球人工智能发展尚存很多疑问，应确保人工智能发展安全可控，找到发展与控制间的平衡点。

——人工智能会怎样改变人们生活？

人工智能+工业机器人，人工智能+服务机器人，人工智能+特种机器人，人工智能+家居，人工智能+手术，人工智能+无人超市……从"互联网+"到"智能+"，人工智能默默地填充、改变人类的学习、娱乐、生产、生活。

网络订餐，系统会通过用户点餐数据痕迹知晓消费者用餐口味，有针对性推送；看病就医，未来具备人工智能的医疗系统可以汇总海量病历并进行综合分析，进一步丰富医生的临床知识、辅助医生做出诊断。

以教育为例，教育机器人包括个性化教育等多个系统，可以与多个学校保持合作，丰富学校教育形式。除互动学习语文、数学、成语故事外，机器人还能实现智能陪护，实时监控孩子的起居安全。家长可以用手机与机器人相连，与孩子进行视频对话或通过旋转摄像头监控家中的具体情况。

专家预测，教育领域也将被人工智能等科技深刻改变。未来或将存在一个无限"大"的智能平台，经过大数据的分析和处理，该平台能为每个孩子"私人定制"培养方案，使每个孩子都能够被"因材施教"。

据瑞银研究报告，至2030年人工智能每年将为亚洲贡献经济价值高达1.8万亿至3.0万亿美元，将对金融服务、医疗保健、制造、零售和交通等行业产生巨大影响。这些行业加起来，相当于目前亚洲GDP的2/3。

专注于人工智能等高科技领域的天使投资人祝晓成认为，人工智能将与无人驾驶、医疗等领域相结合。这些结合将进一步解决消费者的痛点、满足市场需求，同时也将深度影响社会运作模式。

——人工智能的"智商"现在及格了吗？

目前，部分投入应用的机器人的"智力"还相当有限。在2017世界机器人大会展区，也看到了很多具备语音表情识别、能与人进行简单交流的机器人。通过与机器人互动发现，许多机器人已经可以进行简单的对话、握手等人类行为，但距离"类人化"差距依然很大。

部分服务型机器人已经逐渐具备一些空间认知智能，能够感知周围的环境空间，能够控制身体做一些相应的运动，但都还属于早期阶段。在情感和自主意识方面，人工智能与人类智能还有非常大的差距，甚至可以说存在鸿沟。

2017年上半年网上关于申通分拣机器人"小黄人"的视频受热议，大家纷纷为"小黄人"的熟练作业点赞。申通发展研究中心副主任邓德庚表示，未来越来越多的机器人将参与物流辅助工作，但还有很大提升空间。比如机器人摆件不那么工整、部分单据仍为手写导致无法完全数字化录入信息等。

现阶段，机器人在运动层面上尚显不足，其能效比、灵活性仍远远达不到人类肌肉群协调动作的水平，十分"脆弱"。比如大多数工业机器人还是以机械手臂为主，大部分企业还不具备研发制造柔性臂的能力，导致机器人的灵敏度有限，能做的动作很少。

多功能机器人离我们的日常生活还很远，尤其在自然语义理解方面，机器人仍有巨大的发展空间。

——机器人会抢大家的饭碗吗？

最近一则6秒写完的地震新闻引发公众关注，这位地震新闻的作者竟是国家地震台网新研发的"地震信息播报机器人"。大家调侃"机器人6秒写完新闻，手慢的记者恐慌了吗"之余，也引发了对机器人是否将取代记者工作的思考。

雅虎机器人写稿系统"Wordsmith"、《纽约时报》新媒体运营总监机器人"Blossom"、腾讯自动化新闻协作机器人"Dreamwriter"……事实上，机器人写新闻早已有之。

再比如，机器人还可以胜任工人、电话客服、司机、陪护人员等工作，但这些都是相对简单、标准化、流程化的工种。

随着机器人的使用越来越多，一些人可能会失去工作，但同时一些工种会发生变化，也会创造出新的就业机会。

"人工智能目前还处于非常初级的阶段，我们对它的认识还远远不够。"在阿里巴巴集团董事局主席马云看来，每次技术革命都会淘汰一些专业人员，但也会带来很多新的就业，比如火车的出现淘汰了一些挑夫，却也造就了一批铁路工人。他表示，人类没必要害怕机器，机器是不可能取代人类的。应该让机器学会人的学习能力，去做人做不了的事情。

英特尔中国研究院院长宋继强也认为，未来机器人更加深入辅助人类工作之时，对人的工作提出了更高要求，需要加强人员的技术能力，去做一些机器无法做到的工作，比如新闻工作中的深度调查报道等。地平线机器人技术创始人余凯表示，人工智能的发展不是以简单超越人类为目标，而是增强人类的各项能力。

人工智能是人类智慧创造的一种新型工具，人类智慧的"延伸"。人工智能有助于人类在各领域更快突破，提高我们应对哪些亟待解决的全球难题的挑战。

——机器人如何融入整个社会？

全球机器人产业发展依然面临着现实技术瓶颈和潜在伦理道德隐患的"双重挑战"，机器人与人工智能的深度结合仍需持续推进，应用场景需进一步明确，机器人很可能引发法律法规与道德伦理的重塑。

著名科幻小说家阿西莫夫曾经提出过机器人三大定律，首要的一条就是机器人不得伤害人类。但从目前的发展趋势来看，还存在很多隐患问题。

机器人"小胖"没人操纵，自己突然跑起来，打倒了玻璃墙，砸伤旁边一位路人……2016 年年底，深圳高交会上机器人"小胖"伤人事件引发热议。事后深圳高交会组委会发布公告表示，事故是由于展商工作人员操作不当，误将"前进键"当成"后退键"而导致。

2017 年 7 月，百度创始人李彦宏通过视频展示他乘坐百度无人驾驶汽车的影像，并称车辆正行驶在北京五环路上。此举引发"无人驾驶汽车上路是否合法"等争议。随后交管部门开展了调查核实并表示，支持无人驾驶技术创新，但应当依法、安全、科学进行。

中国科学院自动化研究所专家王飞跃认为，任何的机器技术都是双刃剑，在科技创新的同时要健全相关法律法规，加强人控制机器的能力，人类要有最终的决策权。

"我们应做好迎接新鲜事物的准备。"祝晓成认为，即使超智能生命短期内还难以成为现实，但我们还应提前研判行业规范以及法律边界，充分设想"隐忧"是为更加健康发展。

抓紧谋划、扎实推进，我国还需继续抢占人工智能"阵地"与"高地"

据了解，2016 年我国机器人产业规模首次突破 50 亿美元，预计 2017 年将达到 62.8 亿美元，连续五年成为全球第一大应用市场。国际机器人联合会预测，"机器人革命"将创造数万亿美元的市场。科技指数级发展带来了巨大社会发展潜力，我们的技术和制造能力能不能应对这场变革?

大市场不等于大利润、高收益更不等于高实力。目前,中国机器人附加值不高,产业仍亟待从大到强、向中高端迈进。人工智能技术也需加快应用各行各业,形成正循环。未来,我国还应突破关键性基础理论、补强人才短板与跨领域创新能力、进一步强化在人工智能技术层及应用层的领先优势。

——基础理论关

中国电子学会发布《中国机器人产业发展报告(2017—2018 年)》指出,我国机器人领域核心技术积累不足,资金投入相对有限且分散,高端市场长期被外资企业占据,很大程度上以依托进口零部件和本体组装、集成为主营业务,虽有一定突破但基本上是被动地、跟随式发展,难以获得产业发展主动权。

世界著名计算机学家、图灵奖创立以来唯一的华人得主姚期智日前表示,中国想在 2030 年实现世界三要人工智能创新中心的战略目标,首先要解决人工智能发展缺少理论的问题。宋继强也承认,我国人工智能领域不足之处在于我们原创理论创新、基础人工智能研发能力还不太够。中国学者需要在理论上有所突破。

——高新技术关

现阶段,我国虽已为机器人大国,但还不是强国。我们每万名工人中机器人的占有率远低于发达国家,减速器、机器人控制器、伺服电机等机器人核心零部件和技术还主要依靠进口。

不仅如此,业内人士分析指出,我国机器人市场"重"概念创新而"轻"核心技术发展,基础设施构建仍不足。国内大量建立机器人产业园区,但实际上真正能够发挥作用或形成产值、产能的很少。一些企业热衷于炒作概念,虽然挂名"机器人""智能",技术能力却配不上名字。

创新技术同时要和智能应用充分对接,形成全链条"智慧生态"。中国电子学会发布《中国机器人产业发展报告(2017 年)》建议,围绕市场需求,加强新技术之间的整合能力,打造"政产学研用"紧密结合的协同创新载体。既要围绕智慧工厂、智能家居和智慧城市开展细分领域示范工程,也要打造重点领域机器人应用系统集成商和综合解决方案服务商,推进全产业链协同发展。

——核心人才关

无论是理论研究还是技术创新均依赖高素质的人才。美国人工智能产业的发展，得益于过去几十年来高校、科研院所没有停止过的探索，美国从而成为世界人工智能人才的最大输出地。而中国人工智能人才则较为稀缺。

腾讯研究院近日发布的《中美两国人工智能产业发展全面解读》，从企业人数分布也可以看出中美之间的巨大差异。报告显示，截至 2017 年 6 月，美国共有1078 家人工智能企业，员工数量为 78700 名；中国有 592 家人工智能企业，员工数量为 39200 名，约为美国的 50%。分领域来看，在处理器/芯片领域，美国员工人数是中国的 13.8 倍，美国 17900 人，中国 1300 人。中国在技术层领域的企业人数也远远落后于美国，仅在智能机器人领域人才稍多，为 6400 人，是美国同领域人数的 3 倍。

《中国机器人产业发展报告》建议，应建立机器人行业亟需的多层次、多类型技能人才培养体系，建立校企联合培养人才的新机制。同时，建立培养标准体系，运用职业培训和职业资格制度加深与汽车、电子、化工、消防等相关行业合作，实现人才培养与企业需求的良好对接。

国务院印发《新一代人工智能发展规划》，提到将"加快培养聚集人工智能高端人才"。伴随着巨大的市场需求和应用场景，我国有望吸引更多人才来华从事人工智能行业。

在面向 2030 年对我国人工智能发展进行的战略性部署中，我国新一代人工智能发展规划也明确提出了我国人工智能发展的"三步走"目标：

第一步，到 2020 年，人工智能总体技术和应用与世界先进水平同步，人工智能产业进入国际第一方阵，成为我国新的重要经济增长点；第二步，到 2025 年，人工智能基础理论实现重大突破、技术与应用部分达到世界领先水平，人工智能产业进入全球价值链高端，成为带动我国产业升级和经济转型的主要动力，智能社会建设取得积极进展；到 2030 年，人工智能理论、技术与应用总体达到世界领先水平，我国成为世界主要人工智能创新中心，人工智能产业竞争力达到国际领先水平。

专家认为，要想让机器人渗透到人们生活，真正实现智能社会，一定要把相应的基础设施建设好，建立知识库、大数据库、面向各类具体问题的智能系统等。"这不仅要有技术，还涉及整个社会体系、服务体系和治理体系等。"业内人士呼吁，要加快机器人向各领域的应用，实现人机协调、跨界融合、共创分享，营造有利于机器人发展的良好生态。

　　未来已来，当时代的钟声缓缓敲响。新科技革命和产业变革将是最难掌控但必须面对的不确定性因素之一，抓住了就是机遇，抓不住就是挑战。在日新月异的科技大变革中，智能化时代将给人类以更多启示和指引，我们正加速前进。

机器人领域十项最具成长性技术展望

2017 年 7 月 27 日举行的 2017 世界机器人大会闭幕式上，世界机器人大会专家委员会结合机器人发展态势和演进规律，发布"机器人领域十项最具成长性技术展望（2017—2018 年）"。

（一）"软体的机器人"——柔性机器人技术

该技术是指采用柔韧性材料进行机器人的研发、设计和制造，一般采用记忆合金、气体驱动等控制方式。柔性材料具有能够在大范围内任意改变自身形状的特点，在管道故障检查、医疗诊断、侦查探测领域具有广泛前景。

（二）"机器人可变形"——液态金属控制技术

该技术是指通过控制驱动电磁场外部环境，对液态金属材料进行外观特征、运动状态的准确控制的一种技术，可以用于智能制造、灾后救援等领域。

（三）"生物信号也可以控制机器人"——生肌电控制技术

该技术是指利用人类上肢表面肌电信号来控制机器臂的技术，可以增强人机交互的自然性和主动性，在远程控制、医疗康复等领域有着较为广阔的应用。

（四）"机器人也可以有皮肤"——敏感触觉技术

该技术是指采用基于电学和微粒子触觉技术的新型触觉传感器，使机器人拥有类似人类皮肤的敏感触觉，能够让机器人对物体的外形、质地和硬度更加敏感，最终胜任医疗、勘探等一系列复杂工作。

（五）"机器人'主动'和你说话" ——会话式智能交互技术

该技术是指结合语音唤醒、远场语音识别和深度语义理解技术，让人与机器能够实现人与人一般的交互方式。机器人不仅能理解用户的问题并给出精准答案，还能在信息不全的情况下主动引导完成会话。

（六）"机器人可以有'心理活动'" ——情感识别技术

该技术是指通过融合人类面部表情、语音特征、眼动状态和肢体识别等多类别状态特征，并且通过感知技术综合判断，实现对人类情感甚至是心理活动的有效识别，使机器人获得类似人类的观察、理解、反应能力。可应用于机器人辅助医疗康复、刑侦鉴别等领域。

（七）"用意念操控机器" ——脑机接口技术

该技术是指通过对神经系统电活动和特征信号的收集、识别及转化，使人脑发出的指令能够直接传递给指定的机器终端，在人与机器人的交流沟通领域有重大创新意义，可应用于助残康复、灾害救援和娱乐体验。

（八）"机器人为你带路" ——自动驾驶技术

该技术是指通过深度学习、机器视觉、人机交互等多种技术融合，实现汽车、飞机、船舶等交通工具的自动驾驶。应用自动驾驶技术可为人类提供自动化、智能化的装载和运输工具，并延伸到道路状况测试、国防军事安全等领域。

（九）"再造一个虚拟现场" ——虚拟现实机器人技术

该技术是指基于多传感器、多媒体和虚拟现实技术，实现操作者对机器人的虚拟遥控操作的技术，在维修检测、娱乐体验、现场救援、军事侦察等领域有应用价值。

（十）"机器人之间可互联" ——机器人云服务技术

该技术是指机器人本身作为执行终端，通过云端进行存储与计算，即时响应需求和实现功能，突破单机模式限制，有效实现数据互通和知识共享，为用户提供无限扩展、按需使用的新型机器人服务方式。

世界机器人大会专家委员会委员王田苗表示，机器人正处于创新突破的重要关口，机器人产业发展是在国家整体部署下的战略任务，具有战略导向意义。此十项具有成长性的技术可以进一步赋能传统产业升级转型，有利于构建具有战略性、前瞻性、引领性的创新生态体系。

"我们处在这波浪潮的早期"
——与英特尔中国研究院院长宋继强的深度对话

人工智能第三次浪潮将如何改变世界？中国如何抓住这次浪潮的难得机遇？人工智能是否会伤害人类进而取代人类？2017世界机器人大会召开之际，英特尔中国研究院院长宋继强接受了记者专访，深入探讨了人工智能的未来、人类与人工智能的关系等热门话题。

图7-1　英特尔中国研究院院长宋继强

"人工智能投入商业应用，第三次浪潮才能持续"

问：人工智能第三次浪潮能否持续？

答：我们现在处在人工智能第三次浪潮的早期。与前两次一样，这次浪潮也是由技术驱动的。但是与前两次不同，我们的硬件能力大幅提高，数据大大丰富，基于无线互联网、传感器的快速发展和普及，深度学习之类的算法也有更多的适用面，总体而言，这次浪潮的机会比以前都要好。

与此同时，只有将技术投入到真正的商业应用，把人工智能应用到金融、消费、农业、工业、日常生活等各行各业去，技术才会真正产生价值。各行各业的实践再去反哺学术界和技术研发人员，形成正循环，这样的话这波浪潮可以持续下去，持续十年二十年都是可能的。

"中国有天时地利，加速形成智能社会"

问：中国在智能社会建设上前景如何？

答：中国有无可比拟的优势，比世界上任何其他国家都有更好的天时地利条件。在未来 5 年把基础设施建设、无人驾驶技术建设、5G 通信建设，在同一个时间段内，利用人工智能技术整合在一起，将促进智能社会加速形成。

举一个简单的例子，比如说当年互联网电视兴起的时候，大家都想通过我的电视连通其他家电。但是因为企业只能看到自身需求，所以很多厂商都想推自己的标准，导致了市场上出现了一堆智能设备，但大家互相不连通。这不是技术的问题，而是大家以自我利益角度出发，没有办法形成真正的合力。

智能社会依赖的基础就是互联互通的基础设施建设。基础设施建设靠一两家公司肯定无法完成，一定要靠国家层面顶层设计，靠政府推动，建立统一的标准，才能够把最难的基础设施建设起来。

"庞大市场、海量数据是中国人工智能产业的优势"

问：中国发展人工智能产业有哪些优势？

答：人才、市场和数据都是我们人工智能领域的优势。

首先，我们天然有很多行业，而且行业里的数据量非常大。比如说金融、零售、智能城市等领域，数据量都非常大。海量的数据对人工智能应用有决定性优势。

深度学习本身要用大量数据做训练，才能把技能提高。我们有这么多数据，在这些行业里肯定能把人工智能优先应用上去。

而且我们有很多人才，擅长把一些已经发展起来的技术，比如深度学习技术，快速学习提高，应用到不同领域，并且加以不断改进。最近几年，深度学习最开始由国外学者提出，中国团队很快就迎头赶上，在很多竞赛上拔得头筹，甚至最近在 ImageNet 大规模视觉识别挑战赛上中国团队已经包揽各个单项冠军。

"我们在原创理论创新上存在不足"

问：中国在人工智能领域有哪些不足？

答：不足之处在于我们原创理论创新、基础人工智能研发能力还不太够。中国学者需要在理论上有所创新、有所突破。我们有良好的基础，有很多领域可以做实验。

中国有一批资深的专家学者，通过这几年培养出了一批人工智能方面的人才，他们也深刻认识到这波技术是有局限的，需要去做一些理论上的创新，变得更完整、更全面、更可靠。

原创理论创新是我们需要加强的，只要重视起来，我们能够领先于世界，产生这样的理论突破。

"具备自省智能，机器才能演化为超人工智能"

问：机器能否演化为超人工智能？

答：计算机现在最容易超越的是计算和逻辑智能，很难超越的是社交智能、认知智能。认知智能可能还可以模拟，学一学，但是社交智能是很难的。机器人研发领域特别关注空间认知智能、行动智能、身体运动智能，目前进展不错。世界机器人大会上展出的一些服务型机器人，已经逐渐具备一些空间认知智能，能够感知周围的环境空间，知道怎样去运作；还有身体运动智能，能够控制身体去做一些相应的运动。但都还属于早期阶段，机器人跟人比还是有很大差距。

加德纳教授提到的七种智能里最核心的一个，也是我觉得超人工智能最需要的，是自我认知智能，也就是自省智能。人每日三省其身，会发现自己需要提高什么，会逐渐把我的弱项，或者我的长处发现出来，弱项弥补、长项提升，这样人就变得越来越强。机器如果有了这种智能，就真正有可能自我演化，成为超人工智能。比如虽然今天是一个国际象棋程序或者是围棋程序，如果它意识到"我"还缺乏另外一种能力，如果它自己能够编一些程序，采集另外一些数据来自我训练的话，它可能慢慢也就具备了另外一个能力。

机器每天自我认知，发现自己缺什么——当然我觉得这还不太可能。但是我觉得必须要有这种能力，才会出现我们说的超人工智能。

"要倡导人工智能做好事"

问：人工智能是否会危害人类？

答：在国际上一些领先的企业，包括英特尔在内，都在倡导我们要让人工智能做好事。如果处理不当，人工智能的确会走向帮助违法犯罪，帮助一些对人类并不友好的事情的方向。

比如在美国，有一项人工智能技术，用来帮助检测是否有虐待儿童的机构。从原来人工看这些案件的视频、图片材料，改成用人工智能来看。人需要 30 天才能检测完一个案例，人工智能只需要 1 天。但是如果这种技术被用于在网络上搜索这样的图片，发送给一些想付费观看这些图片的人，这就成了恶意应用。这说明同样的技术可以用在两个不同的方向。

技术本身并无对错，关键看大家怎么样规范管理它，用在什么样的层面。所以我觉得对大公司，对监管机构来讲，一定要有很强的责任感，我们要逐渐学会怎么规范管理人工智能应用。比如技术开发的时候就要带一些认证，确保使用时，只能用在一些被授权的系统里，而不是谁随便想用就可以用。这样的授权谁来做相应的监管、分发，一定要研究出相应的机制来。

"人工智能将取代一些职业,但不会取代记者"

问:人工智能是否会取代人类?

答:人工智能会取代一些职业。最直接的一种就是数据分析员,以前数据分析员负责看很多数据,套用他知道的一些知识规则,进行量化分析,然后做出决策。这些过程完全可以通过人工智能的程序来做,甚至做得比他更快、更全面。因为接触的数据更多,计算能力更强大。

第二种类型,工作比较直接简单,类似一问一答的交互形式,中间不涉及太多推理过程,不涉及太多其他领域知识,不需要创新,这些工作也是容易被人工智能替代的,比如电话客服人员。

第三种类型,工作比较容易训练,在特定的环境下进行简单的操作控制,比如司机就是一个典型的例子,会被无人驾驶技术所替代。

但是记者不一样。如果只是像前一段时间发生地震之后立刻在 0.5 秒编辑出一条基本信息和背景情况报道,这种简单的新闻报道可以直接由机器人记者写作,汇编一些信息,迅速发出去。但是如果你想采编有一定深度的新闻报道,比如要去灾区拍一组有震撼力的照片,并且选择一个主题来进行报道,影响读者来给灾区募捐的话,这种工作机器目前做不到。这种需要创意投入的写作过程是人类记者才可以做的,机器人记者很难理解,人不同的情感状态下需要拿什么样的新闻素材来影响读者。

"智能+"将解放生产力　释放创造力
——与地平线机器人技术创始人余凯的深度对话

　　"智能+"时代已经慢慢走进人们的生活，未来的"智能社会"会是什么样子？人类是否会在不知不觉被人工智能支配？2017世界机器人大会召开之际，地平线机器人技术创始人兼首席执行官余凯接受新华社记者专访，深入探讨了机器人产业、人工智能技术等热门话题。

图 7-2　地平线机器人技术公司创始人余凯

"智能社会本质上是全社会生产生活方式的变革"

　　问：随着人工智能等技术的广泛应用，"智能社会"究竟会是什么样子？

　　答：智能社会首先是指广泛的社会参与度。不仅是科技创新企业，还包括传统企业如何升级创新，还包括政府层面高屋建瓴的统筹和思想界的研判。其次，智能社会本质上是全社会生产生活方式的变革，是生产力提升带来的深远影响。随着生产效率与质量的提高，智能家居、智能教育、智能出行将得到普及，生活品质会大幅度提升。这将是一场全方位的变革。

"从'互联网+'到'智能+'是必然趋势"

问：从互联网技术迈向人工智能技术，是一次质的飞跃吗？

答："互联网+"也是很新的概念，但现在我们越来越多地听到"智能+"。实际上，"互联网+"已经深度改变我们的生活，包括办公方式、出行方式以及获取知识、商品等的方式。

如果从 2000 年开始算起，从 PC 互联网到移动互联网，我们发现如果仅将互联网视为连接渠道，那它并不一定会解决所有的问题，比如说自动驾驶。自动驾驶需要连接云端，还要在本地有智能传感器。这种计算平台与软件算法使得汽车即使在不联网的情况下也能够独立决策并且足够安全。

所以说，只是中间连接还是不够的，我们需要增强在前端设备的人工智能能力，我们也应同时推进在云端的大数据处理能力。所以说"互联网+"到"智能+"是一个必然的趋势。

"实现智能社会需要'嵌入式智能'"

问：智能社会的技术支撑是什么？

答：从 2000 年的 PC 互联网到最近五六年的移动互联网发展，大部分的计算服务跟处理都是在云端进行的。大数据等技术把数据传到云端，然后来分析处理并且提供服务。

但是，我们也看到一个趋势，如果移动互联网通过人工智能，延伸到更多的服务场景，其实在终端也需要有一些智能设备。终端上的这种智能，我们叫"嵌入式智能"。我们要给这个世界带来一个新的维度，可以在本地进行计算，可以在设备端实现智能处理。根据这些"嵌入式智能",我们整合各种解决方案,形成完整的智能社会服务链条。

"出行、教育、医疗都将被人工智能深度影响"

问:人工智能广泛普及后,百姓的生活会是什么样子?

答:如果在10～20年的时间维度里,我认为人工智能会使我们城市的生活更加智能,城市的管理更加高效跟便捷。

在出行方面,在一个云端大脑的统一规划之下,基于本地自动驾驶能力,我们的出行将更加便捷。比如你可以用手机叫一辆车开到楼下来接你。车可以是自动驾驶的,之后它送你到目的地。无人驾驶汽车如果没电了,它可以自己充电。如果小区里面有了人工智能,只要你进了这个小区,系统会自动识别你,也会知道你是住在哪栋楼的哪个楼层。所以,当你走到电梯门口的时候,电梯会自动把门打开。你不需要按楼层键,系统会自动就把你送到指定楼层。

在教育方面,教育会被人工智能深刻地改变。每个孩子都是独特的,都是非常个性化的,所以需要因材施教。怎么样才能做到因材施教呢?我们的师资力量永远是有限的,我们需要一个无限大的智能平台,经过大数据的分析和处理,能对每个孩子都有完全不一样培养方案。

在医疗健康领域,一个人工智能的医疗系统能把所有的病历都汇总在一起综合分析。它能够看到海量病历比一名医生一生研究的病例数要多得多。因此,这样的平台会具有非常丰富的临床知识,而且是不断累积、不会消失,还会越来越成熟。

"人工智能的真正价值不在于超越人类"

问:科幻片中的"超智能生命"会成为现实吗?

答:超智能生命可以狭义地理解为比人类更加智能的生命。这种设想以今天的科技水平来看,还看不到任何成为现实的迹象。我们只能说在某些局部,比如说下围棋，现在计算机超过人类了。我预计，在计算机开车这类事情想超越人类，估计还要10年的时间。但还有很多更复杂的问题，这些问题加在一起的话，我认为近期机器真正超越人类恐怕是不可能的。况且人工智能的真实意义不在于作为人类生活的对立面而存在。实际上，人工智能是辅助人决策的工具。所以我们会看到，未来还是人和人下围棋，只不过说人可以有电脑在旁边作为你决策的依据。在未来，医学诊断的最终决策还是人来做，只不过会有一个非常智慧的系统在旁边去辅助医生。人工智能的发展并不是说超越人类的能力，实际上我倒认为应该是增强人类的能力。

"人工智能将解放生产力、释放创造力"

问：人工智能的发展是否会带来更大的隐忧，如就业或伦理道德问题？

答：我也经常被朋友们问这类的问题，一类是对就业的影响，历史上我们可以看到技术革命，每次我们都会大幅度提高生产率，也确实在短期可能都有镇痛。但实际上在调整以后，往往会创造更多的工作机会。人类历史发展到今天，我们的失业率是不断降低、就业率不断提升的，这是一个趋势。

另外一点，人类其实应更多地从事他所应该做，也擅长做的工作，比如说更有创造性的工作，而不是说在机械性的生产线上面重复的劳动。科技的发展其实从来都是创作更多的工作岗位，是一个解放人的创造力、激发人的创造力的过程。

谈及对人类社会的威胁，我觉得科技总有两方面。实际上，人工智能，我们也应该充分的去研究它可能在哪些方面给我们带来负面的影响，从而采取有针对性的措施去避免它。总的来说，我认为只要我们合理地去利用它，并且充分地意识到潜在的风险，实际上我们还是能够去享受科技发展给我们生活带来的便利。

"我国人工智能应用已走在世界前列"

问：人工智能领域的发展为我国经济发展提供哪些新动能？我国的人工智能领域研究较其他国家相比有何特点？

答：国家发布人工智能领域纲领性指导文件，这对整个国家的所谓"第四次工业革命"是非常重要的宏观布局。以人工智能引导的第四次工业革命，我们已走在世界前列。首先就是因为我们有国家的顶层设计，国家政策支持，我们已经比很多国家更加有决心，更加有力度。

说到我国人工智能的发展，虽然刚刚起步，但是我国已经具有一定的国家竞争力。互联网企业快速发展，一方面使得数据在我们国民经济中扮演了重要角色，另一方面为产业界培养了大量的人工智能及处理大数据的人才。

中美的人工智能发展的现状其实还是有鲜明的各自特点的。美国的基础实力更加雄厚，它除了有新兴的互联网公司，还有老牌的科技公司像 IBM、微软等。我国主要的领头羊还是像 BAT 这样的互联网公司。

我国强在什么地方呢？我国其实强在商业模式的创新，强在跟场景紧密结合的应用层面的创新。比如，我们有实力把一个领先的技术，应用到某个场景里面。我们用户的基数也非常大，用户实际上对新的技术，改变他们生活的这种期待，持有更加开放的态度。我国在人工智能应用层跑得非常快。但在未来，从我国的角度还是要研发底层的核心技术，投入更大的力量。

"人工智能领域关键技术一定要握在自己手里"

问：我国想从人工智能"大国"迈向"强国"还需闯过几道关？

答：我们还需要从三个方面不断努力。第一个方面，国家的政策指导可以更多地往中小企业倾斜。因为大企业已经有一定"造血"能力，有丰富的资源。从历史经验中发现，每十年，领先的企业都会变得不一样，都可能重新排了"座次"。所以说，会不断有小企业成长为大企业。这也侧面证明这个区域的创新充满活力。所以说，如果十年以后没有小企业成长起来，很有可能这个创新进展得并不那么顺利。第二个方面，我认为是在教育阶段。中国的大学目前在人工智能领域需要更加系统性地投入资源。目前这一块跟美国比还稍显不足。第三个方面就是核心技术，基础型技术要投入更多的研发资源，必须要自主可控，尤其是在处理器跟操作系统这两个最核心的底层支撑性技术。我们在 PC 时代、在移动时代都错失了一些机会，我们的核心处理器和操作系统基本上都是国外的企业来主导。未来在人工智能的产业中，我们一定要去抓住自己的核心处理器。

"未来要靠技术驱动"
——与京东集团副总裁肖军的深度对话

目前人工智能如何在网络消费中发挥作用？未来零售行业将呈现哪些特点？人工智能是否会取代人类员工？2017世界机器人大会召开之际，京东集团副总裁肖军接受了记者专访，深入探讨了人工智能与零售行业、京东的人工智能布局等热门话题。

图 7-3　京东集团副总裁、X 事业部总裁肖军

海量商品"智能定价"

问：人工智能在京东如何发挥作用？

答：人工智能让我们做到了人在短时间无法超越的一些事情。我们现在有 X 事业部，还有一个 Y 事业部。X 事业部主要是用机器和人工智能来替代传统仓储人员的重复劳动。以前我们有很多仓库人员不停地在完成一个打包的动作，一年又一年，甚至一辈子都在完成这样一个打包的动作。现在在一定环境下，打包过

程是可以用机器和人工智能来完成的。Y 事业部主要做的是用人工智能代替我们传统的采销人员,管理京东商城的商品。京东商城线上上架的商品大概有 2 亿个品种,海量的商品用人力来管理的话,原来是一个人管一百个,后来一个人管一千个,慢慢地发展到一个人可能要管一万个。这样的局面下,一是管理不到,二是管理不好,三是管理不清。商品改成人工智能管理,人工智能能够实现销量预测,预测今天的销量是多少,预测未来一个月的销量是多少,从而代替人去管理库存和采销。第二个功能是智能定价,人工智能能够计算出这个商品应该定在一个什么样的价格区间,它的销售情况是最好的,同时利润也是最好的,还能保证库存的合理优化。

所以说人工智能给我们人类提供了一个非常好的工具,帮助我们避免繁重、重复劳动,帮助我们提升工作质量。

"马路上见的最多的"的配送员将通过机器人方式共享

问:人工智能会给快递行业带来哪些改变?

答:"6·18 大促"期间,京东仓库的捡货人员,每天需要在仓库里不停地来回走动,我们把他所有的走动距离计算出来,每天超过 50 公里,相当于每天在仓库里走完一个马拉松,其实这些工作完全可以由机器人去完成。

走出仓库,现在在马路上见的最多的就是配送员,有送外卖的,有送快递的,不同的配送员去的目的地可能是一样的。针对这种情况我们开发了无人配送车,我们希望通过人工智能的方式,借助机器人,实现配送环节的整合和共享。

(a) shuttle 穿梭车　　　　　　(b) 立体货架与 shuttle 穿梭车

（c）AGV 搬运机器人　　　　　　　　　　（d）无人叉车

图 7-4　京东仓库里的机器人

（a）京东配送机器人　　　　　　　　（b）京东无人机飞越黄河送货

（c）无人配送机器人在清华大学送货

图 7-5　京东的无人配送机器人

未来让工人、配送员做到工种上的升级

问：人工智能是否会取代人类员工？

答：我们未来的目标是做到不增加员工，而不是去减少员工。以往我们的配送员有的需要滑着索道，有的坐渡轮去海岛上，在各种艰苦的环境下去送货，这

种场景是我们要用无人机去取代的，让配送员不再需要冒着危险去送货。

被无人机取代的配送员，我们未来统一进行技能培训，让他们实现工种上的提升，未来他负责的可能是检修这些无人机、无人车，监管这些无人机、无人车，监管我们仓库里机器人的运作。

此外，现在人工智能领域，深度学习、机器学习这种技术运用已经非常普遍，但是机器学习强调的是学习，首先得有人教。我们现在还有一个特别重要、人数众多的工种就是我们的标注人员。我让这个机器去认识人，把这个人标出来，它要认识人脸，识别人脸，需要按照我们的规则去标注这人脸，辨认眼睛、鼻子，需要通过我们的算法，我们的模型去训练，找到规律，最终我们的人脸识别程序才能判断出这是哪一个人。我们增加了大量的标注人员去帮助我们机器去学习去理解，人工智能通过这种标注的方式去找到规律，将规律程序化，最后衍生出图象识别技术。

人工智能"悄无声息"进入零售行业

问：人工智能会改变零售业吗？

答：会。第一是支付环节。以我自己为例，我 2016 年 3 月从银行取的一万块钱现金到现在还没花完，因为我大量的支付场景最初通过刷卡解决，后来手机支付，现在我用手表支付。现在有些超市更进一步，已经升级人脸支付，我只需要在家里将我的照片、支付信息录入进去，在超市结账的时候我只要在摄像头前一站，人工智能系统就会提示你支付成功，就可以走了。手机有忘带的时候，手表也有忘带的时候，但是人脸是不会忘带的。

第二，人工智能会悄无声息地进入零售行业。以京东为例，我们现在有大约 2 亿个品种，用户想从 2 亿个品种里面找到自己想买的东西是非常困难的，过去主要通过搜索的方式来解决。现在我们有一个人工智能的小组，根据用户过去的购物行为，购物习惯去分析他家庭有几口人，他的性别、职业情况、收入情况，系统会根据他的购物习惯去给他推送出现在他的手机 APP 上的商品。他打开 APP，看到的或者搜到的一定是他最想买的这一部分商品，他不想买的或者跟他不太相关的商品都会隐藏在后面。

未来京东一定得靠技术

问：未来京东如何布局人工智能产业？

答：京东过去 12 年以物流、电商、自营走到了今天。未来 12 年京东一定得靠技术，其中人工智能占了非常大的比重，要靠人工智能驱动我们未来的生产。2016 年年初京东全国大概有 300 万平米的仓库，截至 2017 年 2 季度已经超过 700 万平米。京东在体量很大的同时，依然保持一个高速增长，给整个集团的控制、管理带来非常大的压力。所以未来需要技术的驱动，通过人工智能技术来建立更科学的模型来支撑我们的商业。像我们启动 X、Y 两个事业部，就是希望通过软件、硬件的结合，通过人工智能技术，取代重复的劳动，解放采销员繁重的电脑操控和一些重复管理，用人工智能来驱动未来的发展。

技术即标的　应用造生活
——与臻云创投合伙人祝晓成的深度对话

机器人和人工智能会对人类造成威胁吗？人工智能领域投资逻辑是怎样的？科技将如何改变人们生活？2017 世界机器人大会引起社会对机器人、人工智能等的广泛关注，臻云创投合伙人祝晓成接受记者专访，从投资者的视角畅谈机器人、人工智能技术的热点话题。

图 7-6　臻云创投合伙人祝晓成

"未来人工智能无处不在"

问：为什么会关注人工智能领域？

答：从投资的角度来讲，在科技领域内，我们一直关注能够改变人们生活，改变工业形态，甚至能够产生革命性变化的领域。人工智能就是一个典型，目前它可能是逐步叠加的，但在未来它是革命性的。这些年我们经历了通信行业的革命性变化，从固定电话到移动通信，从互联网到移动互联网，那么下一次巨大的变革是什么？可能就是我们现在谈论的人工智能时代。所以从这种逻辑来看的话，我们自然会去关注人工智能行业的应用。而且事实也证明，现在人工智能在改变了很多行业的形态，上个月美国50个州已经开始使用通过人工智能提供免费法律咨询的聊天机器人。凡是含有大量人工重复劳动的场景，都是在未来机器可以替代的场景。所以在未来，我觉得人工智能应该是无处不在的。算法、数据和算力是 AI 的主要要素，但不只有算法，还得有材料制造，现在讲先进制造，机器人关键部件也是属于先进制造的范畴，新材料也属于这个范畴。

"科技发展需要长年积累"

问：人工智能领域投资，怎样面对高风险？

答：每个投资标的都会去看周期问题，科技类的项目周期比较长。科技需要长年的积累，不是一蹴而就。比如自然语言处理技术，倒推30年或者更长的时间，已经有人在做机器翻译。其实到目前为止，大多数人机对话还没有那么的自然。对科技类的项目来讲，很多项目的背后是高校实验室的培育支撑，科研成果经过多年积累，最终实现产品化。所以高校科研技术走出来，这是很重要的一点。

"也许 20 年以后，脑控的人机交互可能成为现实"

问：智能社会具体指什么？

答：智能社会是何种模样还不可知，我想从多年来生活的变化讲。在 2017 年世界机器人大会上，更多的我相信是引领未来的。一方面是新材料，一定会改变很多事情。我们经历过手机按键的时代，新材料的使用让手机进入触摸屏时代。另一方面是因为有了 APP Store 的概念，导致了互联网时代向移动互联网时代的变革。未来随着自然语言处理技术的进步，语音人机交互可能会代替触摸屏，再大胆一点设想，假设能够用脑电波很容易能够检测到人的意图，也许 20 年以后，脑控的人机交互可能成为现实。同样的道理，现在还有一个提法叫前端智能，意思就是把人工智能一些算法前置到一些前端的设备当中去，以使人工智能变的更无处不在。未来飞行汽车在一些特殊场景可能有很大应用空间，甚至作为大众交通，这也是一个未来。包括水下机器人、外骨骼、柔性材料等，这个都是我们不久的未来。

"机器威胁多是杞人忧天"

问：在智能社会的转变过程中，包括一些科幻片中的启示，哪些是需要引以为鉴的？

答：本身社会的发展进程就是这样的，说引以为鉴这件事，我倒没有那么多担心，一般来讲世人担心的很多问题，几乎总有解。比如说转基因，出现很多年了，对于未知事物，人们不知道有什么样的变化，所以很多事情可能是杞人忧天的事。很多工种会被机器所取代，比如律师行业、金融行业，包括驾驶员。但是这也会换来更高的生活品质，更好的生活体验。

可能要担心的是交通规则怎么来制定，智能驾驶相关的交通规则在道德和法律之间，应该建立什么样的体系。这是需要参与到智能驾驶体系建设当中的法律部门、交通部门、驾驶员的共同努力，也是肯定要去面对的一个东西。还有关于隐私的问题，因为在未来传感器基本上是无处不在，其实现在人们所有的交易行为也都在网络上留有很多隐私的数据，关键是隐私数据的保护和如何来规范的使用。

"超智能生命可能不是人类这样一种形式"

问：如何理解超智能生命？

答：其实人类的很多能力比动物弱，比如反应速度、敏捷度、视觉、听觉上。人类借助各种工具拓展自身的能力，比如望远镜、雷达、传感器等。超智能生命可能不一定是人类这样一种生命形式，优秀的运动能力、强大的处理能力、出色的感知能力组合超过人类的能力，我觉得是完全可以的。

目前机器人在一些特定场景的处理能力已经超越人类了，基本上每年我们都可以看到一个进步，但是同设想的超智能生命还有很远的距离。所以在有限的时间内，去做好行业规范，做好资本支持，都应该是对后代有利的好事。当外骨骼可以显著增强人的能力时候，它可能首先在康复市场、医疗市场、军用市场，发生作用。反而不会有太多忧患的问题，所以这应该都是好的事情。

"视觉技术突飞猛进 科技类的项目有生命力"

问：在人工智能领域，我国有哪些优势？

答：从学术的角度来讲，我国原本是跟着人家跑的。近几年，我国在人工智能，尤其在视觉方面突飞猛进，包括某些领域的论文的数量、被引用的情况，可能已经超过美国了，但是这只是在局部来看。真正落到场景里面的很多东西，现在以中美来比的话，很多还是美国超前。

甚至我们看到，很多优秀的团队中真正好的模式类的项目，其实也要特别创新，才能够比较容易成功。而一般的模式类项目，大多数会变成生意，而这样的项目还不如科技类的项目有生命力。科技发展推动社会的进步，投科技类的项目，我是无怨无悔的；模式类的项目我一点都不排斥，只要有合适的这种技术相结合，也是完全没问题的。

"六大方面设想未来百姓生活"

问：在哪些领域百姓的生活会被应用改变？

答：第一个是智能驾驶，或者说无人驾驶，无人驾驶一旦来了，将改变很多生活场景。网络订车，上车以后我可以干很多事情，比如开会、吃早饭、还可以睡个觉，自动驾驶这块对人的生活和工作的改变不可想象。

第二个是新材料，什么叫新材料？举例来讲，在工业机械臂上，柔性材料可以使用在机械臂的末端，那么将更容易且高效的抓取不容易抓取的材料；还有石墨烯，拥有多重特性，可以与聚合物混合作为防锈涂层，也可以应用在医疗类产品，更是可以应用在芯片等领域。新材料可能会大量改变一些应用场景。

第三个是交互方式，我们现在还在用手指输入，当语言能够很容易被机器听懂，同时能够很好执行的时候，未来的人机交互方式将会发生改变，我们会用语言去代替大多数指动。再极致一点，未来机器能够把我们的意识直接读出来，翻译出来，形成一种输入设备，也是有可能的。

第四个是智慧家庭，通过运用互联网、计算处理、网络、感应与控制等技术，将家庭设备有效结合，通过智能控制，使得人们可以非常方便地享受到：人到家前空调开启，饭菜做好，下雨时自动关窗以及智能检测你的身体状况等，未来都可以很自动化和智能化从而大大提高生活品质。

第五个是医疗方面，比如说癌症早期的检测，将人工智能方式应用在医院的X光片、CT片、核磁共振的标注和读片上，极大的提高了效率，降低了癌症的漏诊率；再比如外骨骼，以后还有一些可植入人体的设备等，将改善残疾人、老年人的生活状况，提升他们的幸福指数。

最后是教育，很多人在讲个性化教育，其实人工智能也可以用在个性化教育上面，比如观察每个人的学习能力，针对性地引导学习。也许在未来，人的学习的能力，有可能通过技术得到增强。

"智能+"是必然趋势　人是技术主宰
——与中科院教授王飞跃深度对话

　　人工智能正不知不觉走进人们的生活，"智能+"逐渐步入公众视野：人会不会被机器完全代替？人工智能将会进一步给百姓生活带来什么？正值 2017 世界机器人大会召开之际，人二智能领域"大咖"、中国科学院自动化研究所复杂系统管理与控制国家重点实验室主任王飞跃教授接受记者专访，深入探讨机器人产业、人工智能技术等热门话题。

图 7-7　中国科学院自动化研究所复杂系统管理与控制国家重点实验室主任王飞跃教授

"中国是机器人大国，但还不是强国"

　　问：我国目前在人工智能、机器人产业取得了哪些突破性进展？

　　答：这两年进步确实非常大，比如机器人领域，前几年国内市场上机器人相关公司比较少，这两年增速突飞猛进，现在机器人企业总数已有上千家。我国已成为机器人大国，但还不是强国。我们每万名工人中机器人的占有率远低于发达国家，减速器等机器人相关核心技术还主要依靠进口。

人工智能领域也是如此，中国人在机器学习方面发表的文章数目最多，是个很好的起步，但其中原创思想、有影响的成果几乎没有一个是从我国开始的。要让我国成为一个机器人强国，真正让机器人给社会、经济、产业发挥作用，还有很长一段路要走。

"为什么不自己开一条高速公路，实现直道超车？"

问：如何看待现阶段中国人工智能技术发展状况？

答：国务院印发《新一代人工智能发展规划》。以国家的名义来提人工智能，我想中国在全世界还是第一个。我国不但要有人工智能专项、智能科技体系、军民融合、创新体系，还要建设智能军事、智能经济、智能社会。

我们常说"弯道超车"，为什么不自己开一条高速公路，实现直道超车？只有将"互联网+"和"智能+"结合起来，同步发展、相互促进，才能让整个智能系统、机器人、人工智能发挥实实在在的作用。

从"互联网+"到"智能+"："是必需的过程"

问："互联网+"还没有过去，"智能+"就到来？

答：从"互联网+"转变到"智能+"，是一个自然的过程，也是必需的过程。"互联网+"要产生应有的效果，要有一种新的方式来对这种系统进行管理、控制、运营。为此，我们一定要有智能技术，并将其与互联网络技术结合，而且一定要尽快。实际上，并不是"'互联网+'的热度还没有过去，'智能+'就来了"，而是"没有'智能+'，'互联网+'永远发挥不了作用。"

"人的教育是'智能+'发展的关键"

问：如何实现从"互联网+"到"智能+"的发展？

答：首先是教育体系，人才是最重要的。只有让人自己思索，他们才会自己发挥作用，双创才能变成真正的双创。其次，应该找几个实实在在的领域，要经过一定论证，真正觉得这个领域切实可行。同时，智能技术也能带来实际效果，但也需要事先做评估，评估它到底会带来什么样的实际效果、投入是多少、产出是多少，这些都想好了，再找几个领域扎扎实实地做，真正起到示范引导的作用。

总而言之，选几个落地的项目，扶持起一批真正做事的人和真正做这个领域的科研团队。接下来怎么做，就应该由我们自己培养的人才来决定。

"人永远是技术的主人"

问：智能社会能给百姓生活带来什么？

答：现在有人觉得，人工智能给老百姓带来的是灾难，导致老百姓失业；也有人说，因为人工智能，我们都要变成无用阶级了。我认为不要担心，人工智能可能会有一些局部的过渡性问题，但政府应该能更好地解决这些问题。我相信，不是机器换人，将来我们50%以上的工作是由机器人、人工智能提供的。就像200多年前的工业革命，当蒸汽机出来时，人们说机器要把人取代了，但今天的工作，绝大部分都是机器提供的。我们现在离开计算机和机器，还能工作吗？

人永远是技术的主人，而不是人变成奴才，人工智能奴役人。人工智能也是社会的保障，所以大家不要担心，应该加快这个进程。目前人工智能还处在初等阶段，虽然最近这两年在自然语言识别、深度学习等方面取得了巨大进步，但要在日常应用中真正发挥作用还有很长距离，要在一些具体领域中让大家看到其实实在在的效应，路还很长。所以说，谈人工智能、机器人威胁论还尚早。

"超人工智能是伪问题"

问：超智能生命会在几十年内发生吗？

答：我尊重任何人有他自己的看法，但是我个人认为，超人工智能从本质上、科学上、哲学上都是伪问题，都不是真正的问题。汽车比人开得快，汽车"超"人吗？人不能飞，飞机能飞，飞机就"超"人吗？如果认为，车比人跑得快，飞机比人飞得高，不是"超"人类的话，那就不存在超人工智能。

探索智能的过程中，人起到决定性作用。数学上有个哥德尔定理（不完备性定理），美国数学家哥德尔在他的晚年一直想证明计算机的能力永远不会超越人类大脑的能力。我把他晚年的工作简单化，称之为广义哥德尔定理，算法的智能永远小于人语言能表达的智能，人语言能表达的智能又远小于大脑的智能。

"人类要有最终的决策权"

问：在您眼里，人工智能是什么？

答：任何的机器人技术都是把双刃剑，好人可以拿它干好事，坏人可以拿它干坏事。越先进的技术，带来的好处也越大，但是带来的坏处肯定也越来越大，这是不可避免的。

但人活着就是为了创新，人类对创新的需求是无法遏制的，不过创新的同时要健全相关的法律法规，加强人控制机器的能力，人类要有最终的决策权。所以，在这样的前提下，将来我们的工作就是应该由机器人和人工智能提供给我们。我们是主人，机器人、人工智能只是让我们人类生活变得更舒适的工具和手段。

智能社会："把相应的基础设施建设好"

问：我国企业在应用层面的尝试和探索是否走在了时代前列？

答：我国在智能手机应用方面领先了世界，而且还会有很大的想象空间，即移动智能或智能信息港，从这里你可以走向全世界。有很多企业做了很多扎扎实实的工作，但一些企业现在还停留在"语言创新"上，但实际上企业"做的"跟"喊的"还是有差距。

想要实现智能社会的愿景，一定要把相应的基础设施建设好，把各种各样的知识库、大数据库、面向各类具体问题的智能系统建立起来，那才是智能社会的基础设施。基础设施的建设不是简单的几个算法，要做传统行业从来没想过、也不愿意做的事情。

这不仅要有技术，还涉及整个社会体系、服务体系和治理体系。比如现行交通管理法规下无人驾驶车是违法的，但我相信无人驾驶：未来人们只用坐车，不用再开车，机器开车的安全性要比人高。就好比骑马，过去是在马路上骑，现场都得到赛马场去骑了。未来要开车，可能也要去赛场上开了。

"现在什么人都要做智能产业"

问：如何将技术研究与市场应用对接？

答：国家应该给做基础研究的人一份像模像样的工资，给他们尊严，让他们能静下心来做科研。由几个风险基金来做基础研究型公司，我觉得不是一件好事情，这对正常的创新过程是一种破坏。但特定阶段确实需要一些特殊的措施，无论如何要给有能力、愿意做研究的人一个安静的空间，这才是真正的科研创新的源头。

前两年什么人都要做机器人，现在什么人都要做智能产业；前两年所有公司后面都加个"机器人"，现在都加上"智能"了。我国企业的"语言创新"、炒作概念的能力太强，但好多核心硬件要从外国进口，企业技术能力"配不上"它的名字，这是需要我们反思的地方，也要发挥我国政府优势。

附录 A　中共中央　国务院
关于营造企业家健康成长环境弘扬优秀企业家精神更好发挥企业家作用的意见

（2017 年 9 月 8 日）

　　企业家是经济活动的重要主体。改革开放以来，一大批优秀企业家在市场竞争中迅速成长，一大批具有核心竞争力的企业不断涌现，为积累社会财富、创造就业岗位、促进经济社会发展、增强综合国力作出了重要贡献。营造企业家健康成长环境，弘扬优秀企业家精神，更好发挥企业家作用，对深化供给侧结构性改革、激发市场活力、实现经济社会持续健康发展具有重要意义。为此，提出以下意见。

一、总体要求

　　1. 指导思想。

　　全面贯彻党的十八大和十八届三中、四中、五中、六中全会精神，深入贯彻习近平总书记系列重要讲话精神和治国理政新理念新思想新战略，着力营造依法保护企业家合法权益的法治环境、促进企业家公平竞争诚信经营的市场环境、尊重和激励企业家干事创业的社会氛围，引导企业家爱国敬业、遵纪守法、创业创新、服务社会，调动广大企业家积极性、主动性、创造性，发挥企业家作用，为促进经济持续健康发展和社会和谐稳定、实现全面建成小康社会奋斗目标和中华民族伟大复兴的中国梦作出更大贡献。

2．基本原则。

——模范遵纪守法、强化责任担当。依法保护企业家合法权益，更好发挥企业家遵纪守法、恪尽责任的示范作用，推动企业家带头依法经营，自觉履行社会责任，为建立良好的政治生态、净化社会风气、营造风清气正环境多作贡献。

——创新体制机制、激发生机活力。营造"亲""清"新型政商关系，创新政企互动机制，完善企业家正向激励机制，完善产权保护制度，增强企业家创新活力、创业动力。

——遵循发展规律、优化发展环境。坚持党管人才，遵循市场规律和企业家成长规律，完善精准支持政策，推动政策落地实施，坚定企业家信心，稳定企业家预期，营造法治、透明、公平的政策环境和舆论环境。

——注重示范带动、着力弘扬传承。树立和宣传企业家先进典型，弘扬优秀企业家精神，造就优秀企业家队伍，强化年轻一代企业家的培育，让优秀企业家精神代代传承。

二、营造依法保护企业家合法权益的法治环境

3．依法保护企业家财产权。全面落实党中央、国务院关于完善产权保护制度依法保护产权的意见，认真解决产权保护方面的突出问题，及时甄别纠正社会反映强烈的产权纠纷申诉案件，剖析侵害产权案例，总结宣传依法有效保护产权的好做法、好经验、好案例。在立法、执法、司法、守法等各方面各环节，加快建立依法平等保护各种所有制经济产权的长效机制。研究建立因政府规划调整、政策变化造成企业合法权益受损的依法依规补偿救济机制。

4．依法保护企业家创新权益。探索在现有法律法规框架下以知识产权的市场价值为参照确定损害赔偿额度，完善诉讼证据规则、证据披露以及证据妨碍排除规则。探索建立非诉行政强制执行绿色通道。研究制定商业模式、文化创意等创

新成果的知识产权保护办法。

5. 依法保护企业家自主经营权。企业家依法进行自主经营活动，各级政府、部门及其工作人员不得干预。建立完善涉企收费、监督检查等清单制度，清理涉企收费、摊派事项和各类达标评比活动，细化、规范行政执法条件，最大程度减轻企业负担、减少自由裁量权。依法保障企业自主加入和退出行业协会商会的权利。研究设立全国统一的企业维权服务平台。

三、营造促进企业家公平竞争诚信经营的市场环境

6. 强化企业家公平竞争权益保障。落实公平竞争审查制度，确立竞争政策基础性地位。全面实施市场准入负面清单制度，保障各类市场主体依法平等进入负面清单以外的行业、领域和业务。反对垄断和不正当竞争，反对地方保护，依法清理废除妨碍统一市场公平竞争的各种规定和做法，完善权利平等、机会平等、规则平等的市场环境，促进各种所有制经济依法依规平等使用生产要素、公开公平公正参与市场竞争、同等受到法律保护。

7. 健全企业家诚信经营激励约束机制。坚守契约精神，强化企业家信用宣传，实施企业诚信承诺制度，督促企业家自觉诚信守法、以信立业，依法依规生产经营。利用全国信用信息共享平台和国家企业信用信息公示系统，整合在工商、财税、金融、司法、环保、安监、行业协会商会等部门和领域的企业及企业家信息，建立企业家个人信用记录和诚信档案，实行守信联合激励和失信联合惩戒。

8. 持续提高监管的公平性规范性简约性。推行监管清单制度，明确和规范监管事项、依据、主体、权限、内容、方法、程序和处罚措施。全面实施"双随机、一公开"监管，有效避免选择性执法。推进综合监管，加强跨部门跨地区的市场协同监管。重点在食品药品安全、工商质检、公共卫生、安全生产、文化旅游、资源环境、农林水利、交通运输、城乡建设、海洋渔业等领域推行综合执法，有条件的领域积极探索跨部门综合执法。探索建立鼓励创新的审慎监管方式。清除多重多头执法，提高综合执法效率，减轻企业负担。

四、营造尊重和激励企业家干事创业的社会氛围

9．构建"亲""清"新型政商关系。畅通政企沟通渠道，规范政商交往行为。各级党政机关干部要坦荡真诚同企业家交往，树立服务意识，了解企业经营情况，帮助解决企业实际困难，同企业家建立真诚互信、清白纯洁、良性互动的工作关系。鼓励企业家积极主动同各级党委和政府相关部门沟通交流，通过正常渠道反映情况、解决问题，依法维护自身合法权益，讲真话、谈实情、建诤言。引导更多民营企业家成为"亲""清"新型政商关系的模范，更多国有企业家成为奉公守法守纪、清正廉洁自律的模范。

10．树立对企业家的正向激励导向。营造鼓励创新、宽容失败的文化和社会氛围，对企业家合法经营中出现的失误失败给予更多理解、宽容、帮助。对国有企业家以增强国有经济活力和竞争力等为目标、在企业发展中大胆探索、锐意改革所出现的失误，只要不属于有令不行、有禁不止、不当谋利、主观故意、独断专行等情形者，要予以容错，为担当者担当、为负责者负责、为干事者撑腰。

11．营造积极向上的舆论氛围。坚持实事求是、客观公正的原则，把握好正确舆论导向，加强对优秀企业家先进事迹和突出贡献的宣传报道，展示优秀企业家精神，凝聚崇尚创新创业正能量，营造尊重企业家价值、鼓励企业家创新、发挥企业家作用的舆论氛围。

五、弘扬企业家爱国敬业遵纪守法艰苦奋斗的精神

12．引导企业家树立崇高理想信念。加强对企业家特别是年轻一代民营企业家的理想信念教育和社会主义核心价值观教育，开展优良革命传统、形势政策、守法诚信教育培训，培养企业家国家使命感和民族自豪感，引导企业家正确处理国家利益、企业利益、员工利益和个人利益的关系，把个人理想融入民族复兴的伟大实践。

13．强化企业家自觉遵纪守法意识。企业家要自觉依法合规经营，依法治企、依法维权，强化诚信意识，主动抵制逃税漏税、走私贩私、制假贩假、污染环境、侵犯知识产权等违法行为，不做偷工减料、缺斤短两、以次充好等亏心事，在遵

纪守法方面争做社会表率。党员企业家要自觉做遵守党的政治纪律、组织纪律、廉洁纪律、群众纪律、工作纪律、生活纪律的模范。

14．鼓励企业家保持艰苦奋斗精神风貌。激励企业家自强不息、勤俭节约，反对享乐主义，力戒奢靡之风，保持健康向上的生活情趣。企业发展遇到困难，要坚定信心、迎接挑战、奋发图强。企业经营成功，要居安思危、不忘初心、谦虚谨慎。树立不进则退、慢进亦退的竞争意识。

六、弘扬企业家创新发展专注品质追求卓越的精神

15．支持企业家创新发展。激发企业家创新活力和创造潜能，依法保护企业家拓展创新空间，持续推进产品创新、技术创新、商业模式创新、管理创新、制度创新，将创新创业作为终身追求，增强创新自信。提升企业家科学素养，发挥企业家在推动科技成果转化中的重要作用。吸收更多企业家参与科技创新政策、规划、计划、标准制定和立项评估等工作，向企业开放专利信息资源和科研基地。引导金融机构为企业家创新创业提供资金支持，探索建立创业保险、担保和风险分担制度。

16．引导企业家弘扬工匠精神。建立健全质量激励制度，强化企业家"以质取胜"的战略意识，鼓励企业家专注专长领域，加强企业质量管理，立志于"百年老店"持久经营与传承，把产品和服务做精做细，以工匠精神保证质量、效用和信誉。深入开展质量提升行动。着力培养技术精湛技艺高超的高技术人才，推广具有核心竞争力的企业品牌，扶持具有优秀品牌的骨干企业做强做优，树立具有一流质量标准和品牌价值的样板企业。激发和保护老字号企业企业家改革创新发展意识，发挥老字号的榜样作用。

17．支持企业家追求卓越。弘扬敢闯敢试、敢为天下先、敢于承担风险的精神，支持企业家敏锐捕捉市场机遇，不断开拓进取、拼搏奋进，争创一流企业、一流管理、一流产品、一流服务和一流企业文化，提供人无我有、人有我优、人优我特、人特我新的具有竞争力的产品和服务，在市场竞争中勇立潮头、脱颖而出，培育发展壮大更多具有国际影响力的领军企业。

七、弘扬企业家履行责任敢于担当服务社会的精神

18．引导企业家主动履行社会责任。增强企业家履行社会责任的荣誉感和使命感，引导和支持企业家奉献爱心，参与光彩事业、公益慈善事业、"万企帮万村"精准扶贫行动、应急救灾等，支持国防建设，在构建和谐劳动关系、促进就业、关爱员工、依法纳税、节约资源、保护生态等方面发挥更加重要的作用。国有企业家要自觉做履行政治责任、经济责任、社会责任的模范。

19．鼓励企业家干事担当。激发企业家致富思源的情怀，引导企业家认识改革开放为企业和个人施展才华提供的广阔空间、良好机遇、美好前景，先富带动后富，创造更多经济效益和社会效益。引导企业家认识把握引领经济发展新常态，积极投身供给侧结构性改革，在振兴和发展实体经济等方面作更大贡献。激发国有企业家服务党服务国家服务人民的担当精神。国有企业家要更好肩负起经营管理国有资产、实现保值增值的重要责任，做强做优做大国有企业，不断提高企业核心竞争力。

20．引导企业家积极投身国家重大战略。完善企业家参与国家重大战略实施机制，鼓励企业家积极投身"一带一路"建设、京津冀协同发展、长江经济带发展等国家重大战略实施，参与引进来和走出去战略，参与军民融合发展，参与中西部和东北地区投资兴业，为经济发展拓展新空间。

八、加强对企业家优质高效务实服务

21．以市场主体需求为导向深化"放管服"改革。围绕使市场在资源配置中起决定性作用和更好发挥政府作用，在更大范围、更深层次上深化简政放权、放管结合，优化服务。做好"放管服"改革涉及的规章、规范性文件清理工作。建立健全企业投资项目高效审核机制，支持符合条件的地区和领域开展企业投资项目承诺制改革探索。优化面向企业和企业家服务项目的办事流程，推进窗口单位精准服务。

22．健全企业家参与涉企政策制定机制。建立政府重大经济决策主动向企业家问计求策的程序性规范，政府部门研究制定涉企政策、规划、法规，要听取企

业家的意见建议。保持涉企政策稳定性和连续性，基于公共利益确需调整的，严格调整程序，合理设立过渡期。

23．完善涉企政策和信息公开机制。利用实体政务大厅、网上政务平台、移动客户端、自助终端、服务热线等线上线下载体，建立涉企政策信息集中公开制度和推送制度。加大政府信息数据开放力度。强化涉企政策落实责任考核，充分吸收行业协会商会等第三方机构参与政策后评估。

24．加大对企业家的帮扶力度。发挥统战部门、国资监管机构和工商联、行业协会商会等作用，建立健全帮扶企业家的工作联动机制，定期组织企业家座谈和走访，帮助解决企业实际困难。对经营困难的企业，有关部门、工商联、行业协会商会等要主动及时了解困难所在、发展所需，在维护市场公平竞争的前提下积极予以帮助。支持再次创业，完善再创业政策，根据企业家以往经营企业的纳税信用级别，在办理相关涉税事项时给予更多便捷支持。加强对创业成功和失败案例研究，为企业家创新创业提供借鉴。

九、加强优秀企业家培育

25．加强企业家队伍建设规划引领。遵循企业家成长规律，加强部门协作，创新工作方法，加强对企业家队伍建设的统筹规划，将培养企业家队伍与实施国家重大战略同步谋划、同步推进，鼓励支持更多具有创新创业能力的人才脱颖而出，在实践中培养一批具有全球战略眼光、市场开拓精神、管理创新能力和社会责任感的优秀企业家。

26．发挥优秀企业家示范带动作用。总结优秀企业家典型案例，对爱国敬业、遵纪守法、艰苦奋斗、创新发展、专注品质、追求卓越、诚信守约、履行责任、勇于担当、服务社会等有突出贡献的优秀企业家，以适当方式予以表彰和宣传，发挥示范带动作用。强化优秀企业家精神研究，支持高等学校、科研院所与行业协会商会、知名企业合作，总结富有中国特色、顺应时代潮流的企业家成长规律。

27．加强企业家教育培训。以强化忠诚意识、拓展世界眼光、提高战略思维、增强创新精神、锻造优秀品行为重点，加快建立健全企业家培训体系。支持高等学校、科研院所、行业协会商会等开展精准化的理论培训、政策培训、科技培训、管理培训、法规培训，全面增强企业家发现机会、整合资源、创造价值、回馈社会的能力。建立健全创业辅导制度，支持发展创客学院，发挥企业家组织的积极作用，培养年轻一代企业家。加大党校、行政学院等机构对企业家的培训力度。搭建各类企业家互相学习交流平台，促进优势互补、共同提高。组织开展好企业家活动日等形式多样的交流培训。

十、加强党对企业家队伍建设的领导

28．加强党对企业家队伍的领导。坚持党对国有企业的领导，全面加强国有企业党的建设，发挥国有企业党组织领导作用。增强国有企业家坚持党的领导、主动抓企业党建意识，建好、用好、管好一支对党忠诚、勇于创新、治企有方、兴企有为、清正廉洁的国有企业家队伍。教育引导民营企业家拥护党的领导，支持企业党建工作。建立健全非公有制企业党建工作机制，积极探索党建工作多种方式，努力扩大非公有制企业党的组织和工作覆盖。充分发挥党组织在职工群众中的政治核心作用、在企业发展中的政治引领作用。

29．发挥党员企业家先锋模范作用。强化对党员企业家日常教育管理基础性工作，加强党性教育、宗旨教育、警示教育，教育党员企业家牢固树立政治意识、大局意识、核心意识、看齐意识，严明政治纪律和政治规矩，坚定理想信念，坚决执行党的基本路线和各项方针政策，把爱党、忧党、兴党、护党落实到经营管理各项工作中，率先垂范，用实际行动彰显党员先锋模范作用。

各地区各部门要充分认识营造企业家健康成长环境、弘扬优秀企业家精神、更好发挥企业家作用的重要性，统一思想，形成共识和合力，制定和细化具体政策措施，加大面向企业家的政策宣传和培训力度，狠抓贯彻落实。国家发展改革委要会同有关方面分解工作任务，对落实情况定期督察和总结评估，确保各项举措落到实处、见到实效。

附录 B 中共中央 国务院印发
《国家创新驱动发展战略纲要》

摘要：

——创新型企业家群体亟须发展壮大。

——发挥企业家在创新创业中的重要作用，大力倡导企业家精神，树立创新光荣、创新致富的社会导向，依法保护企业家的创新收益和财产权，培养造就一大批勇于创新、敢于冒险的创新型企业家，建设专业化、市场化、国际化的职业经理人队伍。

党的十八大提出实施创新驱动发展战略，强调科技创新是提高社会生产力和综合国力的战略支撑，必须摆在国家发展全局的核心位置。这是中央在新的发展阶段确立的立足全局、面向全球、聚焦关键、带动整体的国家重大发展战略。为加快实施这一战略，特制定本纲要。

一、战略背景

创新驱动就是创新成为引领发展的第一动力，科技创新与制度创新、管理创新、商业模式创新、业态创新和文化创新相结合，推动发展方式向依靠持续的知识积累、技术进步和劳动力素质提升转变，促进经济向形态更高级、分工更精细、结构更合理的阶段演进。

创新驱动是国家命运所系。国家力量的核心支撑是科技创新能力。创新强则国运昌，创新弱则国运殆。我国近代落后挨打的重要原因是与历次科技革命失之交臂，导致科技弱、国力弱。实现中华民族伟大复兴的中国梦，必须真正用好科学技术这个最高意义上的革命力量和有力杠杆。

创新驱动是世界大势所趋。全球新一轮科技革命、产业变革和军事变革加速演进，科学探索从微观到宇观各个尺度上向纵深拓展，以智能、绿色、泛在为特征的群体性技术革命将引发国际产业分工重大调整，颠覆性技术不断涌现，正在重塑世界竞争格局、改变国家力量对比，创新驱动成为许多国家谋求竞争优势的核心战略。我国既面临赶超跨越的难得历史机遇，也面临差距拉大的严峻挑战。惟有勇立世界科技创新潮头，才能赢得发展主动权，为人类文明进步作出更大贡献。

创新驱动是发展形势所迫。我国经济发展进入新常态，传统发展动力不断减弱，粗放型增长方式难以为继。必须依靠创新驱动打造发展新引擎，培育新的经济增长点，持续提升我国经济发展的质量和效益，开辟我国发展的新空间，实现经济保持中高速增长和产业迈向中高端水平"双目标"。

当前，我国创新驱动发展已具备发力加速的基础。经过多年努力，科技发展正在进入由量的增长向质的提升的跃升期，科研体系日益完备，人才队伍不断壮大，科学、技术、工程、产业的自主创新能力快速提升。经济转型升级、民生持续改善和国防现代化建设对创新提出了巨大需求。庞大的市场规模、完备的产业体系、多样化的消费需求与互联网时代创新效率的提升相结合，为创新提供了广阔空间。中国特色社会主义制度能够有效结合集中力量办大事和市场配置资源的优势，为实现创新驱动发展提供了根本保障。

同时也要看到，我国许多产业仍处于全球价值链的中低端，一些关键核心技术受制于人，发达国家在科学前沿和高技术领域仍然占据明显领先优势，我国支撑产业升级、引领未来发展的科学技术储备亟待加强。适应创新驱动的体制机制亟待建立健全，企业创新动力不足，创新体系整体效能不高，经济发展尚未真正转到依靠创新的轨道。科技人才队伍大而不强，领军人才和高技能人才缺乏，创新型企业家群体亟须发展壮大。激励创新的市场环境和社会氛围仍需进一步培育和优化。

在我国加快推进社会主义现代化、实现"两个一百年"奋斗目标和中华民族伟大复兴中国梦的关键阶段，必须始终坚持抓创新就是抓发展、谋创新就是谋未来，让创新成为国家意志和全社会的共同行动，走出一条从人才强、科技强到产业强、经济强、国家强的发展新路径，为我国未来十几年乃至更长时间创造一个新的增长周期。

二、战略要求

（一）指导思想

以邓小平理论、"三个代表"重要思想、科学发展观为指导，深入贯彻习近平总书记系列重要讲话精神，按照"四个全面"战略布局的要求，坚持走中国特色自主创新道路，解放思想、开放包容，把创新驱动发展作为国家的优先战略，以科技创新为核心带动全面创新，以体制机制改革激发创新活力，以高效率的创新体系支撑高水平的创新型国家建设，推动经济社会发展动力根本转换，为实现中华民族伟大复兴的中国梦提供强大动力。

（二）基本原则

紧扣发展。坚持问题寻向，面向世界科技前沿、面向国家重大需求、面向国民经济主战场，明确我国创新发展的主攻方向，在关键领域尽快实现突破，力争形成更多竞争优势。

深化改革。坚持科技体制改革和经济社会领域改革同步发力，强化科技与经济对接，遵循社会主义市场经济规律和科技创新规律，破除一切制约创新的思想障碍和制度藩篱，构建支撑创新驱动发展的良好环境。

强化激励。坚持创新驱动实质是人才驱动，落实以人为本，尊重创新创造的价值，激发各类人才的积极性和创造性，加快汇聚一支规模宏大、结构合理、素质优良的创新型人才队伍。

扩大开放。坚持以全球视野谋划和推动创新，最大限度用好全球创新资源，全面提升我国在全球创新格局中的位势，力争成为若干重要领域的引领者和重要规则制定的参与者。

（三）战略目标

分三步走：

第一步，到 2020 年进入创新型国家行列，基本建成中国特色国家创新体系，有力支撑全面建成小康社会目标的实现。

——创新型经济格局初步形成。若干重点产业进入全球价值链中高端，成长起一批具有国际竞争力的创新型企业和产业集群。科技进步贡献率提高到60%以上，知识密集型服务业增加值占国内生产总值的20%。

——自主创新能力大幅提升。形成面向未来发展、迎接科技革命、促进产业变革的创新布局，突破制约经济社会发展和国家安全的一系列重大瓶颈问题，初步扭转关键核心技术长期受制于人的被动局面，在若干战略必争领域形成独特优势，为国家繁荣发展提供战略储备、拓展战略空间。研究与试验发展（R&D）经费支出占国内生产总值比重达到2.5%。

——创新体系协同高效。科技与经济融合更加顺畅，创新主体充满活力，创新链条有机衔接，创新治理更加科学，创新效率大幅提高。

——创新环境更加优化。激励创新的政策法规更加健全，知识产权保护更加严格，形成崇尚创新创业、勇于创新创业、激励创新创业的价值导向和文化氛围。

第二步，到2030年跻身创新型国家前列，发展驱动力实现根本转换，经济社会发展水平和国际竞争力大幅提升，为建成经济强国和共同富裕社会奠定坚实基础。

——主要产业进入全球价值链中高端。不断创造新技术和新产品、新模式和新业态、新需求和新市场，实现更可持续的发展、更高质量的就业、更高水平的收入、更高品质的生活。

——总体上扭转科技创新以跟踪为主的局面。在若干战略领域由并行走向领跑，形成引领全球学术发展的中国学派，产出对世界科技发展和人类文明进步有重要影响的原创成果。攻克制约国防科技的主要瓶颈问题。研究与试验发展（R&D）经费支出占国内生产总值比重达到2.8%。

——国家创新体系更加完备。实现科技与经济深度融合、相互促进。

——创新文化氛围浓厚，法治保障有力，全社会形成创新活力竞相迸发、创新源泉不断涌流的生动局面。

第三步，到2050年建成世界科技创新强国，成为世界主要科学中心和创新高地，为我国建成富强民主文明和谐的社会主义现代化国家、实现中华民族伟大复兴的中国梦提供强大支撑。

——科技和人才成为国力强盛最重要的战略资源，创新成为政策制定和制度安排的核心因素。

——劳动生产率、社会生产力提高主要依靠科技进步和全面创新，经济发展质量高、能源资源消耗低、产业核心竞争力强。国防科技达到世界领先水平。

——拥有一批世界一流的科研机构、研究型大学和创新型企业，涌现出一批重大原创性科学成果和国际顶尖水平的科学大师，成为全球高端人才创新创业的重要聚集地。

——创新的制度环境、市场环境和文化环境更加优化，尊重知识、崇尚创新、保护产权、包容多元成为全社会的共同理念和价值导向。

三、战略部署

实现创新驱动是一个系统性的变革，要按照"坚持双轮驱动、构建一个体系、推动六大转变"进行布局，构建新的发展动力系统。

双轮驱动就是科技创新和体制机制创新两个轮子相互协调、持续发力。抓创新首先要抓科技创新，补短板首先要补科技创新的短板。科学发现对技术进步有决定性的引领作用，技术进步有力推动发现科学规律。要明确支撑发展的方向和重点，加强科学探索和技术攻关，形成持续创新的系统能力。体制机制创新要调整一切不适应创新驱动发展的生产关系，统筹推进科技、经济和政府治理等三方面体制机制改革，最大限度释放创新活力。

一个体系就是建设国家创新体系。要建设各类创新主体协同互动和创新要素顺畅流动、高效配置的生态系统，形成创新驱动发展的实践载体、制度安排和环境保障。明确企业、科研院所、高校、社会组织等各类创新主体功能定位，构建开放高效的创新网络，建设军民融合的国防科技协同创新平台；改进创新治理，进一步明确政府和市场分工，构建统筹配置创新资源的机制；完善激励创新的政策体系、保护创新的法律制度，构建鼓励创新的社会环境，激发全社会创新活力。

六大转变就是发展方式从以规模扩张为主导的粗放式增长向以质量效益为主导的可持续发展转变；发展要素从传统要素主导发展向创新要素主导发展转变；产业分工从价值链中低端向价值链中高端转变；创新能力从"跟踪、并行、领跑"并存、"跟踪"为主向"并行"、"领跑"为主转变；资源配置从以研发环节为主向产业链、创新链、资金链统筹配置转变；创新群体从以科技人员的小众为主向小众与大众创新创业互动转变。

四、战略任务

紧紧围绕经济竞争力提升的核心关键、社会发展的紧迫需求、国家安全的重大挑战，采取差异化策略和非对称路径，强化重点领域和关键环节的任务部署。

（一）推动产业技术体系创新，创造发展新优势

加快工业化和信息化深度融合，把数字化、网络化、智能化、绿色化作为提升产业竞争力的技术基点，推进各领域新兴技术跨界创新，构建结构合理、先进管用、开放兼容、自主可控、具有国际竞争力的现代产业技术体系，以技术的群体性突破支撑引领新兴产业集群发展，推进产业质量升级。

1. 发展新一代信息网络技术，增强经济社会发展的信息化基础。加强类人智能、自然交互与虚拟现实、微电子与光电子等技术研究，推动宽带移动互联网、云计算、物联网、大数据、高性能计算、移动智能终端等技术研发和综合应用，加大集成电路、工业控制等自主软硬件产品和网络安全技术攻关和推广力度，为我国经济转型升级和维护国家网络安全提供保障。

2. 发展智能绿色制造技术，推动制造业向价值链高端攀升。重塑制造业的技术体系、生产模式、产业形态和价值链，推动制造业由大到强转变。发展智能制造装备等技术，加快网络化制造技术、云计算、大数据等在制造业中的深度应用，推动制造业向自动化、智能化、服务化转变。对传统制造业全面进行绿色改造，由粗放型制造向集约型制造转变。加强产业技术基础能力和试验平台建设，提升基础材料、基础零部件、基础工艺、基础软件等共性关键技术水平。发展大飞机、航空发动机、核电、高铁、海洋工程装备和高技术船舶、特高压输变电等高端装备和产品。

3. 发展生态绿色高效安全的现代农业技术，确保粮食安全、食品安全。以实现种业自主为核心，转变农业发展方式，突破人多地少水缺的瓶颈约束，走产出高效、产品安全、资源节约、环境友好的现代农业发展道路。系统加强动植物育种和高端农业装备研发，大面积推广粮食丰产、中低产田改造等技术，深入开展节水农业、循环农业、有机农业和生物肥料等技术研发，开发标准化、规模化的

现代养殖技术，促进农业提质增效和可持续发展。推广农业面源污染和重金属污染防治的低成本技术和模式，发展全产业链食品安全保障技术、质量安全控制技术和安全溯源技术，建设安全环境、清洁生产、生态储运全覆盖的食品安全技术体系。推动农业向一二三产业融合，实现向全链条增值和品牌化发展转型。

4. 发展安全清洁高效的现代能源技术，推动能源生产和消费革命。以优化能源结构、提升能源利用效率为重点，推动能源应用向清洁、低碳转型。突破煤炭石油天然气等化石能源的清洁高效利用技术瓶颈，开发深海深地等复杂条件下的油气矿产资源勘探开采技术，开展页岩气等非常规油气勘探开发综合技术示范。加快核能、太阳能、风能、生物质能等清洁能源和新能源技术开发、装备研制及大规模应用，攻克大规模供需互动、储能和并网关键技术。推广节能新技术和节能新产品，加快钢铁、石化、建材、有色金属等高耗能行业的节能技术改造，推动新能源汽车、智能电网等技术的研发应用。

5. 发展资源高效利用和生态环保技术，建设资源节约型和环境友好型社会。采用系统化的技术方案和产业化路径，发展污染治理和资源循环利用的技术与产业。建立大气重污染天气预警分析技术体系，发展高精度监控预测技术。建立现代水资源综合利用体系，开展地球深部矿产资源勘探开发与综合利用，发展绿色再制造和资源循环利用产业，建立城镇生活垃圾资源化利用、再生资源回收利用、工业固体废物综合利用等技术体系。完善环境技术管理体系，加强水、大气和土壤污染防治及危险废物处理处置、环境检测与环境应急技术研发应用，提高环境承载能力。

6. 发展海洋和空间先进适用技术，培育海洋经济和空间经济。开发海洋资源高效可持续利用适用技术，加快发展海洋工程装备，构建立体同步的海洋观测体系，推进我国海洋战略实施和蓝色经济发展。大力提升空间进入、利用的技术能力，完善空间基础设施，推进卫星遥感、卫星通信、导航和位置服务等技术开发应用，完善卫星应用创新链和产业链。

7. 发展智慧城市和数字社会技术，推动以人为本的新型城镇化。依靠新技术和管理创新支撑新型城镇化、现代城市发展和公共服务，创新社会治理方法和手段，加快社会治安综合治理信息化进程，推进平安中国建设。发展交通、电力、通信、地下管网等市政基础设施的标准化、数字化、智能化技术，推动绿色建筑、智慧城市、生态城市等领域关键技术大规模应用。加强重大灾害、公共安全等应急避险领域重大技术和产品攻关。

8. 发展先进有效、安全便捷的健康技术，应对重大疾病和人口老龄化挑战。促进生命科学、中西医药、生物工程等多领域技术融合，提升重大疾病防控、公共卫生、生殖健康等技术保障能力。研发创新药物、新型疫苗、先进医疗装备和生物治疗技术。推进中华传统医药现代化。促进组学和健康医疗大数据研究，发展精准医学，研发遗传基因和慢性病易感基因筛查技术，提高心脑血管疾病、恶性肿瘤、慢性呼吸性疾病、糖尿病等重大疾病的诊疗技术水平。开发数字化医疗、远程医疗技术，推进预防、医疗、康复、保健、养老等社会服务网络化、定制化，发展一体化健康服务新模式，显著提高人口健康保障能力，有力支撑健康中国建设。

9. 发展支撑商业模式创新的现代服务技术，驱动经济形态高级化。以新一代信息和网络技术为支撑，积极发展现代服务业技术基础设施，拓展数字消费、电子商务、现代物流、互联网金融、网络教育等新兴服务业，促进技术创新和商业模式创新融合。加快推进工业设计、文化创意和相关产业融合发展，提升我国重点产业的创新设计能力。

10. 发展引领产业变革的颠覆性技术，不断催生新产业、创造新就业。高度关注可能引起现有投资、人才、技术、产业、规则"归零"的颠覆性技术，前瞻布局新兴产业前沿技术研发，力争实现"弯道超车"。开发移动互联技术、量子信息技术、空天技术，推动增材制造装备、智能机器人、无人驾驶汽车等发展，重视基因组、干细胞、合成生物、再生医学等技术对生命科学、生物育种、工业生物领域的深刻影响，开发氢能、燃料电池等新一代能源技术，发挥纳米、石墨烯等技术对新材料产业发展的引领作用。

（二）强化原始创新，增强源头供给

坚持国家战略需求和科学探索目标相结合，加强对关系全局的科学问题研究部署，增强原始创新能力，提升我国科学发现、技术发明和产品产业创新的整体水平，支撑产业变革和保障国家安全。

1. 加强面向国家战略需求的基础前沿和高技术研究。围绕涉及长远发展和国家安全的"卡脖子"问题，加强基础研究前瞻布局，加大对空间、海洋、网络、核、材料、能源、信息、生命等领域重大基础研究和战略高技术攻关力度，实现关键核心技术安全、自主、可控。明确阶段性目标，集成跨学科、跨领域的优势

力量，加快重点突破，为产业技术进步积累原创资源。

2. 大力支持自由探索的基础研究。面向科学前沿加强原始创新，力争在更多领域引领世界科学研究方向，提升我国对人类科学探索的贡献。围绕支撑重大技术突破，推进变革性研究，在新思想、新发现、新知识、新原理、新方法上积极进取，强化源头储备。促进学科均衡协调发展，加强学科交叉与融合，重视支持一批非共识项目，培育新兴学科和特色学科。

3. 建设一批支撑高水平创新的基础设施和平台。适应大科学时代创新活动的特点，针对国家重大战略需求，建设一批具有国际水平、突出学科交叉和协同创新的国家实验室。加快建设大型共用实验装置、数据资源、生物资源、知识和专利信息服务等科技基础条件平台。研发高端科研仪器设备，提高科研装备自给水平。建设超算中心和云计算平台等数字化基础设施，形成基于大数据的先进信息网络支撑体系。

（三）优化区域创新布局，打造区域经济增长极

聚焦国家区域发展战略，以创新要素的集聚与流动促进产业合理分工，推动区域创新能力和竞争力整体提升。

1. 构建各具特色的区域创新发展格局。东部地区注重提高原始创新和集成创新能力，全面加快向创新驱动发展转型，培育具有国际竞争力的产业集群和区域经济。中西部地区走差异化和跨越式发展道路，柔性汇聚创新资源，加快先进适用技术推广和应用，在重点领域实现创新牵引，培育壮大区域特色经济和新兴产业。

2. 跨区域整合创新资源。构建跨区域创新网络，推动区域间共同设计创新议题、互联互通创新要素、联合组织技术攻关。提升京津冀、长江经济带等国家战略区域科技创新能力，打造区域协同创新共同体，统筹和引领区域一体化发展。推动北京、上海等优势地区建成具有全球影响力的科技创新中心。

3. 打造区域创新示范引领高地。优化国家自主创新示范区布局，推进国家高新区按照发展高科技、培育新产业的方向转型升级，开展区域全面创新改革试验，建设创新型省份和创新型城市，培育新兴产业发展增长极，增强创新发展的辐射带动功能。

（四）深化军民融合，促进创新互动

按照军民融合发展战略总体要求，发挥国防科技创新重要作用，加快建立健全军民融合的创新体系，形成全要素、多领域、高效益的军民科技深度融合发展新格局。

1. 健全宏观统筹机制。遵循经济建设和国防建设的规律，构建统一领导、需求对接、资源共享的军民融合管理体制，统筹协调军民科技战略规划、方针政策、资源条件、成果应用，推动军民科技协调发展、平衡发展、兼容发展。

2. 开展军民协同创新。建立军民融合重大科研任务形成机制，从基础研究到关键技术研发、集成应用等创新链一体化设计，构建军民共用技术项目联合论证和实施模式，建立产学研相结合的军民科技创新体系。

3. 推进军民科技基础要素融合。推进军民基础共性技术一体化、基础原材料和零部件通用化。推进海洋、太空、网络等新型领域军民融合深度发展。开展军民通用标准制定和整合，推动军民标准双向转化，促进军民标准体系融合。统筹军民共用重大科研基地和基础设施建设，推动双向开放、信息交互、资源共享。

4. 促进军民技术双向转移转化。推动先进民用技术在军事领域的应用，健全国防知识产权制度、完善国防知识产权归属与利益分配机制，积极引导国防科技成果加速向民用领域转化应用。放宽国防科技领域市场准入，扩大军品研发和服务市场的开放竞争，引导优势民营企业进入军品科研生产和维修领域。完善军民两用物项和技术进出口管制机制。

（五）壮大创新主体，引领创新发展

明确各类创新主体在创新链不同环节的功能定位，激发主体活力，系统提升各类主体创新能力，夯实创新发展的基础。

1. 培育世界一流创新型企业。鼓励行业领军企业构建高水平研发机构，形成完善的研发组织体系，集聚高端创新人才。引导领军企业联合中小企业和科研单位系统布局创新链，提供产业技术创新整体解决方案。培育一批核心技术能力突出、集成创新能力强、引领重要产业发展的创新型企业，力争有一批企业进入全球百强创新型企业。

2. 建设世界一流大学和一流学科。加快中国特色现代大学制度建设，深入推

进管、办、评分离，扩大学校办学自主权，完善学校内部治理结构。引导大学加强基础研究和追求学术卓越，组建跨学科、综合交叉的科研团队，形成一批优势学科集群和高水平科技创新基地，建立创新能力评估基础上的绩效拨款制度，系统提升人才培养、学科建设、科技研发三位一体创新水平。增强原始创新能力和服务经济社会发展能力，推动一批高水平大学和学科进入世界一流行列或前列。

3. 建设世界一流科研院所。明晰科研院所功能定位，增强在基础前沿和行业共性关键技术研发中的骨干引领作用。健全现代科研院所制度，形成符合创新规律、体现领域特色、实施分类管理的法人治理结构。围绕国家重大任务，有效整合优势科研资源，建设综合性、高水平的国际化科技创新基地，在若干优势领域形成一批具有鲜明特色的世界级科学研究中心。

4. 发展面向市场的新型研发机构。围绕区域性、行业性重大技术需求，实行多元化投资、多样化模式、市场化运作，发展多种形式的先进技术研发、成果转化和产业孵化机构。

5. 构建专业化技术转移服务体系。发展研发设计、中试熟化、创业孵化、检验检测认证、知识产权等各类科技服务。完善全国技术交易市场体系，发展规范化、专业化、市场化、网络化的技术和知识产权交易平台。科研院所和高校建立专业化技术转移机构和职业化技术转移人才队伍，畅通技术转移通道。

（六）实施重大科技项目和工程，实现重点跨越

在关系国家安全和长远发展的重点领域，部署一批重大科技项目和工程。

面向 2020 年，继续加快实施已部署的国家科技重大专项，聚焦目标、突出重点，攻克高端通用芯片、高档数控机床、集成电路装备、宽带移动通信、油气田、核电站、水污染治理、转基因生物新品种、新药创制、传染病防治等方面的关键核心技术，形成若干战略性技术和战略性产品，培育新兴产业。

面向 2030 年，坚持有所为有所不为，尽快启动航空发动机及燃气轮机重大项目，在量子通信、信息网络、智能制造和机器人、深空深海探测、重点新材料和新能源、脑科学、健康医疗等领域，充分论证，把准方向，明确重点，再部署一批体现国家战略意图的重大科技项目和工程。

面向 2020 年的重大专项与面向 2030 年的重大科技项目和工程，形成梯次接续的系统布局，并根据国际科技发展的新进展和我国经济社会发展的新需求，及时进行滚动调整和优化。要发挥社会主义市场经济条件下的新型举国体制优势，集中力量，协同攻关，持久发力，久久为功，加快突破重大核心技术，开发重大战略性产品，在国家战略优先领域率先实现跨越。

（七）建设高水平人才队伍，筑牢创新根基

加快建设科技创新领军人才和高技能人才队伍。围绕重要学科领域和创新方向造就一批世界水平的科学家、科技领军人才、工程师和高水平创新团队，注重培养一线创新人才和青年科技人才，对青年人才开辟特殊支持渠道，支持高校、科研院所、企业面向全球招聘人才。倡导崇尚技能、精益求精的职业精神，在各行各业大规模培养高级技师、技术工人等高技能人才。优化人才成长环境，实施更加积极的创新创业人才激励和吸引政策，推行科技成果处置收益和股权期权激励制度，让各类主体、不同岗位的创新人才都能在科技成果产业化过程中得到合理回报。

发挥企业家在创新创业中的重要作用，大力倡导企业家精神，树立创新光荣、创新致富的社会导向，依法保护企业家的创新收益和财产权，培养造就一大批勇于创新、敢于冒险的创新型企业家，建设专业化、市场化、国际化的职业经理人队伍。

推动教育创新，改革人才培养模式，把科学精神、创新思维、创造能力和社会责任感的培养贯穿教育全过程。完善高端创新人才和产业技能人才"二元支撑"的人才培养体系，加强普通教育与职业教育衔接。

（八）推动创新创业，激发全社会创造活力

建设和完善创新创业载体，发展创客经济，形成大众创业、万众创新的生动局面。

1. 发展众创空间。依托移动互联网、大数据、云计算等现代信息技术，发展新型创业服务模式，建立一批低成本、便利化、开放式众创空间和虚拟创新社区，建设多种形式的孵化机构，构建"孵化+创投"的创业模式，为创业者提供工作空间、网络空间、社交空间、共享空间，降低大众参与创新创业的成本和门槛。

2. 孵化培育创新型小微企业。适应小型化、智能化、专业化的产业组织新特征，推动分布式、网络化的创新，鼓励企业开展商业模式创新，引导社会资本参

与建设面向小微企业的社会化技术创新公共服务平台，推动小微企业向"专精特新"发展，让大批创新活力旺盛的小微企业不断涌现。

3. 鼓励人人创新。推动创客文化进学校，设立创新创业课程，开展品牌性创客活动，鼓励学生动手、实践、创业。支持企业员工参与工艺改进和产品设计，鼓励一切有益的微创新、微创业和小发明、小改进，将奇思妙想、创新创意转化为实实在在的创业活动。

五、战略保障

实施创新驱动发展战略，必须从体制改革、环境营造、资源投入、扩大开放等方面加大保障力度。

（一）改革创新治理体系

顺应创新主体多元、活动多样、路径多变的新趋势，推动政府管理创新，形成多元参与、协同高效的创新治理格局。

建立国家高层次创新决策咨询机制，定期向党中央、国务院报告国内外科技创新动态，提出重大政策建议。转变政府创新管理职能，合理定位政府和市场功能。强化政府战略规划、政策制定、环境营造、公共服务、监督评估和重大任务实施等职能。对于竞争性的新技术、新产品、新业态开发，应交由市场和企业来决定。建立创新治理的社会参与机制，发挥各类行业协会、基金会、科技社团等在推动创新驱动发展中的作用。

合理确定中央各部门功能性分工，发挥行业主管部门在创新需求凝炼、任务组织实施、成果推广应用等方面的作用。科学划分中央和地方科技管理事权，中央政府职能侧重全局性、基础性、长远性工作，地方政府职能侧重推动技术开发和转化应用。

构建国家科技管理基础制度。再造科技计划管理体系，改进和优化国家科技计划管理流程，建设国家科技计划管理信息系统，构建覆盖全过程的监督和评估制度。完善国家科技报告制度，建立国家重大科研基础设施和科技基础条件平台开放共享制度，推动科技资源向各类创新主体开放。建立国家创新调查制度，引导各地树立创新发展导向。

（二）多渠道增加创新投入

切实加大对基础性、战略性和公益性研究稳定支持力度，完善稳定支持和竞争性支持相协调的机制。改革中央财政科技计划和资金管理，提高资金使用效益。完善激励企业研发的普惠性政策，引导企业成为技术创新投入主体。

探索建立符合中国国情、适合科技创业企业发展的金融服务模式。鼓励银行业金融机构创新金融产品，拓展多层次资本市场支持创新的功能，积极发展天使投资，壮大创业投资规模，运用互联网金融支持创新。充分发挥科技成果转化、中小企业创新、新兴产业培育等方面基金的作用，引导带动社会资本投入创新。

（三）全方位推进开放创新

抓住全球创新资源加速流动和我国经济地位上升的历史机遇，提高我国全球配置创新资源能力。支持企业面向全球布局创新网络，鼓励建立海外研发中心，按照国际规则并购、合资、参股国外创新型企业和研发机构，提高海外知识产权运营能力。以卫星、高铁、核能、超级计算机等为重点，推动我国先进技术和装备走出去。鼓励外商投资战略性新兴产业、高新技术产业、现代服务业，支持跨国公司在中国设立研发中心，实现引资、引智、引技相结合。

深入参与全球科技创新治理，主动设置全球性创新议题，积极参与重大国际科技合作规则制定，共同应对粮食安全、能源安全、环境污染、气候变化以及公共卫生等全球性挑战。丰富和深化创新对话，围绕落实"一带一路"战略构想和亚太互联互通蓝图，合作建设面向沿线国家的科技创新基地。积极参与和主导国际大科学计划和工程，提高国家科技计划对外开放水平。

（四）完善突出创新导向的评价制度

根据不同创新活动的规律和特点，建立健全科学分类的创新评价制度体系。推进高校和科研院所分类评价，实施绩效评价，把技术转移和科研成果对经济社会的影响纳入评价指标，将评价结果作为财政科技经费支持的重要依据。完善人才评价制度，进一步改革完善职称评审制度，增加用人单位评价自主权。推行第三方评价，探索建立政府、社会组织、公众等多方参与的评价机制，拓展社会化、专业化、国际化评价渠道。改革国家科技奖励制度，优化结构、减少数量、提高质量，逐步由申报制改为提名制，强化对人的激励。发展具有品牌和公信力的社会奖项。完善国民经济核算体系，逐步探索将反映创新活动的研发支出纳入投资统计，反映无形资产对经济的贡献，突出创新活动的投入和成效。改革完善国有企业评价机制，把研发投入和创新绩效作为重要考核指标。

（五）实施知识产权、标准、质量和品牌战略

加快建设知识产权强国。深化知识产权领域改革，深入实施知识产权战略行动计划，提高知识产权的创造、运用、保护和管理能力。引导支持市场主体创造和运用知识产权，以知识产权利益分享机制为纽带，促进创新成果知识产权化。充分发挥知识产权司法保护的主导作用，增强全民知识产权保护意识，强化知识产权制度对创新的基本保障作用。健全防止滥用知识产权的反垄断审查制度，建立知识产权侵权国际调查和海外维权机制。

提升中国标准水平。强化基础通用标准研制，健全技术创新、专利保护与标准化互动支撑机制，及时将先进技术转化为标准。推动我国产业采用国际先进标准，强化强制性标准制定与实施，形成支撑产业升级的标准群，全面提高行业技术标准和产业准入水平。支持我国企业、联盟和社团参与或主导国际标准研制，推动我国优势技术与标准成为国际标准。

推动质量强国和中国品牌建设。完善质量诚信体系，形成一批品牌形象突出、服务平台完备、质量水平一流的优势企业和产业集群。制定品牌评价国际标准，建立国际互认的品牌评价体系，推动中国优质品牌国际化。

（六）培育创新友好的社会环境

健全保护创新的法治环境。加快创新薄弱环节和领域的立法进程，修改不符合创新导向的法规文件，废除制约创新的制度规定，构建综合配套精细化的法治保障体系。

培育开放公平的市场环境。加快突破行业垄断和市场分割。强化需求侧创新政策的引导作用，建立符合国际规则的政府采购制度，利用首台套订购、普惠性财税和保险等政策手段，降低企业创新成本，扩大创新产品和服务的市场空间。推进要素价格形成机制的市场化改革，强化能源资源、生态环境等方面的刚性约束，提高科技和人才等创新要素在产品价格中的权重，让善于创新者获得更大的竞争优势。

营造崇尚创新的文化环境。大力宣传广大科技工作者爱国奉献、勇攀高峰的感人事迹和崇高精神，在全社会形成鼓励创造、追求卓越的创新文化，推动创新成为民族精神的重要内涵。倡导百家争鸣、尊重科学家个性的学术文化，增强敢为人先、勇于冒尖、大胆质疑的创新自信。重视科研试错探索价值，建立鼓励创新、宽容失败的容错纠错机制。营造宽松的科研氛围，保障科技人员的学术自由。加强科研诚信建设，引导广大科技工作者恪守学术道德，坚守社会责任。加强科学教育，丰富科学教育教学内容和形式，激发青少年的科技兴趣。加强科学技术普及，提高全民科学素养，在全社会塑造科学理性精神。

六、组织实施

实施创新驱动发展战略是我们党在新时期的重大历史使命。全党全国必须统一思想，各级党委和政府必须切实增强责任感和紧迫感，统筹谋划，系统部署，精心组织，扎实推进。

加强领导。按照党中央、国务院统一部署，国家科技体制改革和创新体系建设领导小组负责本纲要的具体组织实施工作，加强对创新驱动发展重大战略问题的研究和审议，指导推动纲要落实。

分工协作。国务院和军队各有关部门、各省（自治区、直辖市）要根据本纲要制定具体实施方案，强化大局意识、责任意识，加强协同、形成合力。

开展试点。加强任务分解，明确责任单位和进度安排，制订年度和阶段性实施计划。对重大改革任务和重点政策措施，要制定具体方案，开展试点。

监测评价。完善以创新发展为导向的考核机制，将创新驱动发展成效作为重要考核指标，引导广大干部树立正确政绩观。加强创新调查，建立定期监测评估和滚动调整机制。

加强宣传。做好舆论宣传，及时宣传报道创新驱动发展的新进展、新成效，让创新驱动发展理念成为全社会共识，调动全社会参与支持创新积极性。

全党全社会要紧密团结在以习近平同志为总书记的党中央周围，把各方面力量凝聚到创新驱动发展上来，为全面建成创新型国家、实现中华民族伟大复兴的中国梦而努力奋斗。

附录 C 党的十八大以来中央关于"企业家"的重要论述

我们全面深化改革，就要激发市场蕴藏的活力。市场活力来自于人，特别是来自于企业家，来自于企业家精神。激发市场活力，就是要把该放的权放到位，该营造的环境营造好，该制定的规则制定好，让企业家有用武之地。我们强调要更好发挥政府作用，更多从管理者转向服务者，为企业服务，为推动经济社会发展服务。

——习近平在亚太经合组织工商领导人峰会开幕式上的演讲（2014 年 11 月 9 日）

推进经济结构性改革，要坚持解放和发展社会生产力，坚持以经济建设为中心不动摇，坚持五位一体总体布局。要坚持社会主义市场经济改革方向，使市场在资源配置中起决定性作用，调动各方面积极性，发挥企业家在推动经济发展中的重要作用，充分发挥创新人才和各级干部的积极性、主动性、创造性。

——中共中央总书记、国家主席、中央军委主席、中央财经领导小组组长习近平主持召开中央财经领导小组第十一次会议，研究经济结构性改革和城市工作（2015 年 11 月 10 日上午）

广大非公有制经济人士要准确把握我国经济发展大势，提振发展信心，提升自身综合素质，完善企业经营管理制度，激发企业家精神，发挥企业家才能，增强企业内在活力和创造力，推动企业不断取得更新更好发展。

——《习近平：毫不动摇坚持我国基本经济制度 推动各种所有制经济健康发展》

创新驱动实质上是人才驱动。为了加快形成一支规模宏大、富有创新精神、敢于承担风险的创新型人才队伍，要重点在用好、吸引、培养上下功夫。要用好科学家、科技人员、企业家，激发他们的创新激情。要学会招商引资、招人聚才并举，择天下英才而用之，广泛吸引各类创新人才特别是最缺的人才。

——习近平总书记主持召开中央财经领导小组第七次会议（2014 年 8 月 18 日）

到 2020 年，在国有企业改革重要领域和关键环节取得决定性成果，形成更加符合我国基本经济制度和社会主义市场经济发展要求的国有资产管理体制、现代企业制度、市场化经营机制，国有资本布局结构更趋合理，造就一大批德才兼备、善于经营、充满活力的优秀企业家，培育一大批具有创新能力和国际竞争力的国有骨干企业，国有经济活力、控制力、影响力、抗风险能力明显增强。

——中共中央、国务院关于深化国有企业改革的指导意见（2015 年 8 月 24 日）

优化企业家成长环境。遵循企业家成长规律，拓宽培养渠道。建立有利于企业家参与创新决策、凝聚创新人才、整合创新资源的新机制。依法保护企业家财产权和创新收益，进一步营造尊重、关怀、宽容、支持企业家的社会文化环境。合理提高国有企业经营管理人才市场化选聘比例，畅通各类企业人才流动渠道。研究制定在国有企业建立职业经理人制度的指导意见。完善国有企业经营管理人才中长期激励措施。

——中共中央《关于深化人才发展体制机制改革的意见》（2016 年 3 月印发）

我国科技队伍规模是世界上最大的，这是产生世界级科技大师、领军人才、尖子人才的重要基础。科技人才培育和成长有其规律，要大兴识才爱才敬才用才之风，为科技人才发展提供良好环境，在创新实践中发现人才、在创新活动中培育人才、在创新事业中凝聚人才，聚天下英才而用之，让更多千里马竞相奔腾。要改革人才培养、引进、使用等机制，努力造就一大批能够把握世界科技大势、研判科技发展方向的战略科技人才，培养一大批善于凝聚力量、统筹协调的科技领军人才，培养一大批勇于创新、善于创新的企业家和高技能人才。

——《习近平：为建设世界科技强国而奋斗——在全国科技创新大会、两院院士大会、中国科协第九次全国代表大会上的讲话》（2016 年 5 月）

在错综复杂的国内外政治经济形势下，要实现更好发展，必须更好分析形势和环境，更好把握战略机遇期内涵和条件变化，更好把握宏观经济大势，更好应对挑战。为此，要加快培养造就国际一流的经济学家、具有国际视野的企业家。

——习近平主持召开经济形势专家座谈会强调（2016 年 7 月 8 日）

要坚持党管干部原则，保证党对干部人事工作的领导权和对重要干部的管理权，保证人选政治合格、作风过硬、廉洁不出问题。要让国有企业领导人员在工作一线摸爬滚打、锻炼成长，把在实践中成长起来的良将贤才及时选拔到国有企业领导岗位上来。对国有企业领导人员，既要从严管理，又要关心爱护，树三正向激励的鲜明导向，让他们放开手脚干事、甩开膀子创业。要大力宣传优秀国有企业领导人员的先进事迹和突出贡献，营造尊重企业家价值、鼓励企业家创新、发挥企业家作用的浓厚社会氛围。

——习近平总书记在全国国有企业党的建设工作会议上发表重要讲话（2016 年 10 月 10 日至 11 日）

保护企业家精神，支持企业家专心创新创业。

——中央经济工作会议（2016 年 12 月）

加强产权保护制度建设，推动产权保护举措落地，甄别纠正一批社会反映强烈的产权纠纷申诉案件，激发和保护企业家精神。

——国家发展改革委《关于 2017 年深化经济体制改革重点工作的意见》

企业家是经济活动的重要主体，要深度挖掘优秀企业家精神特质和典型案例，弘扬企业家精神，发挥企业家示范作用，造就优秀企业家队伍。要营造依法保护企业家合法权益的法治环境，营造促进企业家公平竞争、诚信经营的市场环境，营造尊重和激励企业家干事创业的社会氛围，开展社会主义核心价值观、形势政策、守法诚信教育，引导企业家爱国敬业、遵纪守法、创业创新、回报社会，更好调动广大企业家积极性、主动性、创造性。

——中共中央总书记、国家主席、中央军委主席、中央全面深化改革领导小组组长习近平 2017 年 4 月 18 日下午主持召开中央全面深化改革领导小组第三十四次会议并发表重要讲话

（来源：新华社通稿）

"领跑力"的 10 个来源

众所周知，搞长跑，要一直"领跑"，是很难的。

个人如此，企业亦如此。一时领跑易，长时间领跑难。

对于企业而言，要想基业长青、领跑一个行业，自有其奥秘。伴随技术的突飞猛进，从柯达到诺基亚到最近的 HTC 手机，眨眼间樯橹灰飞烟灭的故事不时在全球上演，也许昨日风光无限，今朝却冷冷戚戚。正因为如此，"超级独角兽"企业滴滴出行创始人程维感慨："过去五年的变化超过了之前的五十年。"

一个地区、一个国家又何尝不是如此？

放眼人类历史长河，各领风骚一段时间的事情真不少。自 1500 年以来，葡萄牙、西班牙、英国、德国、美国……大国崛起和更迭之路，就是一种印证。

问题油然而生："领跑力"究竟是一种怎样的力量？这种领跑的力量从何而来？它是企业家精神的集中体现？究竟什么样的企业家，才具备"领跑力"、成为领跑者？在充满不确定性的世界、技术不断被颠覆的时代里，企业家究竟怎样才能不断穿越迷雾、引领未来，避免被淘汰的命运？企业家的"领跑力"和引领型发展之间，究竟是怎样一种关系？一个地区、一座城市，究竟应该怎样更好地让企业家的"领跑力"释放，成为"领跑型城市"？中国，究竟能否不断在科技创新、产业革命上不断突破束缚，成为"领跑型国家"？……

一次调研，就如一次长途旅行。

过去近 3 年，我和我的同事们一起经历了 7 次这样的"旅行"，旅途之上，我们试图深入"解码"一座城市、一个企业、一种经济现象，尤其是其中人的因素、企业家的因素。

在解码这些经济现象和企业后，我尝试从前瞻力、"痛点"感受力和执行力、核心技术竞争力、团结力、忧患力、学习力、战略定力、忍耐力、创新力、价值引领力 10 个方面归纳"领跑力"的来源。

——领跑力，来自企业家对技术发展趋势的预见，来自一种"看"到未来的能力，它首先是一种前瞻力。

20 世纪末，华大基因搭上人类基因组计划的末班车，解决了以往基因研究"只见树木不见森林"的弊病；对技术工具尤其是测序仪"超摩尔"式的发展的把握，使这个团队抓住机遇成为世界上最大的基因测序工厂乃至集医学、农业、健康、运动、教育、仪器等诸多领域于一身的生物经济"新物种"。

"技术决定战略。在一个激烈竞争的环境里，企业家对方向的把握至关重要。"作为技术控，比亚迪王传福说："技术研究多了，你才会看得远看得清。比方说10年前我们研究电池，电池虽然是一种趋势，但是要考虑性能、电池密度、成本能不能达到要求。"

正因为站到了技术最前沿，这些创业者、企业家都成了预言家——任正非坚信"主航道只会越来越宽，宽到你不可想象。我们现在还想象不出未来信息社会是什么样子。我们只是把航道修宽了，在航道上走各种船"。

他更看好未来："未来二三十年将是人类社会发生最大变化的时代。伴随生物技术的突破、人工智能的实现等，未来人类社会一定会崛起非常多的大产业。"

在王东升眼里，第四次工业革命"已经开始了，触发点是人工智能和基因技术"。他说，第四次工业革命是关于"硅基和碳基生命的科技革命"，这是人与自身相关的产业。我们已经能创造出某些方面比自身更聪明的人工生命；我们需要处理人类自身与人工生命的关系；我们自身健康寿命会大大延长，推动自身的进化。这是机会，更是我们要面对的挑战。

华大基因董事长、联合创始人之一的汪建说："历经多年、投入数十亿元人民币研发的高通量测序仪问世，全球测序技术领域将首次大规模列装'中国造'，通往'人人测序'时代的大门正在打开"。他预言：精准医学首先是认知、矫正，就是读和写，但这些还是"医疗"，而更重要是"治未病"，下一步一定是精准健康、精准营养、精准运动、精准预防，精准医学是一个过渡的东西。

程维预言："下一个五到十年，我们将看到一场共享出行和智慧交通革命，这场产业革命现在只是开始""互联网不是早期的开荒时代了""互联网下半场其实是人工智能的天下"。

预见来源于洞察大。北京长城企业战略研究所所长王德禄在分析"独角兽"企业时多次强调一个词："洞见"。"之所以出现独角兽企业，创业者具有洞见能力这一点至关重要。相比过去，新时期的创业者更有洞察产业变革方向的敏锐度，且敢于引领产业和变革"。

正因为站到了技术最前沿，这些创业者、企业家都成了梦想家——

滴滴出行"希望变成汽车运营商，希望能够从最大的出行平台变成世界级的科技公司，推动未来5～10年交通和汽车产业的变革"。

张瑞敏自问："我始终觉得是在跟时间赛跑，到底我们能不能成为世界上第一家引爆物联网的公司？如果能，不光海尔，中国制造业真的将在一个新的、大的起跑点上腾飞；如果不能，被某个外国公司引爆，就会是我说的'你不拥有平台就被平台拥有'。"

王东升的梦想竟然也是物联网："我们不仅是提供显示器件产品的公司，而更像物联网系统的智慧端口公司。信息终端显示触控一体化产品是端口，血糖仪是端口，还有其他等，其特点是可展示、输入、抓取、交互、安全、自动和智能，我们称之为智慧端口。"而且自信预言："物联网时代，中国一定有机会走在世界第一。"

"对方向的把握"，至关重要。一个企业如此，一个城市、地区也是如此。

2009年，国际金融危机来袭，深圳经济增速从年均25%急跌至个位数。面对加工贸易断崖式下跌，深圳先后出台实施生物、互联网、新能源、新材料、文化创意、新一代信息技术、节能环保7大战略性新兴产业规划。

2013年，深圳着手布局生命健康、海洋经济、航空航天和智能装备制造四大未来产业。

深圳何以"领跑"？

"深圳每一步都踩在了点上。"回首过去，深圳市政协常委乐正认为，深圳就是在不断直面问题、超越自己的过程中实现产业升级、结构转型，从而牢牢把握经济发展主动权的。

"未来产业"还"没来"吗？事实上，伴随技术日新月异式的发展，一些"未来产业"已经进入百姓生活。未来已来，只是人们乃至政府浑然"无感"而已。

——领跑力，来自企业家对"痛点"的高度重视和执着追求。它是一种强烈的感受力和强大的执行力。

没有对"痛点"的把握，就不会有滴滴出行和摩拜单车。滴滴出行创始人程维最初就是想让打车不再难、让出行更美好，"希望可以通过互联网连通所有的交通工具，提高整个城市出行的效率"；摩拜单车创始人胡玮炜就是想"回归到事情的本质，就是怎么样让出行、生活更好"。

快手宿华的初衷，"是帮助人们记录生活中有趣的人、有意思的事，记录生活的点点滴滴、喜怒哀乐，并开放地分享给所有人""把每个个体的小世界记录下来，成为整个世界、整个时代的记录"。为人民服务，人民自然也就为你"服务"。短短 7 年时间，快手已经成为日活跃用户达到数千万的生活分享平台。

这是一个在生物医学界众所周知的真实案例——犹太人群中曾有一种疾病叫 TSD（黑矇痴呆综合征）：病人一般在 4 周岁前死亡，犹太人为控制住这种病，在大群体内开始广泛的婚前、孕前筛查，犹太民族通过强大的组织能力，在数个大洲、上百个城市同时开展人类历史上最大规模控制遗传病的行动。到了 2000 年，在北美犹太人群体中，这种疾病基本被控制了，2003 年全美诊断出 10 例 TSD，没有一例是犹太人。

"犹太人能做到，我们为什么不能做到？"华大基因汪建经常这样自问，也问别人，"我们的大目标是破解生命天书、造福人类。这不仅是理念，也已是现实。十几年前我说这话，大家都觉得是在说梦话，现在全部落实了""现在基因科技已发展到这个程度，远离几种疾病是完全有可能的。"

和他人分享、便捷出行、消灭疾病……这些都是人的基本需求，也往往是痛点所在，而痛点往往就是卖点。

——领跑力，来自企业家对核心技术的攻坚，这是一种核心技术竞争力，有了这种力量，才有可能"化不可能为可能"。

下游始终离不开上游，零件依附着核心。

近年来，京东方的产品占据世界市场多项第一。更值得一提的是，它成为两家入围美国专利授权量全球前 50 名的中国大陆企业之一，另一家是华为。

然而要知道，京东方在"企业在最困难的时候，还要大量研发投入，有的年头研发经费比例占到 13%～15%"。

王东升说："人家说我们疯了，可是我们当时想，不创新投入，我们才更是疯了。生产线缺乏主心骨，就会变成废铁了。竞争就是要给自己设立一个也许在别人看来根本不可能达到的目标，你才有动力化不可能为可能。"

他的"手上有一道疤"，就是和一家外国企业社长见面时"有个人在酒桌上讲了很多难听的话，非常瞧不起中国人。我一直强忍着，气到把手里酒杯捏碎了，后来才发现血流出来了。"这位曾经尝过屈辱滋味的企业领军者"最大的希望是，下一代能够坚持不懈地把这种精神传承下去，一定要自强自立，创新驱动!"

任正非反复强调"理论创新"和"理论突破"——"没有理论的创新是不可能持久的，也不可能成功""中国必须构建理论突破，创新才有出路。小改、小革，不可能成为大产业""理论创新比基础研究还要超前……很多前沿理论突破以后，人类当时都不能理解""我们一定要踏踏实实搞科研。一个基础理论变成大产业，要经历几十年的工夫，我们要有战略耐性。"他警告一些"小公司不能稍微成功就自我膨胀"。

创新的定义究竟是什么？在华大基因汪建看来："捡点漏，那不叫源头创新。要有源头创新，必须把基础科学搞上去。"

他说，现在我们有了自己的"枪"，有了耗费数十亿元才拿下的、有自主产权的高通量测序仪，有了从人到经济作物再到鸟类等许多动物的海量序列数据，有了这样一支身经百战、百折不挠的生命科学队伍，有了国家基因库这样的重大基础设施，我们在这个领域已经和世界并跑甚至领跑，这个持续发展、引领发展的战略良机，国家真的不能丢失，这种机遇，可是国家倡导的引领型发展的历史性机遇。

小米下决心砸重金攻关手机芯片，因为这是一道绕不过去的坎。雷军说："创业公司不创新就没有未来。今天的手机公司已进入最惨烈的淘汰阶段，最终只有掌握核心技术的公司才能存活下来。为了把手机做好，对所有元器件都要有自主研发能力。小米不仅做芯片，也在做屏幕、相机等核心元器件的技术研发，其实苹果、三星也是这么做的。小米如果想 5 年、10 年后笑傲江湖，今天就应该大规模投入核心技术的研发，要掌握这些技术，其中芯片是最难的一个。"

——领跑力，来自企业家对团队的引领和激励，有激励人心、团结前行的力量。它是一种机制，是一种团结力。

领跑不是独跑，而是带着团队跑。

在考察后，王东升看到了液晶显示器的蓬勃未来，虽然很孤独，很多人不理解，甚至被称为"寡人"，但是人们相信他、愿意跟随他，历经曲折和坎坷，京东方"领跑"了一个产业，让人们看到液晶显示产业在中国"海啸般的崛起"。

"为什么不提升一线作战的人的待遇呢？"在华为，任正非确定非洲"将军"的标准与上海、北京的标准不一样，年轻人在非洲很快就当上"将军"。"你在非洲干，就朝着这个非洲'将军'的标准，达到了就是'将军'，就可以拿'将军'的钱。现在我们的非洲员工根本不想回来。"

华为的一个秘密武器是"改变劳动和资本的分配机制"，建立长效激励机制："华为这些年劳动与资本的分配比例是 3 : 1，每年经营增值部分，按资本与劳动的贡献设定一个分配比例，劳动者的积极性就起来了。"

正在海尔发生的一场革命是颠覆式的，因为它"砸"掉组织，培育出无数个具有内生动力的"小微"。张瑞敏的梦想，就是"希望这里每个人都能成为自己的CEO，每个人都能够成功，都有自己的价值""现在海尔平台上有 2000 多个'小微'，每个成功的'小微'如果能持续成功，不就是'张瑞敏'了嘛？"

——领跑力，来自强烈的忧患意识和危机意识，它是一种忧患力。

突破式创新、颠覆式创新、破坏式创新，不管叫什么名词，都反映了一种"创新的窘境"。

当笔者用"黑天鹅"来问不同的企业家时，回答饶有兴趣。

任正非自信满满："即使有'黑天鹅'，也是在我们的咖啡杯中飞。我们可以及时把'黑天鹅'转化成'白天鹅'。我们内部的思想氛围是很开放自由的，'黑天鹅'只会出现在我们的咖啡杯中，而不是在外面。我们这里已经汇集了世界主要的技术潮流。"

王东升则忧心忡忡："我现在最担心的是会不会在地球哪个角落、哪个车库里面的年轻人，突然奇思怪想，搞出来一个什么黑科技，一个更简便的技术方法，把我们颠覆了。"

已进入"无人区"的王东升这样描述自己的心境："前方茫茫，压力更大，唯有战战兢兢，奋勇向前，持续保持全球领先，才能活下来。"

想"活下来",是因为京东方和曾经表面辉煌的中国彩电产业经历过毁灭——京东方的前身是原本生产电子管的北京电子管厂,在技术更迭的大潮中衰落。这也使"京东方领导人相信技术替代是工业发展的规律,要想使企业长盛不衰,就必须主动参与技术变化过程,而且必须自主掌握技术"。

谈到中国在全球面临的形势,王东升这样说:"从挑战来看,我们要客观认识到,无论是基础性产业,还是一些前瞻性领域,我们与美欧日韩都存在较大差距,特别是美国。美国的科学家、学者、智库体系相当完整,科学研究、技术开发和产业化整体能力很强。我们需要发挥好自己的优势,同时虚心学习,开放合作。"

小米早已是超级独角兽,雷军依旧很操心:"我每天都要关心汇率、政治、天文地理等情况。如果小米成长为上千亿级别的公司,那操心的事更多,我每天都会睡不着觉。"

忧患意识是普遍的。摩拜单车创始人胡玮炜说:"我认为,创业还是要保持适当的焦虑,如果什么都不怕、不焦虑,那就不是创业了""对于一个创业公司来说,如果什么东西都很清楚了,不会是真的,很多东西都在动态变化。"

——领跑力,来自企业家的学习力。

张瑞敏一年看"100 多本书。最近在看卡斯写的《有限与无限的游戏》",任正非最大的爱好就是阅读、看书,他读的书涉猎很广,从政治、经济、社会,到人文、文艺等各方面,其中历史方面的书最多,而最少的则是小说和经营管理方面的书刊。与各色人等的思想交流,更是他"学习力"的重要来源。

学财务出身的王东升,自学电脑编程、接触人工智能,为了学习更多的前沿技术,当年二十几岁的他甚至在厂里的机房睡了两年。

学习力,是一种模仿力,但是必须超越模仿。时隔多年,有人仍然忘不了比亚迪汽车是模仿起家,面对"尖锐"问题,王传福毫不回避:"早期的时候这样,很正常。当然,学习完了以后,就必须创新。比亚迪在新能源车上面造就了核心的东西,电池、电机、电控技术都是全球领先。没有领先的技术,就做不到全球第一""我们原来不懂车,早期造车时难免请教、借鉴、学习。日本当年造车也是学习美国福特,大家早期阶段不都是这么走嘛,只要专利上没有问题就行。"

这种学习力,体现在一个城市的学习氛围中:在青岛,近两年连续举办两届世界互联网工业大会等，搭建企业间交流的平台。青岛企业家彼此间的学习和交流成为常态，互促共进氛围浓厚。青岛很多企业家推崇张瑞敏，并经常当面"讨教"。创办软控公司的袁仲雪，致力研发轮胎生产的整体解决方案，在行业内已孵化了多家企业。红领集团董事长张代理就把自己的接班人、女儿张蕴蓝送去跟袁仲雪学习。

在北京，快手创始人兼 CEO 宿华感叹："如果不是在中关村，我和合伙人也碰不到一块儿，我也不会有精力学习'机器学习'技术，接触不到那么多优秀的产品研发人员、工程师。"

学习永无止境。华为坚定不移持续变革，全面学习西方公司管理。任正非说："我们花了 28 年时间向西方学习，至今还没有打通全流程，虽然我们和其他一些公司比管理已经很好了，但和爱立信这样的国际公司相比：多了 2 万名管理人员，每年多花 40 亿美元管理费用。所以我们还在不断优化组织和流程，提升内部效率。"

中国企业日益国际化，而国际化之路绝非坦途。任正非就这样披露自己的心迹："我们走出国门、走向全世界的时候，什么都不会，不知道什么叫交付，全是请世界各国的工程顾问公司帮助我们。第一步就是认真学习，使公司逐步走向管理规范化。现在我们正在自己往前一步，就想再做得更简单一些、更好一些。"

——领跑力，来自企业家的长远眼光和战略定力。

虽然一亏多年，王东升仍然痴心不改，他说，我们进这个产业的时候中国没有人做。我们选择做液晶面板，风险是非常大的，没有多少人支持。中国需要这个产业，我们就应该咬牙去搞。

任正非说："高科技领域最大的问题，是大家要沉得下心，没有理论基础的创新是不可能做成大产业的。'板凳要坐十年冷'，理论基础的板凳可能要坐更长时间。"他发出警告："如果学术研究泡沫化，中国未来高科技很难有前途。不要泡沫化，不要着急，不要大跃进。"

发展中的中国，市场机会很多，诱惑也何其多。王东升同样感慨："中国能赚钱的机会很多，但还是要志存高远""如果连我们都去做房地产了，还有谁来做制造业？"

谁能想到，他的目光会超越 100 年："我思考问题，一般会从未来一百年、五十年推导未来三十年、二十年，再从三十年、二十年推导十年、五年，从十年、五年再来推导今年、明年两年。在看未来时我们还要回头看，回看一百年。回顾历史越深，可以把未来看得越远，这样就不至于犯大错误。"

——领跑力，来自百折不挠的精神、痴心不改的前行，才能画出一条勇往直前的轨迹。它是一种忍耐力，一种执着力。

刚刚创办京东方之初，国内的半导体显示产业领域还是一穷二白。正是因为王东升的"执念"，才有了今天的京东方。

"国际合作中，有时候会感受到屈辱，但你必须要忍，还要向他们学。"王东升说，"专利技术不单是竞争力，还是进入市场的门票。那时我的心里就想，一定要把创新搞上去，终有一天我会超过你""没有前面的脚印就没有后面的脚印，其实人就是这么忍辱负重走过来的，通过改革开放发展起来的中国人，都是一代一代这么忍辱负重地走过来的，相信很多企业家都经历了这个过程。"

事非经过不知难。"在国际竞争中，你要赢得别人尊敬，自己首先要强大。只有你比他强，人家才能对你好。"在谈到国际合作中的教训时，年近六旬的王东升竟有些哽咽。

他对未来充满自信："在竞争中才能成就百年老店。只要我们志向高远，坚持下去一定会成功"。

——领跑力，来自创新力，包括技术创新力，也包括商业模式的创新能力。

为寻找一种更适合互联网时代的管理模式，海尔捕捉"互联网工业"时代的新机遇，颠覆传统模式"脱胎换骨"，在这种模式下，海尔内部没有层级管理，所有员工都组成创业团队与用户需求直接对接，谁能满足用户需求、创造价值，谁就能受益，否则就必须离开。这几年，海尔将这种"与用户零距离"的模式推向海外收购的日本三洋白电和新西兰国宝品牌斐雪派克。日本三洋白电业务曾连续8年亏损，被海尔并购8个月后扭亏为盈，海尔新商业模式得到验证。

在青岛，将互联网思维融入工业生产，培育新的生产方式和产业模式，甚至颠覆组织管理，已经在多家企业悄然展开。

"工匠精神在于不断颠覆。"张瑞敏说，海尔有这样一群小微主，他们时刻准备着用创新颠覆现有模式，不断追逐市场风向，根据用户体验进行产品调整与转型。他们不仅是海尔的未来，更是制造业发展的潜力所在。

中关村，何以"独角兽"企业出没，在创新创业上成为一座"领跑型城市"？

"受惠于良好的创新创业生态，新模式、新技术、新业态在北京迅速萌芽、发展。"北京长城企业战略研究所所长王德禄说。

中关村管委会原主任、中关村银行董事长郭洪指出，从全球看，独角兽企业已成为引领技术革命和产业变革的代表性群体。它们"不光会跑、还会飞"，由技术创新、商业模式创新、市场和资本 4 个轮子共同驱动，体现了独特性、创新性和颠覆性。

"过去长期不重视商业模式，反过来也不能把商业模式妖魔化，认为独角兽公司都是靠商业模式取胜。仔细研究，你会发现，这些独角兽公司是技术创新和模式创新的深度融合。"郭洪"举例说明"，"经过几年的摸索，小米在技术创新和商业模式创新上，都取得了长足的进步。小米把芯片做出来，是很好的事，它的专利产生数量和速度在创业企业中是很惊人的，它是一家技术创新与商业模式创新结合的公司。"

而在程维看来，当前中国互联网公司的综合实力和美国公司的差距越来越小，一些领域甚至旗鼓相当。中国现在很多创新不再是复制美国模式，而且中国企业凭借技术、运营效率和团队精神将更有底气和能力率先走出去，去打"客场"比赛。

——领跑力，来自对价值的认同，是一种价值引领力。

一个组织的核心竞争力，往往和企业的核心价值观密切相关。

华大基因的愿景是"基因科技造福人类"，这不仅是一句口号和目标，更是已经发生在人们身边的活生生的现实：无创产前检测、胚胎植入前遗传学筛查、肿瘤精准用药……

正是这种价值认同，山东济宁市原市长梅永红、江苏昆山市原市长路军、比尔及梅林达盖茨基金会高级项目官员何亦武等纷纷加入这支队伍。

向奋斗者、贡献者倾斜，不让雷锋吃亏，惶者生存，让高层有使命感，让中层有危机感，让基层有饥饿感，将军是打出来的……华为"以奋斗者为本""以客户为中心"的理念，引领一支 10 多万人的"大军"，在通信领域里取得节节胜利，直至进入"无人区"。任正非有一句名言："资源是会枯竭的，唯有文化才会生生不息。一切工业产品都是人类智慧创造的。华为没有可以依存的自然资源，唯有在人的头脑中挖掘出大油田、大森林、大煤矿……"

正是价值观的引领，让华为"群狼"战术发挥作用，超越了一个又一个竞争对手，而作为"群狼"的领跑者，任正非这样说："别人说我很了不起，其实只有我自己知道自己，我并不懂技术，也不懂管理及财务，我的优点是善于反省、反思，像一块海绵，善于将别人的优点、长处吸收进来，转化成为自己的思想、逻辑、语言与行为。孔子尚能三省吾身，我们又不是圣人，为什么还不能？"

"中国充满变化，中国在引领变化。"

引领变化的，首当其冲，恰恰是企业。

改革开放近 40 年，世界给中国带来机遇，中国也给世界带来惊喜，这个东方大国、文明古国、社会主义大国，已经成为世界经济的发动机和增长引擎。尤其是 2012 年来的 5 年里，中国更是以"一带一路"倡议、"建设开放型世界经济"等理念，以及金砖国家新开发银行、亚洲基础设施银行等一系列大手笔，成为经济全球化的新旗手，以"人类命运共同体"的理念引领世界。

改革开放近 40 年，依靠中国巨大的市场、坚韧不拔的精神，一些中国企业，跑着跑着，跑没了，另一些中国企业，跑着跑着，成了某一个行业的领跑者。

无商不富，无企不强。正如陈春花教授所说，"我们在世界经济发展当中取得巨大进步的一个重要原因是我们诞生了一批人，这群新人是德鲁克定义的，叫'企业家'。"从古代范蠡到近代晋商、徽商，到当代浙商、深商、湘商，企业家现象、企业家精神和企业家"领跑力"，这是一个值得长期关注和研究的课题。

——国以才立，业以才兴。

——科技创新是第一动力，人才是第一资源。

——创新驱动的背后，实质是人才驱动。

过去 5 年，中国经济进入新常态，"唱而不衰"，很大一个原因，就是因为进一步释放了企业家尤其是创新型企业家的原动力。

当前，新一轮科技革命和产业革命，正以迅雷不及掩耳之势席卷全球。世界，正在进入以信息产业为主导的新经济发展时期。

中国在历史上曾经几次与这样的科技革命失之交臂，21 世纪终于有了在新一轮科技革命、产业革命大潮中弄潮的机会和可能。抓住机遇，培育一大批敢于创新、勇于冒险的创新型企业家，培育一大批具有创新力、爆发力的"领跑型城市"，已经成为国家和各个地方的当务之急；而建设"领跑型国家"也成为一个重要的战略课题。

编辑此书的过程中，恰逢党的十九大召开，习近平总书记在报告中提出了到 21 世纪中叶"把我国建成富强民主文明和谐美丽的社会主义现代化强国""成为综合国力和国际影响力领先的国家"的崭新目标。

制造强国、科技强国、质量强国、航天强国、网络强国、交通强国、海洋强国、贸易强国、文化强国、体育强国、教育强国、人才强国、社会主义现代化强国……党的十九大报告中，"强国"二字出现 23 次，成为高频词。

作为一个战略课题，"领跑型国家"理念的提出，和党代会报告实现了同频共振。

这些文字，是我和我的同事集体智慧的结晶，是新华社不同团队的创造。在不同主题的调研采访中，我们都始终注意聆听专家、科研人员，尤其是企业家的声音，分享"领跑者"的成长历程、对未来的预判、人生感悟。这本书不仅分析了 10 多家"领跑型企业"或者潜在"领跑型企业"，事实上，也完成了对北京、深圳、青岛这 3 座"领跑型城市"的初步分析。

今天，我们已经步入中国特色社会主义新时代。

开卷有益。希望这本书，能对您产生一些启迪。那就足够了。

不过，思考仍可以延续："价值引领"在领跑力中起着怎样的作用？究竟是弯道超车，还是直道超车更容易实现领跑和跨越？在颠覆性创新层出不穷的年代，企业、城市乃至国家，究竟怎样才能掌握自己的命运？是否应该建立一套"领跑型城市"的指标体系，从不同侧面和角度评价一个城市在某一个方面的领跑力？是否可以构建起一个由领跑型企业、领跑型城市、领跑型国家共同组成的"领跑型组织"的框架？

……

感谢华为、海尔、京东方、华大基因、小米科技、光峰光电等企业和詹启敏、郭万达、吴思康等专家提供的精彩照片。

感谢新华社副社长张宿堂，访问过近 400 家企业，出版有《联想为什么》《中国企业批判》等多部著作的知名企业管理学者陈惠湘先生，和长期从事企业管理研究的中国社会科学院工业经济研究所王钦先生为本书专门写作推荐序言，他们的思想光芒将照亮这本小书。

感谢电子工业出版社总编辑刘九如先生，他以高度的政治敏锐性和出版人特有的市场嗅觉，第一时间接受了我们的出书建议，感谢董亚峰先生、朱雨萌女士精心编辑，才有了这本能感受到我们用心提问、用心写作的小书。

尤其要感谢新华社这个大平台，为作者创造了机会和可能，使我们作为其中的一员，能够一次次走近这个社会最优秀的人，一次次感受不同的精彩人生。

感谢参与每一次重大调研的团队成员，他们中间有现任新华社办公厅主任宫喜祥、广东分社副社长赵东辉、山东分社副社长赵新兵，还有更多的同事，他们都有一个共同的名字——"新华社记者"。

行动上要领跑，思想需先行。

德国工业 4.0 的下一步是什么？

是"智能服务世界"（2015 年 3 月，德国国家工程院发布"德国工业 4.0"后续规划报告《智能服务世界 2025》）！

人的思想力是无穷的。就像我们"解码青岛制造"时我问所遇到的青岛企业家和相关人士、结果却无人能回答，我将这份《智能服务世界》的中文版和概念作为一个"小礼物"送给青岛企业和青岛市委一样，希望这本书也成为打开一扇通往未来的大门，成为您开启思想新征程的一份特殊礼物……

2018 年是中国改革开放 40 周年。这 40 年注定在波澜壮阔的中华 5000 年文明史上镌刻下辉煌和启迪。

回顾过去，是为了更好地开辟未来；我们总结企业、城市的引领之道，是为了更好地探究国家"引领"的奥秘。

欢迎读者参与讨论和研究。我们的邮箱是 lpxgj123@163.com，谢谢。

李　斌

2017 年 10 月